中国海洋大学"985工程""海洋发展研究"哲学社会科学创新基地资助
中国海洋大学教育部人文社会科学重点研究基地资助
山东省人文社会科学重点研究基地"海洋经济研究中心"资助

海洋产业经济研究系列丛书　　丛书主编　姜旭朝

基于农业保护政策视角的农产品贸易摩擦研究

—— 以海洋渔业政策及水产品为例

The Research on Trade Conflicts of Agricultural Produols from the Viewpoint of Agricultural Protection Policy
—— with Marine Fishery Policy and Aquatic Products as Examples

邵桂兰 著

经济科学出版社

责任编辑：吕　萍　于海汛
责任校对：徐领娣　张长松
版式设计：代小卫
技术编辑：邱　天

图书在版编目（CIP）数据

基于农业保护政策视角的农产品贸易摩擦研究：以海洋渔业政策及水产品为例/邵桂兰著. —北京：经济科学出版社，2008.7

（海洋产业经济研究系列丛书）

ISBN 978 - 7 - 5058 - 7394 - 0

Ⅰ. 基… Ⅱ. 邵… Ⅲ. ①海洋渔业—国际贸易—研究—中国②水产品—国际贸易—研究—中国　Ⅳ. F752.652.6

中国版本图书馆 CIP 数据核字（2008）第 111628 号

基于农业保护政策视角的农产品贸易摩擦研究
——以海洋渔业政策及水产品为例
邵桂兰　著
经济科学出版社出版、发行　新华书店经销
社址：北京市海淀区阜成路甲 28 号　邮编：100142
总编室电话：88191217　发行部电话：88191540
网址：www.esp.com.cn
电子邮件：esp@esp.com.cn
汉德鼎印刷厂印刷
永胜装订厂装订
787×1092　16 开　16 印张　240000 字
2008 年 7 月第 1 版　2008 年 7 月第 1 次印刷
印数：0001—2000 册
ISBN 978 - 7 - 5058 - 7394 - 0/F·6645　定价：25.00 元
（图书出现印装问题，本社负责调换）
（版权所有　翻印必究）

序

农业政策及农产品贸易政策一直以来因其敏感性而奠定了其在国家产业政策与贸易政策中的特殊地位。出于对农业多功能性以及非贸易关注等问题的考虑，WTO在法律上允许农产品贸易自由化程度低于其他货物贸易。然而随着国际贸易的发展，农产品贸易摩擦已成为世界范围内限制农产品流动的主要因素，进而扭曲了生产及贸易的流向，造成了资源配置的效率损失。因此，如何在不触动国家安全这一敏感问题的前提下，尽可能地纠正长期以来由于政策保护与贸易摩擦所造成的农产品国际分工的扭曲已成为迫切需要解决的问题。

本书的作者正是抓住了这一前沿问题，从农业保护政策为切入点研究农产品贸易摩擦的政策和制度根源，透过摩擦的价格、数量、市场等表面现象，深入剖析农业保护政策与农产品贸易摩擦的关系，从政策、制度根源入手，研究农业保护政策调整以及解决农产品贸易摩擦的系统策略。

本书的作者具有多年从事贸易摩擦研究的积淀，较好地把握住了农业保护政策与农产品贸易摩擦的分析脉络，通过对GATT和WTO国际农产品贸易制度及主要农产品贸易国家（地区）农业保护政策及其形成的原因分析，揭开世界农产品贸易扭曲的制度成因，从而提出基于农业保护政策调整的农产品贸易摩擦解决的系统策略。本书的出版，在一定程度上发展和完善了农产品贸易摩擦及农业保护的政策理论，对今后的相关研究提供了良好的借鉴。

在研究的立场方面，本书的作者采用了客观中立的态度，指出农产品贸易摩擦以及农业保护政策的存在有其合理性，在当前农业保护普遍存在、农产品贸易格局被严重扭曲的情况下，贸易摩擦的适度存在在一定程度上有助于国际农产品贸易秩序的恢复，提出了不以消除摩擦为目标的农产品贸易摩擦解决的导向原则。正是由于研究立场的客观，使本书的研究具有较高的理论价值和实践意义。

作为本书作者的导师,对其著作的出版感到十分欣慰和高兴,希望这本著作能够为意在了解及研究农产品贸易摩擦的学者和实际工作者提供有益的参考,也希望邵桂兰教授在研究上不断取得新的进展和突破。

袁守启

2008 年 5 月 21 日于北京

前　言

在国际经济领域，贸易摩擦问题由来已久。早在20世纪90年代，伴随经济全球化的深入，新贸易保护主义就开始兴起，而21世纪以来新贸易保护主义更是席卷全球。伴随着保护主义的盛行，各国间的贸易摩擦日益频繁，贸易摩擦的主体范围也不断扩大，贸易摩擦形式不断呈现出新的发展趋势和特征。

农产品贸易争端作为国际贸易争端的主要形式，在关贸总协定时期，农产品贸易争端所占比重超过46％，WTO成立之后，农产品贸易争端所占比重虽然有所下降，但占据最大比重的状况并没有改变。

作者经过多年研究发现，农业贸易争端的产生源于进出口国在农业保护政策上的博弈，博弈的结果，导致世界各国农业支持政策和农业贸易保护政策的普遍存在，而各国实施的农业保护政策所产生的联动效应，引发农业的竞相保护、政策的择定扭曲以及边境政策的刚性对抗等一系列问题，从而进一步加大了农产品贸易摩擦的力度。

本书在结构上共分为四个部分。第一部分为理论分析。对前人理论进行评述并构建本书的理论模型。第二部分为实证分析。包括世界农业保护政策与农产品贸易摩擦关系、农业保护政策下农产品贸易摩擦特征的分析。第三部分为路径选择及政策调整。基于农业保护政策视角提出国际农产品贸易摩擦解决途径，以及我国农业政策调整的建议和农产品贸易摩擦应对策略。第四部分是海洋渔业政策与水产品贸易摩擦研究。主要分析水产品贸易摩擦基本面情况及政策根源。

本书的研究特点主要体现在两个方面：一方面，系统地采用了规范分析和实证分析相结合的方式，使分析更为全面、论证更为严密。在系统阐述贸易保护的微观、宏观和政治经济学理论的基础上，对主要农产品贸易国农业保护政策的实施历史及变革原因进行实证分析，建立并运用农产品贸易摩擦博弈模型，论证农业保护政策与农产品贸易摩擦的关系。另一方面，注重宏观、中观及微观相结合，在对农产品贸易摩擦态势进行宏观分析的同时，研究农产品贸易摩擦各主要类型的产生机理和解决机制。在对世界农业及农产品贸易发展现状和趋势的宏观把握和对主要农

产品贸易国农业发展政策充分借鉴的基础上,深入分析我国农业政策及农产品贸易摩擦的现状以及存在的问题,对我国农业政策调整提出有针对性、前瞻性和可操作性的建议。

当然,由于数据的可获性以及研究进展等原因,本书对于农业政策对贸易摩擦具体影响的定量分析未予涉及,有待于今后作进一步的研究。对于本书的不足与错误之处,欢迎各位专家与读者的批评与指正。

邵桂兰

2008 年 5 月 18 日于青岛·海大浮山校区

目 录

第1章 导论 ……………………………………………………………………（1）
    1.1 问题的提出及研究意义 …………………………………………（1）
    1.2 本书的主要内容、结构框架及研究创新 ………………………（3）
    1.3 本书的研究方法及研究说明 ……………………………………（6）
    1.4 国内外研究综述 …………………………………………………（8）

第2章 农业保护及贸易摩擦理论 …………………………………………（15）
    2.1 农业保护政策理论 ………………………………………………（15）
    2.2 贸易摩擦理论 ……………………………………………………（26）

第3章 基于农业保护政策视角的贸易摩擦博弈模型分析 ………………（32）
    3.1 贸易博弈理论 ……………………………………………………（32）
    3.2 基于农业保护政策视角的贸易摩擦博弈模型分析 ……………（40）

第4章 世界农业保护政策与农产品贸易摩擦的影响分析 ………………（48）
    4.1 世界主要农产品贸易国家及国家集团的农业保护政策 ………（48）
    4.2 GATT 和 WTO 农业保护政策 …………………………………（72）
    4.3 农业保护政策对贸易摩擦的影响分析 …………………………（83）
    4.4 农业保护政策与贸易摩擦的关系分析 …………………………（103）

第5章 农业保护政策下农产品贸易摩擦分析 ……………………………（108）
    5.1 农业保护政策下农产品贸易摩擦的总体分析 …………………（108）

  5.2 农业保护政策下农产品"技术性贸易壁垒摩擦"分析 ……………(121)
  5.3 农业保护政策下农产品"反倾销摩擦"分析 …………………(127)
  5.4 农业保护政策下农产品"反补贴摩擦"分析 …………………(130)
  5.5 农业保护政策下农产品"数量限制摩擦"分析 ………………(135)

第6章 基于农业保护政策视角的农产品贸易摩擦解决途径 ………(139)

  6.1 农业保护政策下农产品贸易摩擦解决的导向原则 …………(139)
  6.2 基于农业保护政策视角的农产品贸易摩擦宏观层面解决途径 ……(143)
  6.3 基于农业保护政策视角的农产品贸易摩擦中观层面解决途径 ……(154)
  6.4 基于农业保护政策视角的农产品贸易摩擦微观层面解决途径 ……(160)
  6.5 基于主要农产品贸易摩擦类型的解决途径分析 ……………(163)

第7章 中国农业政策调整及应对农产品贸易摩擦对策 ……………(173)

  7.1 中国农业保护政策的沿革 ………………………………………(173)
  7.2 中国农业保护政策的调整 ………………………………………(178)
  7.3 农业保护政策下中国农产品贸易摩擦特点及原因 …………(185)
  7.4 农业保护政策下中国农产品贸易摩擦分析及解决对策 ……(189)

第8章 水产品贸易摩擦基本面及政策根源分析 ……………………(201)

  8.1 水产品贸易摩擦基本面分析 ……………………………………(201)
  8.2 水产品贸易摩擦的海洋渔业政策根源分析 …………………(205)

第9章 海洋渔业政策对水产品贸易摩擦的影响及案例分析 ………(214)

  9.1 主要贸易国海洋渔业政策对水产品贸易摩擦的影响 ………(214)
  9.2 水产品贸易摩擦案例分析 ………………………………………(224)

第10章 水产品贸易摩擦应对策略分析 …………………………………(231)

  10.1 近期策略:突破边境政策的对策 ………………………………(231)
  10.2 中期策略:渔业国内支持政策的改变 …………………………(233)
  10.3 长期策略:水产品贸易体系的重构 ……………………………(234)

参考文献 ………………………………………………………………………………(237)
后记 ……………………………………………………………………………………(245)

第1章 导 论

1.1 问题的提出及研究意义

1.1.1 问题的提出

在国际经济领域,贸易摩擦问题由来已久。20世纪70年代以来,伴随经济全球化的深入,新贸易保护潮流再次兴起。进入90年代后,新贸易保护主义更是席卷全球,各国间的贸易摩擦日益频繁,贸易摩擦的主体及范围不断扩大,并呈现出新的发展趋势和特点。

在国际贸易摩擦中,农产品贸易摩擦一直占据着显著位置。GATT时期,在全部贸易争端中,农产品贸易争端所占比重超过45%,自WTO成立以来,其争端处理机构已经受理的案件中涉及农业方面的超过1/3,农产品贸易争端所占比重虽然有所下降,但占据最大比重的状况并没有改变。而从贸易额的统计来看,农产品贸易额在世界总贸易额中的比重却仅占10%左右。由此可见,农产品贸易摩擦总量大大高于其他产品的贸易摩擦数量,农产品贸易摩擦在全部贸易摩擦中所占的比重也远远高于农产品贸易份额在世界总贸易额中所占的比重。

通过对大量资料和文献的研究发现,在引致农产品贸易摩擦的众多因素背后有一个最根本的原因就是农业保护政策。纵观农产品贸易的发展历史,从工业革命至今,资本主义发达国家基本上都采取高度的农业保护政策,尤其是进入20世纪以来,农业保护日渐盛行,各种关税和非关税措施纷纷出现。20世纪30年代,以美国农业调整法为标志的现代农业保护体系确立,从此,农业国内支持政策加入了农业保护的行列,发展中国家也均采取农产品贸易保护政策,以各种名目和手段鼓励

出口，限制进口。早期的农产品贸易摩擦主要以高关税壁垒为特征，到70年代中期，伴随世界经济衰退，各国开始调整农业保护政策，加强边境保护力度，农产品贸易摩擦更多以反倾销、反补贴、保障措施等非关税壁垒方式出现，摩擦变得越来越频繁和公开。1995年乌拉圭回合《农业协定》首次将农产品贸易纳入多边贸易体制的约束之下，之后，各国农业保护政策受到约束，进口壁垒关税化，补贴削减，放宽市场准入。在这种情况下，更加复杂、隐蔽和花样繁多的技术性贸易壁垒成为各国农业保护的首选。可见，农产品贸易摩擦的程度和形式直接受农业保护政策影响。因此，要从根本上解决农产品贸易摩擦必须从农业保护政策的调整入手。

中国是全球农产品生产、消费和贸易大国，也是农产品贸易摩擦多发国家。系统研究中国农产品贸易摩擦的原因，分析中国农业政策的演进历程和目前农业政策中的问题和不足，提出中国农业政策调整及农产品应对贸易摩擦的对策建议已成为迫切需要解决的问题。基于上述考虑确定了从农业保护政策视角研究农产品贸易摩擦问题。

1.1.2 本书的研究意义

本书的研究意义主要体现在以下三个方面：

第一，一定程度上发展和完善了农产品贸易摩擦及农业保护政策理论。

传统的贸易摩擦理论主要有贸易保护理论、战略性贸易理论等。本书对农产品贸易摩擦问题的分析，除了运用传统的贸易摩擦理论外，还运用了贸易新政治经济学理论和贸易博弈理论，并依据农业弱质产业理论、农业正外部性理论、农业多功能性理论、农业非贸易关注理论和改造传统农业与人力资本投资理论分析了农业保护政策的理论基础。同时建立了基于农业保护政策视角的贸易摩擦博弈模型，分析了农业保护政策对农产品贸易摩擦的影响。

第二，为我国农产品贸易政策的调整提供理论依据。

长期以来，中国一直对农业实行负保护政策，农业支持和补贴水平偏低，农业生产效率低下，技术和质量标准不规范，农产品贸易摩擦和争端频发。本书通过对长期以来世界主要农产品贸易国家的农业政策的分析比较以及对农业保护政策与农产品贸易摩擦关系的研究，认为国际农产品贸易制度和各国农业政策都面临调整的要求，发达国家应适度降低农业保护的程度，发展中国家的农业政策应随经济状况的改善逐步由对农业负保护向正保护过渡，这一研究结论为我国农业政策的调整提供了理论依据。

第三，提出了基于农业保护政策视角的农产品贸易摩擦解决途径。

基于农业保护政策视角的农产品贸易摩擦解决途径是多层次的。在宏观层面，应主要致力于国际农产品贸易制度的重构，平衡发达国家与发展中国家的权利和义务，发达国家农业政策从竞相保护走向合作，发展中国家农业政策逐步从负保护走向适度保护。在中观层面，主要是发挥行业协会功能，使行业协会在行业自律和协作、建立贸易摩擦预警机制、促进农产品出口的有序健康发展等方面发挥更为积极的作用；在微观层面，农业经济个体应改变自身的生产经营模式、控制生产规模特别是出口规模、用合作的方式进入国外市场及推动争端解决机制的改革等。

1.2 本书的主要内容、结构框架及研究创新

1.2.1 本书的主要内容及结构框架

本书从农业保护政策的视角研究农产品贸易摩擦的政策和制度根源，透过摩擦的价格、数量、市场等表面现象，深入剖析农业保护政策与农产品贸易摩擦的关系，从政策、制度根源入手，提出农业保护政策调整和解决农产品贸易摩擦的系统策略。首先，系统梳理和评述农业弱质性理论、多功能性理论、正外部性理论和非贸易关注理论及超保护理论、战略贸易理论、贸易的新政治经济学理论和贸易博弈理论等农业保护及贸易摩擦理论，运用博弈论的思想和方法构建农产品贸易摩擦的博弈模型，从博弈角度揭示农业的保护力度高于其他产业的理论和现实原因及竞相保护的消极影响。在此基础上，深入剖析农业保护政策对农产品贸易摩擦的影响，通过考察世界主要农产品贸易国家的农业政策，揭示发达国家对农业实施正保护和发展中国家对农业实施负保护政策及 GATT 和 WTO 体制下农产品贸易在事实和法律层面特殊对待的成因，揭示农产品贸易政策优势取代比较优势的消极效应、农业保护政策的"溢出效应"与国际农产品贸易扭曲的关系、竞相保护博弈引发发达国家间农产品贸易摩擦、政策择定扭曲引发发达国家与发展中国家间农产品贸易摩擦、边境政策刚性对抗引发发展中国家间农产品贸易摩擦及 WTO《农业协议》对农产品贸易摩擦的影响。之后，重点分析农业保护政策下农产品贸易摩擦的总体特点、贸易摩擦具体类型和发生机理。最后，分别从宏观、中观和微观层面探讨通过国际农产品贸易制度重构、WTO 贸易摩擦解决机制的完善、发达及发展中国家农

业政策的调整、行业协会自律协作、农业经济个体改变生产经营模式等农产品贸易摩擦解决途径，并结合中国农业政策的历史沿革和农产品贸易摩擦的态势和特点，借鉴韩国、印度、中国台湾地区农业政策调整的经验教训提出我国农业政策改革和农产品贸易摩擦应对建议。

本书共分四个部分：

第一部分为理论分析，包括第1章、第2章和第3章，主要是对前人理论的评述及本书的理论模型的构建。第1章导论，包括问题的提出、研究意义、研究思路、结构框架、主要内容、创新点、研究方法、研究说明。第2章系统阐述了农业保护与贸易摩擦的有关理论并加以评述。农业特殊的产业性质即弱质性、多功能性、正外部性等是农业保护政策的理论依据。贸易摩擦是各国在实践保护贸易理论过程中的必然产物。一方面，贸易摩擦作为贸易保护的结果给世界贸易带来消极影响；另一方面，贸易摩擦又会促使各国进一步采取保护措施。第3章构建了农产品贸易摩擦的博弈模型，通过模型对农业保护政策和农产品贸易摩擦进行实证分析。农业领域的政策保护高于其他产业领域，农业政策是农产品贸易摩擦产生的根源，进出口双方对摩擦解决的态度和方式决定摩擦的程度和期限，政府的措施左右农产品贸易摩擦的进程，双边或多边的贸易谈判将成为解决农产品贸易摩擦的有效途径。

第二部分为第4章、第5章，是实证分析，包括世界农业保护政策与农产品贸易摩擦关系、农业保护政策下农产品贸易摩擦特征及基于农业保护政策视角下的农产品贸易摩擦的解决途径。第4章分析了世界主要农产品贸易国家的农业保护政策及其成因。发达国家和国家集团一般对农业实施正保护政策，其主要措施为国内支持和贸易保护，发展中国家一般对农业实施负保护政策，主要措施为国内剥夺和贸易保护。由于GATT有关条款允许若干重要例外的存在，导致农产品贸易游离于GATT之外，成为灰色区域。现行WTO框架下的国际农产品贸易制度仍存在严重的缺陷与漏洞，成为农产品贸易摩擦和争端的隐患。本部分深入剖析农业保护政策对农产品贸易摩擦的影响，揭示发达国家与发展中国、发达国家间及发展中国家间农产品贸易摩擦的政策根源。第5章分析农业保护政策下农产品贸易摩擦的总体特点、贸易摩擦具体类型及其发生机理。阐述随着农业保护政策的加强，农产品贸易摩擦所涉及的领域和范围不断扩大，农产品贸易摩擦的形式也向着更复杂和隐蔽的方向发展。重点分析对农产品贸易影响最大的四种摩擦形式即技术性贸易壁垒、反倾销、反补贴、数量限制的特点和发生机理。

第三部分为路径选择及政策调整，包括第6章和第7章。第6章基于农业保护政策视角提出国际农产品贸易摩擦的解决途径。在宏观层面，通过国际农产品贸易制度重构，WTO贸易摩擦解决机制的完善，发达及发展中国家农业政策的调整。在中观层面，行业协会应在行业自律和协作、为行业建立贸易摩擦预警机制、促进农产品出口的有序健康发展等方面发挥更积极的作用。在微观层面，农业经济个体应改变自身的生产经营模式、控制生产规模特别是出口规模，以多元的方式进入国外市场。第7章主要基于前两部分的分析对中国的农产品贸易政策及贸易摩擦进行实证及对策研究。分析我国农业政策的历史发展和我国农产品贸易摩擦的态势及特点，从国际和国内两个方面分析我国农产品遭遇贸易摩擦的原因，提出我国农业政策调整的建议及农产品贸易摩擦的应对策略。

第四部分为海洋渔业政策与水产品贸易摩擦，包括第8章、第9章、第10章。第8章主要分析了水产品贸易摩擦基本面情况及政策根源。分析水产品贸易摩擦的现状、特点和趋势，海洋渔业政策对水产品贸易摩擦的诱发机制，海洋渔业政策对水产品贸易摩擦的中期效应，海洋渔业政策对水产品贸易摩擦的长效作用。第9章是海洋渔业政策对水产品贸易摩擦的影响及案例分析。主要分析了欧盟、美国、日本、韩国及中国等主要贸易国家和地区海洋渔业政策对水产品贸易摩擦的影响以及水产品贸易在技术贸易壁垒、反倾销、反补贴、数量限制的摩擦的典型案例。第10章为水产品贸易摩擦应对策略。分析了近期的突破边境政策策略、中期的渔业国内支持政策的改变策略及长期的水产品贸易体系的重构策略。

1.2.2 本书的研究创新

本书在借鉴已有研究成果的基础上，在以下三方面做了一定程度的创新。

1. 提出了基于农业保护政策角度的农产品贸易摩擦的研究视角

本书从农业保护政策的视角研究了农产品贸易摩擦产生的制度根源。尽管已有学者对农产品贸易摩擦产生的原因进行了相关研究，但目前的研究多局限于以具体案例或者只针对某一种类型的贸易摩擦及世贸组织的相关协议、法规为考察内容加以分析和研究，少有系统地农产品贸易摩擦的制度和政策根源以及制度和政策引致农产品贸易摩擦的过程机理及其解决途径的研究。本书的研究视角指向农产品贸易摩擦的制度根源，将研究拓展到制度和体制领域。通过对GATT和WTO国际农产品贸易制度及主要农产品贸易国家（地区）农业保护政策及其形成的原因分析，揭开世界农产品贸易扭曲的制度成因，从而提出基于农业保护政策调整的农产品贸易摩擦解决的系统策略。

2. 提出了不以消除摩擦为目标的农产品贸易摩擦解决的导向原则

本书通过建立农产品贸易摩擦的博弈模型,运用 KMO and Bartlett's 检验手段分析了农业保护政策与贸易摩擦的关联度,揭示出贸易摩擦的程度和长短由进出口国对农业保护政策调整的程度所决定。政府的措施可以左右农产品贸易摩擦的进程,双边或多边的贸易谈判将成为解决农产品贸易摩擦的有效途径等。基于上述分析本书认为,只要无法完全取消农业保护政策和充分实现农产品自由贸易,贸易摩擦就无法从根本上消除,而且,在当前农业保护普遍存在、农产品贸易格局被严重扭曲的情况下,贸易摩擦的适度存在在一定程度上有助于国际农产品贸易秩序的恢复。因此,本书提出不以消除摩擦为目标,而是致力于通过调整农业保护政策,将贸易摩擦的数量、程度、影响控制在适度范围内的解决农产品贸易摩擦的导向原则。

3. 提出了基于农业保护政策调整的农产品贸易摩擦解决的系统策略

本书提出从宏观、中观、微观三个层面将贸易摩擦控制在适度范围内的农产品贸易摩擦解决的系统策略。在宏观层面,应主要致力于国际农产品贸易制度的重构,平衡发达国家与发展中国家的权利和义务,发达国家农业政策从竞相保护走向合作,发展中国家农业政策逐步从负保护走向适度保护。在中观层面,主要是发挥行业协会功能,使行业协会在约束行业自律、建立摩擦预警及规范出口秩序等方面发挥更为积极的作用。在微观层面,农业经济个体应改变生产经营模式,提高产品的技术含量和附加值,以多元方式进入国外市场。

1.3 本书的研究方法及研究说明

1.3.1 本书的研究方法

(1) 规范分析和实证分析相结合。在系统阐述贸易保护的微观、宏观和政治经济学理论的基础上,对主要农产品贸易国的农业保护政策的实施历史及变革原因进行实证分析,建立并运用农产品贸易摩擦博弈模型,论证农业保护政策与农产品贸易摩擦的关系。

(2) 宏观分析与微观分析相结合。在对农产品贸易摩擦态势进行宏观分析的同时,研究农产品贸易摩擦各主要类型的产生机理和解决机制。在对世界农业及农产品贸易发展现状和趋势的宏观把握和对主要农产品贸易国农业发展政策充分借鉴的基础上，深入分析我国农业政策及农产品贸易摩擦的现状以及存在的问题，对我国农业政策调整提出有针对性、前瞻性和可操作性的对策建议。

（3）比较分析研究方法。在分析各国农业政策时，将主要农产品贸易国家划分为发达国家和发展中国家。比较研究发达国家与发展中国家之间农业保护政策的差异及形成原因，从而揭开农产品贸易扭曲的面纱，解读农产品贸易摩擦的真正原因，并提出基于农业保护政策调整的农产品贸易摩擦解决的系统策略。

1.3.2 本书的研究说明

1. 相关概念的界定

（1）农业政策。狭义的农业政策是指国家制定的、影响农业生产的各种规定和制度。广义的农业政策是指影响农业的生产、流通、消费及贸易等各个环节的规定和制度。本书对农业政策的定义偏向于后者，将农业政策定义为国家制定的、对农业生产以及国际贸易产生影响的规章制度。主要包括国内农业政策以及边境贸易措施。

（2）农业保护。中共中央政策研究室、国务院发展研究中心课题组对农业保护进行了严格、规范的定义，认为农业保护是指"政府为使农业有效支持国民经济持续、稳定、协调发展，保证社会安定和良好生态环境，通过对农业生产和贸易等环节的支持与保护，以提高农业综合生产能力为基本目标，以保护农民利益为立足点，由此而采取的一系列支持与保护农业的政策措施的总称"。本书所涉及的农业保护在这一定义的基础上，有所扩展，就保护范围来看，既包括对国内农业生产和农民收入的支持，也包括对边境贸易的保护。就保护对象来看，既包括对农业综合生产能力的支持，也包括对农业生产者利益的保护。就保护倾向来看，既包括正保护，也包括负保护。

（3）农业保护政策。本书所论述的农业保护政策是指各国为了实现"农业保护"而实行的"农业政策"。从定义上来看，农业保护政策兼有前述"农业政策"以及"农业保护"的双重内涵。具体来说，农业保护政策就是各国政府为了加快农业发展，提高农民收入，使农业的发展与国民经济其他产业的发展相适应，在处理农业产业与其他产业关系时，对农业发展所采取的一系列支持与保护政策的总称[1]。就其内涵来说，农业保护政策分为国内支持政策以及贸易保护政策两个大

---

① 关于农业保护政策还有以下划分方法，按外延分为：（1）市场保护政策。包括关税、配额、国营贸易、反倾销和反补贴等政策。（2）收入支持政策。在其中，一些国内支持政策占了绝大部分，如差额补贴、直接生产补贴，以及一些运输、作物保险、销售补贴、出口补贴等等。（3）其他政策。农业研究与推广，农业结构调整等。另外还有一些是由农产品本身的特殊性所决定的，如动植物检验检疫措施（SPS）等。

类，前者包括短期支持政策——价格和收入政策以及中长期农业保护政策——农业发展政策两部分；后者集中体现在对进口的限制以及对出口的促进两方面。

（4）农产品。农产品一般分广义农产品和狭义农产品两类。广义农产品包括粮食、经济作物、水产品、畜产品和林产品；狭义农产品包括粮食、水产品、畜产品及部分经济作物（经济作物中的油料、饮料和糖类，不包括橡胶、纤维等）。本书中的农产品指狭义农产品。

（5）水产品。水产品则指各种淡水和海水的水产动物：鱼、甲壳类和软体动物类。具体包括对虾、活鱼、加工鱼类、其他水产品、裙带菜、饲料用鱼粉、鲜冷冻鱼、珍珠、鱿鱼等。

（6）贸易摩擦。本书中贸易摩擦是指在国际贸易中贸易双方因利益矛盾而引发的贸易冲突，包括关税摩擦和非关税摩擦。非关税摩擦包括种类繁多的各种贸易壁垒、倾销与反倾销摩擦、补贴与反补贴摩擦、保障措施以及市场准入摩擦、数量限制摩擦等。贸易摩擦若上诉至WTO贸易争端解决机构（DSB）的，称之为贸易争端。

2. 数据资料的说明

（1）由于农产品贸易摩擦系发生在两个或多个贸易国或国家集团间的贸易冲突，摩擦发生的具体时间和案例数量只在当事国的有关商务部门有统计备案，如我国商务部产业损害调查局只有涉华的贸易摩擦案件备案。因此，要想全面掌握全球农产品贸易摩擦的情况很难，或者说是不可能的，因此，本书使用的数据是通过多种渠道间接收集到的部分数据。

（2）所有贸易争端的案件WTO均有统计备案，查找方便且有代表性，因此本书很多贸易摩擦的数字和案例使用的是贸易争端的资料。

1.4 国内外研究综述

1.4.1 农产品贸易摩擦研究综述

在国际贸易摩擦领域，世界农产品贸易摩擦占据了一个显著的位置。由于农产品贸易摩擦的显著特点，国内外很多学者对此也多有关注。根据现有可查文献，已有的研究成果主要涉及农产品贸易摩擦产生的原因、农产品贸易摩擦的特征、与农产品贸易摩擦相关的协议、农产品贸易摩擦类型及农产品贸易摩擦解决对策等领域。

1. 关于农产品贸易摩擦产生原因研究

关于农产品贸易摩擦产生的原因，国内外学者主要从四个方面分析：

（1）国家利益及相应的保护措施。关于农产品贸易摩擦产生的原因，大部分学者将其归结为有关贸易各方的利益冲突所致①，这种利益冲突可能是源于各国农产品国际竞争力的变化，也可能是源于国内利益集团力量对比的变化，也可能是政治危机的贸易表现形式等，认为农产品贸易争端是成员国国家利益冲突的具体表现②。在农产品贸易中，一国的国家利益目标可以分为贸易目标和非贸易目标③。在农产品自由贸易中，具有比较优势的国家，可以同时实现贸易与非贸易目标，而缺乏比较优势的国家，其贸易目标与非贸易目标不能同时实现。一个农业缺乏比较优势的国家，若想取得非贸易目标的实现，维护国家利益，往往采取保护措施，当保护性措施违背国际贸易规则，就可能引发贸易摩擦或争端④。

（2）国内利益集团的影响。在当今国际农产品贸易中，扮演重要角色的少数发达国家的农业人口比重较小，但国内农业利益集团却是组织得最好而且影响最大的利益集团⑤。农业利益集团与非农业利益集团相比，其小集团的行动逻辑，使其更容易采取集体行动，在游说国会和政府方面，集体行动力量十足（Anderson，1995）。相比之下，人数众多的农产品消费者集团集体行动效率低下，因此，两大集团在决定农业政策调整方向的较量中，农业利益集团总是占据上风，成为主导利益集团，对农产品贸易政策具有强大的影响力。受其影响，农产品贸易政策总带有强烈的贸易保护色彩，必然导致农产品贸易摩擦和争端的发生⑥。

（3）从 GATT 到 WTO 农产品贸易规范的例外和特殊。在1947年签订的关税与贸易总协定中，并未区分农产品和工业品。从原则上说，对 GATT 各缔约方而言，农产品国际贸易也同样受到 GATT 规则的约束。但是，虽然关贸总协定并未就农产

---

① 此处的利益包括经济利益、产业利益、社会利益、政治利益等多方面的内容。
② 张汉林：《WTO 与农产品贸易争端》，上海人民出版社 2001 年版，第 5 页；唐忠等：《农产品国际贸易争端的特点及我国的对策》，原文出自：《论提高农产品国际竞争力》，中国农业出版社 2003 年版，第 219 页；吴强：《WTO 框架下农产品贸易争端研究》，中国农业出版社 2004 年版，第 7 页。
③ Mary Bohman、Joseph Cooper, The Use and Abuse of Multifunctionality, Economic Research Service/USDA, November 1999.
④ 王恩江：《国际农产品贸易争端成因与对策研究》，清华中国知网（CNKI）——中国优秀博硕学位论文全文数据库，2004 年，第 3 页。
⑤ L. Alan Winters：《工业化国家农业政策的政治经济学》，转引自《农业经济学前沿问题》，中国税务出版社 1990 年版，第 28 页。
⑥ 王恩江：《国际农产品贸易争端成因与对策研究》，清华中国知网（CNKI）——中国优秀博硕学位论文全文数据库，2004 年，第 3 页。

品贸易订立专门条款,但在有关条款之下却允许有若干重要的例外存在。正是由于这些例外的存在,导致关贸总协定无法有效地约束世界农产品贸易,从而使农产品贸易长期游离在 GATT 的法律框架之外①。现行国际农产品贸易制度,主要包括《农业协议》、SPS 与 TBT 协定以及争端解决机制,均存在某些缺陷与漏洞,这些缺陷与漏洞为农产品贸易摩擦的产生埋下了诸多隐患,导致贸易争端的不断发生②。

(4) 农业自身生产的不可转移性。农业生产自身的特点也决定了农产品贸易的敏感性和脆弱性,导致更多的贸易摩擦。农业自然再生产与经济生产交织在一起的特点,使农产品生产的地域特征非常明显。农产品生产几乎无法转移"工厂"位置,因而也无法通过改变产地绕开进口限制。当一国要保护农产品生产者利益时,就只能寻求对进口产品采取各种限制的方式实现,摩擦将在所难免③。

2. 农产品贸易摩擦的特征研究

农产品贸易争端无论在涉及的产品上还是成员上都具有集中性强的特点④。

从国家类别来看,争端的起诉方与被起诉方都以发达成员为主,美国、欧盟、加拿大是提出申诉最多的成员。这是因为发达国家是最早熟悉规则的成员,善于利用规则来争取自身的利益⑤。发展中成员作为农产品贸易争端的被起诉对象案件比例明显增加⑥,随着更多的发展中国家更大程度地参与 WTO,成为被诉方的可能性不断增加⑦。

按产品类别看,涉及范围广、重点有所转移,但仍以畜产品、经济作物和粮食产品为主。不同农产品类别内争端集中度高,集中对象变化较小。农产品贸易争端几乎包括所有的农产品类别,但并非某一类别中的所有产品都是争端对象,大多数情况下争端仅涉及每一类别的一种或几种产品,产品品种非常集中。所涉及的产品向细微化和综合化两个方向发展:一方面,对争端涉及的产品种类划分得越来越

---

① 李江冰:《多边贸易体制下农产品贸易自由化困境的政治经济分析》,清华中国知网(CNKI)——中国优秀博硕学位论文全文数据库,2004 年,第 3 页。
② 张汉林等:《WTO 与农产品贸易争端》,上海人民出版社 2001 年版,第 5 页;王恩江:《国际农产品贸易争端成因与对策研究》,清华中国知网(CNKI)——中国优秀博硕学位论文全文数据库,2004 年,第 3 页。
③ 吴强:《WTO 框架下农产品贸易争端研究》,中国农业出版社 2004 年版,第 7 页。
④ 王蓓雪:《WTO 框架下的农产品贸易争端及其解决机制研究》,清华中国知网(CNKI)——中国优秀博硕学位论文全文数据库,2005 年,第 13 页。
⑤ 吴强:《WTO 框架下农产品贸易争端研究》,中国农业出版社 2004 年版,第 131 页。
⑥ 王恩江:《国际农产品贸易争端成因与对策研究》,清华中国知网(CNKI)——中国优秀博硕学位论文全文数据库,2004 年,第 3 页;王蓓雪:《WTO 框架下的农产品贸易争端及其解决机制研究》,清华中国知网(CNKI)——中国优秀博硕学位论文全文数据库,2005 年,第 13 页。
⑦ 吴强:《WTO 框架下农产品贸易争端研究》,中国农业出版社 2004 年版,第 131 页。

细;另一方面,对争端涉及的产品不做任何划分,以笼统的农产品或粮食等作为争端对象①。

3. 农产品贸易摩擦相关协议研究

除《1994年关税与贸易总协定》之外,涉及条款最多的是《实施动植物卫生检疫措施协议》,提及频率已经超过《农业协议》。《技术性贸易壁垒协议》也是近年来成员之间争议较多的协议之一,主要涉及环境等国际贸易的新问题。这些标准或法规容易在适用范围等问题上产生异议,进而引发摩擦②。

龚宇(2005)评析了GATT农产品贸易规则并对WTO农产品贸易规则的市场准入、出口补贴与国内支持进行了解读,分析了《农业协议》的不平衡性及其对发展中国家的影响。陈亚平(2006)分析了WTO农产品贸易的基本法律制度《农业协定》,包括WTO农产品贸易基本法律制度概述、WTO农产品市场准入、国内支持、出口竞争、贸易保障、反不公平贸易法律规则,并对WTO《农业协定》的意义和局限性进行分析评价。

4. 农产品贸易摩擦类型研究

王忠明(2002)在《WTO规则实务培训读本》一书中,分析了WTO农产品贸易规则和WTO环境保护措施规则,认为环境壁垒将是我国加入WTO后农产品贸易的主要障碍。李俊岭(2004)介绍了贸易技术壁垒的由来、现状和发展趋势,对农产品主要出口国和进口国的美国、欧盟、日本以及发展中国家印度的技术壁垒进行了国际比较,在详细分析了这些国家在技术壁垒方面的政策、法规和主要做法的基础上,研究这些法规和措施产生的背景、原因及其对本国农产品贸易的影响。罗国芳(2004)对我国农产品贸易中面临的技术性贸易壁垒的现状从总体和具体产品两个方面做了详细论述,并在此基础上,引入引力模型的分析方法对欧盟有关茶叶的农药残留最大限量标准对我国茶叶出口的影响作了实证研究。周锦秀(2005)选择了清单法、调查法和引力模型对我国农产品出口遭遇技术性贸易壁垒的原因及影响进行了分析,证明了国外严格的技术标准及我国农产品质量安全问题都是出口受阻的原因。田国强(2003)通过对"中美浓缩苹果汁反倾销案"涉及的焦点问题的分析,从国内外两个方面得出我国农产品遭受反倾销的主要原因在于国外的替代国方法、国内的产业结构问题、国内企业的

---

① 张汉林、张冲:《世贸组织农产品贸易争端综述》,载《国际贸易问题》2002年第1期,第1~4页;王蓓雪:《WTO框架下的农产品贸易争端及其解决机制研究》,清华中国知网(CNKI)——中国优秀博硕学位论文全文数据库,2005年,第13页。

② 王蓓雪:《WTO框架下的农产品贸易争端及其解决机制研究》,清华中国知网(CNKI)——中国优秀博硕学位论文全文数据库,2005年,第13页。

应诉问题等。邹琪（2006）运用比较研究的方法分析了反补贴的经济效应，分析在不同情况下反补贴政策对一国经济效应所产生的影响。对反补贴与产业安全之间的相互关系进行界定，通过案例分析进一步说明反补贴政策对产业安全可能产生的影响。结合农业具体的特点，分析了反补贴政策对农业安全所造成的影响。

5. 减少国际农产品贸易争端的对策研究

在减少国际农产品贸易争端的对策方面，王恩江（2004）提出减少国际农产品贸易争端的三项对策：发达成员应严格执行《农业协议》规定的义务，消除对农产品贸易的非关税壁垒保护，并对发展中成员提供必要的技术支持；进一步完善国际农产品贸易制度；发展中成员一方面应努力提高自身农业科技投入与农产品质量，另一方面应在农业谈判中加强团结，增强谈判力量，改善目前农产品贸易中对发展中成员不公平的待遇[①]。石晓虎（2002）在研究第二次世界大战后美欧农产品贸易摩擦时指出：面对战后美欧日益激烈的农产品贸易摩擦，美欧不仅通过外交以及双边贸易谈判的方式，也通过其他措施来减轻和避免摩擦。具体包括实现农产品贸易区域化、拓宽和抢占新市场、单边主义和经济制裁及经济结构的相应调整等方面[②]。吴强（2004）介绍了个别发达国家和发展中国家应对农产品贸易争端的一些经验，包括美国建立的政策决策和贸易谈判机制，澳大利亚和新西兰动植物卫生检疫与食品安全标准以及巴西应对农产品摩擦的经验为我国提供参考。唐忠、张汉林（2004）等学者对国际农产品贸易领域的经贸摩擦做了综合分析，并结合我国实际情况研究中国农产品贸易争端解决机制的现状及存在的问题，分析中国履行入世承诺过程中可能产生的争端，探讨我国农产品贸易争端解决机制的完善及面对争端应采取的对策。卢光明（2005）建议我国应该成立由农产品出口企业、相关各政府部门以及广大生产农户组成"农产品出口贸易纠纷管理组织"。该组织成立的目的是要动员和整合国内各种力量，在与进口国各相关利益集团之间展开既合作又竞争的基础上，尽可能满足进口国的利益，实现进口国的"国家价值"，从而达到影响进口国各相关利益集团的力量平衡与对比，实现最大限度地减少贸易纠纷的目的[③]。此外，也有很多学者通过对经典案例的分析，阐述争端的发生经过从而总结

---

① 王恩江：《国际农产品贸易争端成因与对策研究》，清华中国知网（CNKI）——中国优秀博硕学位论文全文数据库，2004年，第3页。
② 石晓虎：《战后美欧农产品贸易摩擦与思考》，清华中国知网（CNKI）——中国优秀博硕学位论文全文数据库，2002年，第33页。
③ 卢光明：《基于纠纷管理的我国农产品出口贸易组织治理研究》，清华中国知网（CNKI）——中国优秀博硕学位论文全文数据库，2005年，第67页。

出可以借鉴的经验①。

1.4.2 农业政策对农产品贸易摩擦影响研究综述

1958 年 GATT 发表了《国际贸易趋势》，该报告对农业保护主义做出了系统分析与估计，认为日趋严重的农业贸易保护主义政策是影响国际农产品贸易的主要制约因素，是世界多边贸易体制下实现农产品贸易自由化的根本障碍②。Raymond J. Ahearn（2006）指出，导致美国和欧盟在很多领域贸易摩擦的主要原因是对生产者和既定利益集团的保护或政府支持。农产品贸易便是其中典型的例子③。A. J. Rayner、K. A. Ingersent、R. C. Hine 认为由于各国的农产品贸易保护政策保护高成本的生产和替代进口，并支持不太具有竞争力的产品出口，常会破坏出口市场的秩序，使进口市场缩小，竞争加剧，造成农产品国际贸易的摩擦。④

发达国家根深蒂固的农业保护政策，不仅导致农产品贸易长期游离于多边贸易纪律的有效约束之外，同时也成为各国之间贸易冲突及贸易战的重要根源⑤。成员国为了保护农业而采取的措施经常使国内市场与国际市场形成有效隔离，导致对国内市场与世界市场的差别待遇。任何一个国家农业保护政策的变化都受到其他国家所采用的隔离措施和公共政策的影响。农产品价格支持政策保护高成本的生产和替代进口，在某种情况下，会破坏出口市场的秩序，一系列的政策手段被分别用于限制进口、支持不太具有竞争力的出口，这就造成了农产品国际贸易的摩擦。

对于实行农业价格支持的国家来说，一方面，为了使国内的价格支持政策的效果免受国际市场的干扰，就必须对国外农产品的进口进行限制；另一方面，国内价格支持政策造成的大量过剩农产品要在国际市场上寻找出路，政府为了使它们以不低于国内市场的价格出口，又必须对农产品的出口进行补贴。为限制农产品进口而

---

① 在这一方面做出贡献的还有贾生华、张宏斌，1999；郭红东、刘双舟、郭占恒、牛若峰、郭书田、冷崇总，2003；张汉林、刘光溪、孔庆峰、孟祥霞，2004 等。
② 孙东升：《经济全球化与中国农产品贸易研究》，清华中国知网（CNKI）——中国优秀博硕学位论文全文数据库，2001 年，第 67 页。
③ Raymond J. Ahearn Trade conflicts and the U. S.-European Union Economic Relationship CRS Report for Congress 2006, P. 6.
④ A. J. Rayner、K. A. Ingersent、R. C. Hine：《关贸总协定与农产品贸易》，转引自《农业经济学前沿问题》，中国税务出版社 2000 年版，第 91 页。
⑤ 龚宇：《WTO 农产品贸易法律制度研究》，厦门大学出版社 2005 年版，第 13 页。

实行的高关税与各种非关税手段,以及为了促进过剩农产品出口的竞争性出口补贴,造成了发达国家之间的贸易紧张关系。而且,由于农业保护手段伤害了那些在农业上具有比较优势的国家,迫使其中的一些国家(如加拿大)也加入了保护主义的行列,从而扩大了农产品贸易摩擦的国别范围[①]。

---

① 吴强:《WTO框架下农产品贸易争端研究》,中国农业出版社2004年版,第51页。

第2章 农业保护及贸易摩擦理论

2.1 农业保护政策理论

对于任何一个国家,农业生产在国民经济中都具有不可替代的作用,农业部门都是一个具有特殊意义的部门。作为分配、调节各方面利益的一种方式,农业政策受到各国以及世界贸易组织的广泛关注。从根本上来说,造成农业政策独特性的原因在于农业生产和贸易的独特性,而这些独特性优势与农业的产业特点密不可分,在制定农业政策时,不得不综合考虑农业的产业特性。因此,农业保护的理论实际上是基于农业产业属性提出的。

2.1.1 农业保护政策研究综述

农业保护政策在本质上是一种产业政策,是政府在处理农业和其他产业的关系时,对农业部门给予的政策上的扶持和保护。从保护的范围看,既包括对国内农业生产和农民收入的支持,又包括边境贸易保护。从保护的对象看,既包括对农业综合生产能力的支持,又包括对农业生产者利益的保护。

农产品贸易保护起源于18世纪末和19世纪初,为了避免国外粮食进口对国内生产的冲击,英国于1773年颁布的《谷物法》是西欧历史上最早的农业贸易保护主义立法。1933年,美国通过了《农业调整法》,采取了国内农业支持措施来保护农业价格与收入。在此之前,西方主要资本主义国家的农业保护主要是单纯的贸易保护。20世纪30年代以后,农业保护政策由单纯的贸易保护转变成贸易保护与国

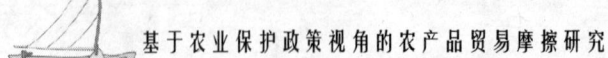

内支持相结合的系统的现代农业保护体系①。欧洲经济共同体于1962年引入了"共同农业政策"(CAP),共同农业政策主要是一个价格支持系统,它通过边境贸易保护和内部保证价格对农业进行支持。

在国外,欧洲经济共同体成立并实施共同农业政策(CAP)后,美欧在有关共同农业政策的歧视性和贸易扭曲效应的问题上开始了长期的争论与冲突。许多学者因此开始将农业保护问题作为一个专门的范畴进行讨论和研究。其中具有代表性的文献有:P. G. James 的《富国的农业政策》(1971),H. G. Halcrow 的《农业政策分析》(1984),A. F. McCalla 的《农业政策与世界市场》(1985),Kym Anderson 和 Yujiro Hayami 的《农业保护的政治经济学:国际透视中的东亚经验》(1985),G. Miller 的《国际农业政策的政治经济》(1987),A. B. Stoeckl 的《农业支持政策的宏观经济学后果》(1989),H. W. Moyer 的《农业政策改革:欧共体和美国的政治学与过程》(1990)等。上述文献的主要观点是国际农业贸易问题已深深地根植于国内农业保护政策之中,只有对国内农业政策进行改革,才有可能解决国际农产品贸易的冲突问题。

当一个国家经济发展到一定阶段以后,往往会对农业进行系统支持和保护,其原因是非常复杂的,既有经济上的原因,也有政治和文化上的原因,对此,中外学者都曾从不同的角度作了论述。

(1)从市场失灵的角度阐述实施农业保护政策的必要性。在市场经济条件下政府对农业实施保护政策的理论依据主要在于,农业本身所具有的特征导致市场在某些方面的失灵,依靠市场机制不能有效地解决这些问题,需要政府在市场配置资源的基础上,采取一定的政策手段加以宏观调控②。

(2)从土地要素的不可转移性出发论证实施农业保护政策的必然性。在经济增长的过程中,随着资本积累的加速,一般来说,工业生产中的资本密集程度要高于农业生产中的资本密集程度。随着工业生产中资本增加和技术水平的提高,工业产品的生产成本不断下降,而农产品生产的成本则相对上升。这样,贸易中的用相对成本来衡量的农产品的比较优势就随着工业劳动生产率的提高而逐渐丧失,而且工业增长越快,农业的比较优势也就丧失得越快。在这种情况下,无论是在国际市场上还是国内市场上,如果仍坚持自由贸易,农民势必既竞争不过其他生产成本较

---

① 鲁莱莉:《农产品贸易自由化与世界农业政策变革——兼论中国"入世"后的农业政策调整》,清华中国知网(CNKI)——中国优秀博硕学位论文全文数据库,2002年,第10页;陈思含:《农产品贸易保护的演进研究》,清华中国知网(CNKI)——中国优秀博硕学位论文全文数据库,2005年,第4页。

② 本部分内容在下一节中展开论述。

低的国家,也竞争不过本国其他行业的生产经营者,农民的收入即使不下降,也跟不上其他行业的收入增长速度,这是农业需要保护的基本原因。而农业保护的最根本原因则是土地的不可转移性,即土地不像资本和劳动力等要素那样,可以比较便捷地在行业间自由流动,绝大多数土地除了进行农业生产外基本上别无他用。而当农民的收入全部或主要来自农业时,对农业的保护就不仅关系到整个国民经济的发展问题,还关系到农民的生存问题。换言之,关系到国家和社会的稳定问题。因此,作为政府,不管是从土地资源的利用考虑还是从对农民生存问题的关心考虑,都不得不对农业采取一定的保护措施①。

(3)从政治经济学的角度来阐述实施农业保护政策的可能性。安德森(Anderson,1989)、泰尔斯和安德森(Tyers and Anderson,1992)及安德森和速水(Anderson and Hayami,1986)利用公共选择理论构造了农业保护的政治市场模型。模型分析了发达国家农业保护政策的形成过程,揭示出农业保护的一般规律,即随着一国经济的发展,农业政策将从对农业歧视转变为支持或保护农业②。农业保护政策是经济发展与政策变化的共同产物。在贫穷的农业经济中,贸易政策是歧视农业的。随着经济增长,这种政策逐渐转向对农业有利,在经济发展中伴随着农业比较优势下降的情形下尤其如此③。在收入相同的经济中,一个国家经济食品生产的比较优势越小,这种有利于食品生产者的政策转变就越是发生在较低的人均收入水平上。经济增长越快和食品生产的比较优势下降越快,这种转变发生得也就越迅速④。

2.1.2 农业弱质产业理论

从农业的产业特性来看,农业为人类提供基本的生存资料,对人类生存和经济发展起着其他经济部门无法替代的作用。这种基础作用主要体现在以下几个方面:(1)农业是人类生存的基础,是衣食之源、生存之本。(2)农业是社会分工的基础,农业为其他产业提供大量的剩余劳动和剩余农产品,为社会分工的进一步发展

---

① 王万山、陈卫平、廖卫东:《中国农产品国际贸易与农村发展》,江西人民出版社2005年版,第139~140页。
② 潘盛洲:《中国农业保护问题研究》,中国农业出版社1999年版,第69~74页。转引自李江冰:《多边贸易体制下农产品贸易自由化困境的政治经济分析》,清华中国知网(CNKI)——中国优秀博硕学位论文全文数据库,2004年,第17页。
③ 王万山、陈卫平、廖卫东:《中国农产品国际贸易与农村发展》,江西人民出版社2005年版,第146~149页。
④ 李秉龙、乔娟:《农产品贸易自由化与发达国家农业保护政策的改革》,载《调研世界》2000年第7期,第15~19页。

奠定基础。(3) 农业是工商业得以存在和发展的基础,农业的发展水平、速度和规模,决定着国民经济非农部门的发展速度和规模。发展经济学理论认为,在工业化过程中,农业对一国经济发展贡献有产品贡献、要素贡献、市场贡献和外汇贡献四个方面①。农产品的供给由严重不足转变为相对过剩,为工业化的持续发展提供了产品,农业为工业和国民经济其他部门提供生产所需的原材料,成为这些产业赖以发展和繁荣的前提,农业人口是工业品非常重要的销售对象,农业及农村经济是国家财政收入和对外贸易的重要外汇来源。然而作为国民经济的基础产业,农业具有弱质性。

(1) 农业生产的特性主要表现为农业生产的风险成本较大。农业所面临的风险成本主要来自三个方面:①自然风险。自然风险是指与农业生产密切相关的各种自然灾害性因素,如暴风雨、洪涝、干旱、冰雹、霜冻、病虫害等。就世界农业总体来说,基本上仍是对外界环境条件非常依赖的产业,特别是种植部门更是如此,因此,自然风险会给农业生产造成巨大的损害。②市场风险。市场风险主要是指由于市场供求失衡导致的价格波动给农业生产者和经营者带来的收益上的风险。与工业品相比,绝大部分农产品的需求缺乏弹性,当由于各种经济的、社会的乃至政策的不确定性带来的风险使农产品的需求量发生变化时,农产品的价格必然出现较大幅度的波动。③预期风险。由于农业生产周期长,市场自行调节下农产品的供给难以及时追随市场价格的变化,由此导致农产品的稀缺和过剩效应放大,促使价格出现更大的波动。因此,农业生产者和经营者较难建立起稳定的价格预期,农业承担市场风险的能力明显低于其他行业。

(2) 土地要素不可转移性也从很大程度上决定了农业的弱质产业属性。土地不像资本和劳动力等要素那样,可以比较便捷地在行业间自由流动。因此,当土地要素不变的情况下,增加农业的资本和劳动力的支出所产生的边际产品是递减的,因此,农业的生产成本是相对上升的。在与工业产品的比较中,这种成本劣势显得更加明显。由于资本密集程度较高的工业产品随着资本的增加和技术水平的提高,其生产成本在不断下降,因此,以相对成本来衡量的农产品的比较优势随着工业产品劳动生产率的提高而逐渐丧失。所以,要素的不可转移性是农业作为弱质产业的重要特点之一。

(3) 农业的生产周期也决定了农业的弱质性。农业的生产劳动时间和生产时间的不一致,决定了农业部门比其他产业部门的生产周期长、资金周转较慢,因此,农业生产结构、生产规模和品种的调整需要比较长的时间才能实现。而这种现象反映在农产品市场上则表现为农产品供给无法随市场波动及时做出调整,以至于

---

① 该理论最早由库兹涅茨提出。他指出农业对国民经济的健康有序发展有着四方面的贡献,即产品贡献、市场贡献、要素贡献和外汇贡献。

供需之间很难实现大体的平衡。如果市场供不应求、农产品价格上升,农业生产经营者由于季节已过,不能再扩大经营规模,从而失去了增加盈利的良机。若市场供大于求,农产品价格下跌,农业生产者已不能缩小规模,从而造成农产品供给过剩,其价值不能充分实现,农业生产者的利益严重受损。

(4) 农产品的收入弹性和需求弹性的缺乏使得农业具有弱质产业属性。一方面,作为生活必需品的农产品,其主要作用是用于满足人们的饮食需要,而农产品的需求则受到人们生理条件的限制,因此,其需求的价格弹性很小。需求弹性的缺乏使农业生产规模扩大时,农产品的价格是趋于下降的,农业生产经营者的利益是受损害的。另一方面,作为低档物品的农产品,随着人们收入的提高,对其需求的增长是缓慢的,因此,其收入弹性也是较小的。而收入弹性的缺乏导致农业在国民经济中比重趋于下降,这必然导致农业比较效益低于其他产业。这些决定了农业的弱质产业属性。

在此基础上,农业弱质产业理论主张,由于农业在抗御风险、要素转移、生产周期等问题上存在种种弊端,而农业又是影响其他产业存在与发展的基础产业,因此国家必须采取政策对农业进行保护。

农业弱质产业理论的主要贡献在于立足于农业的弱质产业属性说明了农业保护的重要性,概括起来有以下三点。

(1) 农业的弱质产业属性使农业很难依靠本产业力量自行向前发展。一方面,农业生产对自然环境的严重依赖、农产品生产的长期性、农业生产要素(如土地、河流、山林等自然资源)的相对固定性等决定了农业发展面临着严重的桎梏。从根本上说,农业生产的特殊性使农业作为一个独立的产业部门,很难与其他产业平衡竞争,农业发展的内在推动力很弱。而另一方面,受利润最大化和比较利益的原则影响,各生产要素有从农业流出的趋势。由于自然风险和市场风险大、生产周期长、产品难储存等原因,农业的收益要低于以工业为代表的其他产业。因此,原本属于农业的各种生产要素极易向其他产业流动,造成农业与其他产业的比例失调。由于农业本身弱质产业的属性,农业生产的需求拉动力不足,与工业相比竞争乏力,使人们对农业的投资冲动要远远落后于工业。而农业基本生产要素中土地资源的相对固定,则限制了资金等其他生产要素向农业的转移。所以,农业本身不具有吸引要素流入的能力。

(2) 农业作为国民经济的基础产业直接影响工业等其他产业的存在和发展。从经济发展的角度来看,农业是人类生存的首要条件,是一切社会生产的起点。人类要生存,首先要有生活资料,而农业是人类取得稳定的食物来源的唯一部门。当农业生产率达到一定高度,农业生产能够稳定地提供较多的剩余产品的时候,才开

始有一部分农业人口从农业中分离出来，从而出现其他门类的社会生产部门，如手工业、商业、工业、交通运输业等等。而各国的实践也证明了农业劳动生产率愈高，提供剩余产品愈多，能够脱离农业转而从事其他生产活动的人就愈多，这是其他经济部门和一切非物质生产部门进一步发展的前提。而农业发展的缓慢不仅对农业生产者造成严重的损害，同时也会制约其他产业的发展。

（3）国家必须对农业这一弱质产业进行保护。国家对农业进行保护的目的不仅在于通过对农业的保护来扶植农业的发展，更重要的是通过对农业的保护为其他工业的发展提供基础。正是由于作为国民经济基础产业的农业具有弱质性，所以政府不能放任其缓慢发展，使其成为影响工业等其他产业发展的障碍。因此，保护农业实际上也是对工业等其他产业的一种促进。

2.1.3 农业正外部性理论

外部性也称外在效应或溢出效应，是指一个经济主体的活动对其他经济主体的外部影响并不是在有关各方以价格为基础的交换中发生的，其影响是外在的。当外部经济存在时，私人成本大于社会成本，意味着外部性的制造者给社会提供了不能补偿的收益，等于支出成本使他人取得收益。反之，当外部不经济存在时，私人成本小于社会成本，意味着外部性的制造者无偿取得了来自于社会的收益。外部性存在的时候，如果社会缺乏一套有效的产权保护机制，使外部效应内部化，就会侵害具有正外部性的经济主体的利益。

就农业产品外部性的性质而言，如前所述，农业具有商品和非商品生产两大功能，即农业除了具有生产食物和植物纤维等农产品这一主要功能外，同时还具备非商品产出功能。这些具有外部性特征或溢出效应的非商品生产功能可以会形成诸如景观农业、维护生物多样性、确保粮食安全、保持农村活力等正外部性，也可能在对农业处理不当时发生如污染水源、土壤侵蚀、破坏植被等负的外部性。在正常情况下，农业是呈现正外部性的，即农业的贡献不仅仅是满足人们的生活需要，而且还涉及环境保护和社会生活等。因此，通过对农业进行保护不仅可以维护其在国际市场上的竞争力，还有利于保留其对国内其他产业以及社会等的附加效应。此外，生态经济学理论认为，农产品的价格在形成过程中，不仅受市场竞争的影响，更多地受到了农业生产系统的影响。而农业生产系统也是具有外部性的，主要表现在土地资源的外部性上，因此，农产品也从某种意义上拥有了正外部性的特征。

现考虑具有正外部性的农产品参加国际贸易时的情况：设国内需求为 D，社会

供给为 S，个人供给为 s，P 和 Q 分别为价格和数量。在正外部性情况下，农业商品生产的私人成本大于社会成本，与此相应的 s 在 S 的上方，在需求曲线不变的情况下，私人成本决定的商品供给 Q_1 小于由社会成本决定的商品供给 Q_2，从而由农业正外部性造成在该国国内产出量减少，导致社会福利下降（见图 2-1）。

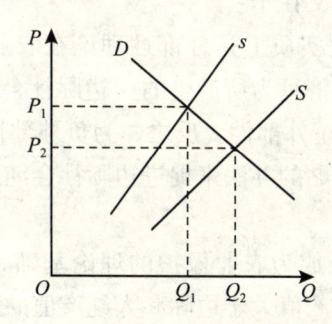

图 2-1 农业正外部性导致社会福利下降

而当一国参加国际贸易后，进口国的该产品的生产规模缩小，其所能实现的农业正外部性减少。与此相反，出口国该产品的生产规模扩大，其所能实现的农业正外部性增加。

图 2-2 表示贸易进口国的情形。进口产品的消费量虽然由 Q_0 增加到 Q_1，但该产品的本国生产则由 Q_0 减少到 Q_2，并且进口越多，生产越少。图 2-3 表示出口国的情形，由于产品出口，国内的消费量由 Q_0 减少到 Q_1，但该产品的本国生产则由 Q_0 增加到 Q_2，并且出口越多，生产越多①。

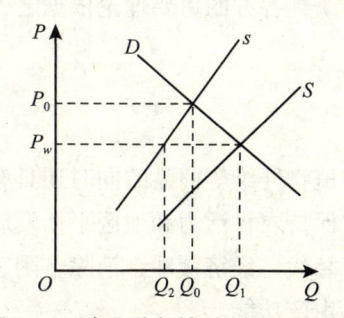

图 2-2 农业外部性对进口国的影响 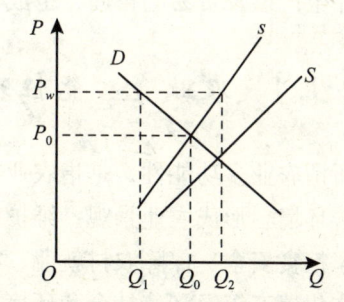　　**图 2-3 农业外部性对出口国的影响**

---

① 陈思含：《农产品贸易保护的演进研究》，清华中国知网（CNKI）——中国优秀博硕学位论文全文数据库，2005 年，第 5 页。

由此可见，对于具有正外部性的农产品来说，只有不断地进行农业保护政策才能保证本国农业产业的发展。而不进行保护政策，在造成本国生产萎缩的同时也会增加对粮食进口的需求，而对粮食的进口需求会进一步造成本国国内生产的萎缩，从而发生一连串的连锁反应。

农业正外部性理论的意义在于：

（1）农业正外部性理论实质上是外部性理论在农业的一次扩展。外部性理论的主要论点在于：当一种经济行为所产生的"边际社会纯产品（值）"大于"边际私人纯产品（值）"时，为正外部性。反之，为负外部性。而国家则应通过对宏观经济的干预，主要是采取补贴的办法来促进边际社会纯产值大于边际私人纯产值的产业发展。

（2）农业正外部性理论成为农业保护的理论基础。农业基础产业的特性证明了农业是典型的边际社会纯产值大于边际私人纯产值的产业。因此，应该通过农业国内支持政策矫正外部效应对农业生产及其必要生产条件的供给方面的负面影响。

（3）农业的正外部性理论为农业保护的边境贸易措施提供了理论支持。农业的正外部性理论不仅为农业的国内支持提供了理论依据同时为农业保护的边境贸易措施提供了理论支持。由于农业的正外部性使得农产品贸易具有与其他一般货物贸易不同的特殊性，农产品贸易不仅要考虑对农业商品生产的影响，还要考虑对农业非商品产出的影响，所以从某种意义上说，也为农产品的边境保护措施提供了依据。

（4）农业的正外部性理论是农业保护理论的里程碑。在此理论的基础上，人们又提出了农业多功能性、农业非贸易关注等理论，这些理论一提出，影响了世界农产品生产以及贸易的格局，也成为农产品贸易谈判各方的重要理论依据之一。

2.1.4 农业多功能性理论

所谓农业多功能性，是指农业在生产食物和植物纤维等商品的同时还具有保护和改善环境、形成农业景观、维护生物多样性、保持农村活力和地区平衡发展、保证国家粮食安全、保障农村就业、社会福利保障替代、经济缓冲、消除贫困、保留农村文化遗产等经济、社会和环境方面的非商品生产功能。

农业多功能（Multi-functionality of Agriculture）概念最早是由日本提出的。为保护国内的稻米市场，日本在1999年颁布的《食物农业农村基本法》中正式提出，日本文化与水稻种植密切相关，保持日本水稻生产也就保护了日本的"稻米

文化"。此后，1992年联合国环境与发展大会通过的《21世纪议程》将14章第12个计划（可持续农业和乡村发展）定义为"基于农业多功能特性考虑上的农业政策、规划和综合计划"。

1996年世界粮食首脑会议通过的《罗马宣言和行动计划》提出"将考虑农业的多功能特点，在高潜力和低潜力地区实施……农业和乡村可持续发展政策"。1999年9月，在马斯特里赫召开的国际农业和土地多功能性会议认为，农业活动具有多功能性。农业的基本职能是为社会提供粮食和原料，并是农民谋生的基础；而其多功能性则表现在农业具有的多重目标和功能，包括食品安全、环境、结构调整、农村社会发展、减轻贫困等各个方面。而由农业多功能性决定的农业产出有三大特征：（1）生产与生活重叠。由于农业的地域分布特征，农业生产区域与农业的生活区重叠交叉，这一特性一方面使农业生产与农村生活变得密不可分，另一方面使农业生产对农村的生活方式、农村文化的形成等影响深远。基于此种特征，农业生产必然会对农业资源、生态和环境以及农村社会发展产生影响，具有社会、经济和环境等方面的非商品产出功能。（2）公共产品特性。公共产品特性是指难以对其进行产权界定和价值量化、其效应对生产者以外的其他人产生影响或使其受益，并在其作用范围内难以排除他人的享用的产品。从农业角度来看，其产品在很大程度上具有非排他性和非竞争性，如一定的粮食自给率带来的粮食安全保障和战略价值、经济缓冲作用的价值、劳动力就业保障对城乡平衡发展和社会稳定的价值、农业景观等[①]。由于农业的非排他性和非竞争性，使农业具有公共产品和半公共产品的特性。（3）农业的外部性。农业的外部性集中地表现在农业对资源、生态和环境以及农村社会经济文化发展产生的影响上，由于生产者对农业的投入不仅使得自身的农业生产受益，更对整个农村社区、国家乃至世界发生作用，其劳动明显地具有"外溢性"，因此，农业的外部性是农业多功能性的重要特征之一[②]。

农业的多功能性促使人们重新审视农业的地位，唤起国民对本国农业的热情。农业的多功能性使政府对农业的保护势在必行。虽然从经济效益的角度来看，保护农业可能会牺牲经济总量的增长，是缺乏效率的，但是，从多功能性的角度考虑，由于农业不仅能确保粮食的稳定供应，而且能带来社会、生态、文化等方面多种效用，因此应强化农业的基础地位。

---

① 杨楠、倪洪兴：《WTO农业谈判中的非贸易关注问题》，载《中国农村经济》2005年第10期，第76页。

② 农业的外部性最初是作为一种独立的理论提出的，而农业多功能性则涵盖了这一理论的部分论点。由于两个理论互有交叉，因此，简单地将农业外部性理论归入多功能性理论是不合适的。所以，这一部分尊重理论发展的历史，而将两种理论予以分离。

农业多功能性理论的意义体现两个方面:

(1) 农业的多功能性特别是部分农产品公共物品的特性导致了市场调节这只"看不见的手"的失灵。西方发达国家经济发展史证明市场调节这只"看不见的手"发挥作用是在一定范围内的。不可否认,自由经济是最易实现帕累托最优的经济运行方式和资源配置手段,其主要调节工具——"市场调节"具有其他方式和手段所不可替代的优越性。然而,这种调节方式也因自由经济所固有的一些缺陷而常常失灵,当市场自动调节的任一假设前提条件得不到满足或不能成立时,就会出现市场失灵。

(2) 农业多功能性对于解释农业保护现象有较强的实践意义。由于农产品的多功能性,其价值和成本无法通过市场交易和产品价格来体现,因此必须通过一定的政策干预才能保证社会福利的实现。而作为一种"公共产品"的农业生产是不可能凭借自身的发展实现资源的优化配置和达到最优生产效率的。

2.1.5 农业非贸易关注理论

非贸易关注是指那些有悖于WTO自由贸易的基本原则,但却涉及个人、国家或整个世界的多方面社会福利的一些问题。狭义的非贸易关注是指产品自由贸易无法体现和实现农业生产全部价值,从而导致贸易某一方利益的损失和减少。广义的非贸易关注除包含上述问题外还涉及开展农产品贸易可能引起的问题,如粮食安全及环境保护的需要。农产品的非贸易关注认为,政府负有确保本国人民粮食安全的基本责任,政府有义务通过积极的政策,促进农业和农村经济的发展,提高农民的购买力水平。

非贸易关注最早是在乌拉圭回合农业协议第20条"关于改革进程的继续"中提出的,要求乌拉圭回合后的农业改革进程谈判应考虑"非贸易关注,对发展中成员的特殊差别待遇……"WTO《多哈宣言》进一步表示"已注意到成员提交的谈判提案所反映的非贸易关注问题,确认谈判将根据WTO《农业协定》的规定考虑非贸易关注"。2004年7月WTO达成的《农业谈判框架协议》再次重申"非贸易关注问题将在谈判中得以考虑"。非贸易关注不仅关系到WTO《农业协定》允许的不同于其他货物贸易规则的农业补贴支持措施长期存在的合理性,而且在很大程度上左右着新一轮农业谈判的走向和改革力度。

非贸易关注理论强调了农业的特殊性及对农业实行区别对待的必要性。农业所具有的特殊性,主要包括:食物是独特和最基本的商品,实现粮食安全具有特殊重

要的意义,农业在保证农村的生存与发展、实现生物和文化的多样性等政策目标方面具有重要的作用。基于此种关注,每个国家都有权维护本国农业的发展,从而实现这些目标。

农业非贸易关注理论的贡献体现在两点:

(1) 非贸易关注理论与多功能性理论一脉相承。造成农产品自由贸易无法体现和实现农业生产全部价值的原因在于农业的多功能特性以及与之相关的市场失灵。因此,农业非贸易关注从本质上来说仍与农业多功能性理论联系密切,即由于农业多功能性的存在,农产品自由贸易无法体现和实现农业生产的全部价值,从而导致贸易方利益损失和减少的问题。而开展农产品贸易可能引起的主要问题,则使政府必须依靠本国的农业生产来增加农产品供给,不能指望进口产品来实现本国的粮食安全、保障就业、消除贫困等目标。因此,政府必须对农业生产以及贸易进行干预,尽可能实现正外部性的内部化。

(2) 非贸易关注理论的最大进步在于提出各国根据自身国情来实行不同的农业保护的论点。基于非贸易关注理论,政府必须通过制定保护性政策和相应的法律进行介入和干预,因此,各国都需要根据本身不同的国情制定程度不同的农业保护政策。为了合理解决农业中的非贸易问题,必须充分考虑每个国家在优先目标、生产条件等方面的具体情况。非贸易关注理论强调在实施国内支持政策的同时,适当地采取边境控制手段以达到农业非贸易关注问题的解决。

2.1.6 改造传统农业与人力资本投资理论

改造传统农业与人力资本投资理论是舒尔茨在其 1964 年出版的《改造传统农业》中提出的,由于理论的独创性和对农业问题分析的深刻性,使此理论成为许多国家的实施农业保护的理论依据。其理论的主要内容有:(1) 传统农业的基本特征。舒尔茨认为,传统农业的基本特征在于技术水平长期止步不前,生产已经形成定局,农民没有进一步增加产量的欲望等。这是因为在此之前的封建社会里,统治者为了维护自己的切身利益,竭力阻碍技术进步,压制工农业发展,农民思想被严重禁锢,对技术创新失去兴趣。因此,他们世世代代使用相同的生产要素,使技术和生产都不能获得提高,而这种基本特征所导致的直接后果是农业生产率低,进而产出低,农民收入微薄。(2) 传统农业不能成为经济增长的源泉。传统农业基本特征的根源在于农民使用的农业要素固定不变,其生产效率低下,而传统农业的弱小性则是由于农民已耗尽了作为他们所支配的投入和知识的一个组成部分的

"生产技术"的有利性,而对于农民的储蓄与投资以及增加再生产性资本的各种形式的存量,几乎没有什么刺激(舒尔茨,1964)。因此舒尔茨认为传统农业不能成为经济增长的源泉。一方面,在传统农业中,由于生产要素和技术状况不变,所以收入的供给是不变的。另一方面,农民持有和获得收入来源的偏好是不变的,所以收入的需求也不变,由于供给和需求的既定,收入的均衡价格长期在高水平上固定不变,而来自农业收入的价格较高说明了传统农业中资本的收益率低下。(3)改造传统农业。农业可以成为经济增长的动力,但传统的农业并不能发挥这一作用,必须将传统农业改造为现代农业。因此,政府必须对农业进行投入,向农业投资,不仅要注意投向,还要对农民给予指导和鼓励。一旦有了投资机会和有效的鼓励,农民将把黄沙变成黄金。

改造传统农业与人力资本投资理论的意义主要体现在两个方面:

(1)舒尔茨关于改造传统农业的看法是理论上的重大突破。舒尔茨认为,传统农业投资不足,根源不在于储蓄少,而在于投资收益率太低,刺激不了人们投资的积极性。改造传统农业的根本出路,在于引进新的生产要素,以提高投资收益率,使投资流入,进而农业成为经济发展的动力。

(2)改造传统农业理论有极强的实践意义。从实践的结果来看,改造传统农业与同时兴起的农业技术革命,极大地改变了农业发展的趋向,使各国重新重视农业的作用,并由此掀起了一场农业绿色革命的浪潮。而舒尔茨在改造传统农业与人力资本、投资中强调政府的作用,例如,把地方市场并入更大的市场,扩散有关产品和要素的经济信息,把减少资本市场的不完全性,向保健、教育和人力资本的其他形式进行投资,减少农产品价格的波动等措施,使得为农业保护的实践提供了较为可行的建议。

2.2 贸易摩擦理论

从贸易理论的发展历史来看,自由贸易和保护贸易始终贯穿贸易理论发展的全过程。自由贸易理论提倡各国可按照自然条件、比较利益和要素丰缺状况,专门生产其绝对优势或相对优势的产品,参与国际分工和国际贸易,这种国际分工和贸易可带来很多利益。自由贸易有利于发挥各国的比较优势,优化其资源配置,实现规模经济效益,提高资源利用效率和社会整体福利水平。因此,按照自由贸易理论,国际贸易是不会产生摩擦和争端的。然而,随着世界范围内贸易的不断扩大以及国

际贸易秩序的进一步完善,贸易摩擦并未如贸易自由主义者所预期的那样不断减少和消失,反而情况越来越严重。建立在国际市场完全竞争理论基础之上的自由贸易理论,无法解释现实生活中的各种贸易壁垒和摩擦。因为自由贸易理论是建立在古典经济学框架之内的一种理想的贸易状态,是建立在市场完全信息、市场没有垄断力量存在、政府不干预贸易活动、人类和各种市场组织具有完全理性、不存在政治和文化等因素对贸易的影响的假设前提基础之上的,而这样的假设在现实生活中是不存在的。从国际贸易的实践来看,尽管世界潮流在向着贸易自由化方向发展,但是没有一个国家实现了完全的自由贸易。自由贸易和保护贸易总是相伴而行的。自由贸易决定了贸易利益的创造,保护贸易则决定了贸易利益的分配。世界各国奉行贸易保护政策是贸易摩擦产生的根本原因,因此,贸易保护理论是分析贸易摩擦的基本理论。

2.2.1 超贸易保护理论

超贸易保护论是20世纪30年代提出的凯恩斯主义的国际贸易理论,它试图把对外贸易和就业理论联系起来。代表人物是凯恩斯主义的创始人英国经济学家凯恩斯(John Maynard Keynes,1883~1946),其代表作是《就业、利息和货币通论》(The General Theory of Employment, Interest and Money),于1936年出版。超贸易保护主义认为,一国的出口具有增加国民收入的作用,而另一方面,一国的进口,则有减少国民收入的作用。当商品或劳务出口时,从国外得到的货币收入会使出口产业部门收入增加,消费也增加,其必然引起其他产业部门生产增加,就业增多,收入增加……如此反复,收入增加量将为出口增加量的若干倍。同理,当商品劳务进口时,必然向国外支付货币,于是收入减少,导致国民收入成倍的减少。因此,只有当贸易为出超或国际收支为顺差时,对外贸易才能增加一国就业量,提高国民的收入,此时,国民收入的增加量将大于贸易顺差的增加量,并为后者的若干倍,这就是对外贸易乘数理论的含义。

超保护主义是建立在对自由贸易的批判基础上的。与自由贸易相比,超保护主义的进步在于:(1)对自由贸易理论前提条件的批判。凯恩斯主义之前的以古典自由贸易理论为代表的学说假定国内是充分就业的,国家间贸易以出口抵偿进口,进出口能够平衡,而偶尔出现的贸易差额,也会由于黄金的移动和由此产生的物价变动而得到调整,进出口实现平衡。对此,凯恩斯主义首先批判了其理论的前提条件,即充分就业事实上并不存在,现实社会存在着大量的失业现象。

(2) 对自由贸易中"国际收支自动调节机制"的批判。超保护主义理论认为，自由贸易理论只用国际收支自动调节机制来证明贸易顺差、逆差的最终均衡过程，忽视了在调节过程中对一国国民收入和就业的影响，因此存在着极大的缺陷。

超贸易保护所推行的保护政策有其局限性。凯恩斯主义的贸易保护理论在强调政府干预国内经济的重要性的同时还提出了政府干预对外贸易的观点，主张实行贸易保护政策来配合国内宏观经济政策。但这种保护政策并非无限制的，一方面，如果外贸顺差过大，以致利率水平太低，国内私人投资需求超过了充分就业的水平，使资源被充分利用起来，那么继续增加投资将带来物价和工资的上涨，进而使产品的成本上升，国际竞争力下降，结果使促进外贸顺差的政策反而引起外贸逆差。另一方面，如果出现本国利率水平低于外国的利率水平，资本将流向国外，抵消掉因外贸顺差而带来的贵金属流入①。因此，在凯恩斯看来，贸易保护只是在一定时期使用的干预外贸的政策，这种干预要有利于通过外贸顺差刺激本国投资需求增加，利率水平适度降低。可见，凯恩斯的超贸易保护理论是在有效需求不足情况下的贸易保护政策。

2.2.2 战略性贸易理论

20世纪70年代中期以来，世界贸易格局发生了重大变化，集中表现为产业内贸易的兴起以及不完全竞争市场的形成。一方面，传统的产业间贸易逐步被发达国家之间的产业内贸易所取代。一些发展中国家在世界贸易中的地位迅速提高，并在纺织、家用电器、钢铁等原来发达国家垄断的行业呈现出比较优势。另一方面，世界贸易格局的变化，使各国在世界市场上的竞争越来越激烈，不完全竞争的态势日益明显。在这种形势下，一些力图从新的角度探寻政府干预对外贸易理论依据的经济学家提出了战略性贸易政策等保护贸易的新理论，在这方面做出贡献的主要有美国的经济学家克鲁格曼（Krugman）和赫尔普曼（E. Helpman）。简而言之，战略性贸易政策是指一国政府在不完全竞争和规模经济的条件下，利用生产补贴、出口补贴以及保护国内市场的各种措施来扶植本国战略性产业的成长，增强其在国际市场上的竞争力，占领他国市场，获取规模报酬和垄断利润的贸易政策。战略性贸易政策理论把博弈论和产业组织理论糅合运用到国际贸易领域，摒弃了传统的规模报

---

① 佟家栋：《贸易自由化、贸易保护与经济利益》，经济科学出版社2002年版，第17页。

酬不变和完全竞争的假定,把模型建立在规模经济和不完全竞争的基础上,是国际贸易理论的一次革命。战略性贸易政策是新贸易理论的延伸,之所以冠上"战略"二字,是因为贸易政策的对抗性,即政府在制定贸易政策时会把对手国的反应考虑在内。

战略性贸易理论有其积极意义。(1) 战略性贸易理论完善了传统的国际贸易理论。针对国际贸易中不断出现的新现象,战略性贸易政策理论论证了一国可以在不完全竞争条件下实行贸易干预的政策,通过转移他人的经济利润来提高自身的福利水平,扩充了传统的比较优势理论的范围。(2) 战略性贸易政策是攻守结合的战略。当别国未实施战略性贸易政策时,本国实施战略性贸易政策,可先发制人。当别国实施战略性贸易政策时,本国还以战略性贸易政策,可以在势均力敌的基础上开展谈判,不至于陷入被动。(3) 战略性贸易理论对美国、欧盟20世纪90年代以来的贸易政策产生了重大的影响,欧盟、美国的许多条款中的内容就是根据战略性贸易理论制定的。

战略性贸易政策在实践中也存在难以克服的弊病。(1) 同幼稚产业保护理论一样,难以准确选择战略性产业,容易导致因战略性产业选择错误而造成资源浪费。同时,还可能导致企业对政府的依赖,不利于企业和所属产业的发展与成熟。(2) 战略性贸易政策是一种以邻为壑的贸易政策,以牺牲别国的利益来提高本国福利,这就令该政策很容易引发大量贸易摩擦,并使世界贸易规模缩小,贸易利益下降。

2.2.3 贸易的新政治经济学理论——公共选择理论

公共选择理论作为现代经济学的最新分支之一,又被称为"公共选择"(Public Choice),"集体选择"(Collective Choice),"公共选择经济学"(Economics of Public Choice),"新政治经济学"(New Political Economy),"政治的经济学"(Economics of Politics) 或"政治的经济理论"(Economic Theory of Politics) 等。确切地说,它是经济学和政治学的交叉学科。它以新古典经济学的基本假设(尤其是理性人假设)、原理和方法作为分析工具,来研究和刻画政治市场主体(选民、利益集团、政党、官员和政治家)的行为和政治市场的运作[①]。

公共选择理论起源于20世纪60年代,美国的布坎南(Buchanan)、图洛克

---

① 方福前:《公共选择理论——政治经济学》,中国人民大学出版社2000年版,第1页。

(Tullock) 等学者是这一理论早期的奠基人。在布坎南、图洛克和托里森（Tollison）为代表的公共选择理论出现之前，政府的各种政策在经济学家看来是外生的，经济学尚未有一个好的理论来指导政府的决策，而公共选择理论的提出解决了这一问题。公共选择理论试图运用现代经济学的逻辑和方法，分析现实生活中政治个体的行为特征以及由此引出的政治团体，特别是政府的行为特点。通过研究政治学、经济学和社会哲学之间的联系，公共选择学派试图发展一种交叉学科的研究框架来分析以个人自由为基础的社会秩序。

在分析保护政策方面，公共选择理论的主要观点有：

（1）存在一个统一的政治和经济市场。公共选择理论认为，人类社会由两个市场组成，即经济市场和政治市场。在经济市场上活动的主体是消费者（需求者）和厂商（供给者），在政治市场上活动的主体是选民、利益集团（需求者）和政治家、官员（供给者）。在经济市场上，人们通过货币选票来选择能给他带来最大满足的私人物品，在政治市场上，人们通过民主选票来选择能给他带来最大利益的政治家、政策法案和法律制度[①]。因此，在两个市场上找到结合点，就可以找出公共决策的决定。

（2）政治制度可以看做是一个普通的市场。公共选择理论把政治制度看做是一个普通的市场——政治市场。在政治市场上，人们建立起契约交易关系，一切活动都以个人的成本—收益计算为基础。在公共选择理论看来，在其他条件相同的情况下，个人一般宁愿投票赞成这一类的政治家，他希望这个政治家的行动将给他个人带来"更多的东西"，而不愿投票赞成另一类政治家，后者的纲领将使他付出的成本高于给他带来的利益。

（3）保护政策的实施与否受社会利益集团的影响。公共选择理论认为，政策制定的政治活动过程主要有两种，即直接投票方式和代表民主制。但在现实中，各国并不采用直接投票方式来决定贸易政策，而是通过一个被选举出来的代表集团（或政府官员）来决定。因此，各个社会利益集团可能会进行政治活动以游说和影响政策制定者，从而使自己所偏好的贸易政策获得他们的支持。在这一前提下，保护政策的实施与否受到了社会利益集团的影响。公共选择理论认为：政府的任何贸易政策都会引起不同社会集团的截然相反的反应，如果受益的一方支持某项政策，而受损的一方则会反对这项政策，因此，政府贸易政策的制定或选择取决于各种社会力量的对比关系。从农业利益集团角度来讲，在不同社会集团的政治活动中，进

[①] 方福前：《公共选择理论——政治经济学》，中国人民大学出版社2000年版，第2页。

口替代部门的生产者与消费者群体相比，显然占有更大的优势，其对政府的游说和赞助便会导致贸易保护政策的实施，原因是小集团中的单个人倾向于拥有更大的利益，容易组织起集体行动，因而更能够影响政府的决策①。

公共选择理论的独创性在于把政治制度看做是一个普通的市场公共选择理论在揭示贸易政策和摩擦有着传统经济学不可比拟的优点。首先，假设前提的修订独辟蹊径。政治经济学摒弃了传统经济学分析贸易政策的方法，修正了传统经济学对贸易政策外生的假定，从利益分配角度出发，揭示了贸易政策受各种政治经济因素影响的内生过程。其次，分析方法的创新。公共选择分析框架的引入使得政治经济学的分析手段更为切合实际：贸易政策作为一种公共产品是由供给以及需求共同决定的，政府等政策制定机构是贸易政策的供给者，而各种利益集团是贸易政策的需求者，供求双方在经过类似博弈过程后达成政治市场上的均衡。再次，分析的全面性。通过对政治学和社会学等多种因素的考察以及先进的数理模型和统计手段的应用，使得政治经济学在对分析现实贸易政策措施的方面更加有效。

公共选择理论在分析农产品政策的差异上也有独特之处。目前世界绝大多数的发达国家都通过各种方式对本国的农业提供大量的经济支持，以提升该国农业的国际市场竞争力。而大多数发展中国家的农业依然是政府财政收入的主要来源，不可能对农业提供相应的支持和补贴，甚至对农业采取剥夺的方式支持工业化进程。这两种相悖的行为在公共选择理论中得到了充分的解释。由于在政治势力上国内利益集团行动利益及实力的差别，导致了不同发展程度的国家采取并不相同的农业保护政策。

---

① 更为详细的论述见曼瑟尔·奥尔森：《集体行动的逻辑》，上海三联书店、上海人民出版社1999年版，第38~42页。

第3章 基于农业保护政策视角的贸易摩擦博弈模型分析

3.1 贸易博弈理论

博弈理论不仅对于国际组织及国家之间有很好地解释，同样可以解释经济现象中讨价还价问题。应该指出，这里的讨价还价并不仅仅是商业行为中买方与卖方之间的谈判，更表现在厂商之间价格竞争、数量竞争及各种微观主体间的贸易谈判。

3.1.1 贸易博弈分析

对贸易博弈分析是在经济博弈分析的基础上专门针对国家贸易发展起来的一个分支。除了兼有上述经济博弈分析的内容外，贸易博弈分析已进行了如下研究。

(1) 论证了经济组织在贸易中的独特作用。无论是各谈判的利益集团还是世贸组织，都存在合作与冲突的矛盾，传统的理论没能很好地解释为什么在经济组织内会出现违反规则的现象，博弈论则填补了这一空白。具体来讲，经济组织之所以成立，是为了避免潜在的由于双方多阶段博弈而可能带来的利益损失。而另一方面，出于受"个体理性"所驱动的现期利益化的考虑，各成员方又有违反既定规则的动机。但是，考虑到从长远来看会遭到其他成员国的报复，这种违规通常被限制在一定范围内。同样，经济组织之间的多边谈判以及贸易摩擦的谈判也体现了冲突与合作的关系。各成员国之所以更容易在经济组织的框架内达成协议，是因为不达成协议所带来的不利远远大于达成协议后的损失。比如，若因主要协议的不能达成而退出某经济组织，对一国来说其损失可能是巨大和深远的。正因为如此，经济组织无论是在加快贸易争端的解决还是促进贸易发展上都有着独特的作用。

(2) 论证了各国国内支持政策对改变囚徒困境的作用。关于各国国内支持政策对改变囚徒困境的作用的论证，以美国与欧盟的飞机制造业的产业补贴最为著名。美国的波音和欧盟的空中客车在生产与不生产飞机的问题上面临着囚徒困境：当波音与空中客车都进行生产的时候，双方都有 5 的损失；而当一方生产另一方不生产的时候，生产方可以得到 10 的收益，而不生产的一方，其收益为 0，而双方都选择不生产的时候双方的收益都为 0。这是一个典型的囚徒困境，双方基于个人理性的选择的结果——双方都生产而导致都得到 5 的损失是劣于集体理性的选择的。为了发展本国产业，国内支持成为改变其支付函数的主要手段，通过补贴支持本国产业，使本国产业对于生产的选择不仅符合个人理性，也符合集体理性的选择，避免了两败俱伤的现象，从而可以使本国产业立于不败之地。然而，当两国同时采取这种措施的时候，并不能达到这种效果。而这种双方都进行的国内补贴实际上无益于双方以及整个社会福利的提高。

(3) 分析了与贸易有关的博弈参与各方的策略选择以及影响因素。经济学家对于贸易摩擦建立了各种博弈模型，由于参量和对各种贸易摩擦现象的理解不同，尚未形成统一的理论，然而运用博弈理论来分析与贸易有关的经济行为都是通过对模型的分析解析双方的选择策略以及影响因素。比较有影响力的观点有：①局中人的谈判能力受到很多因素的影响，比如局中人的初始选择，局中人在博弈过程中影响自己和其他局中人的能力。②可置信威胁的提出可以在一定程度上使博弈向有利于己方的方向发展。其中最为著名的论点是谢林在《冲突的策略》中提出的"边缘政策"（Brinkmanship）概念。其含义是：局中人故意制造一种可以辨认的风险，让对方知道，并且还让对方知道这种风险是己方不能完全控制的，一旦某种形势出现，不管己方愿意与否，都只能越过边缘界线，采取行动与对方同归于尽。这是一种威胁，但要创造条件使对方相信这种威胁是可置信的，因此就要把自己推入一种看来不利的处境。③对于局中人来说，报复的能力比抵抗的能力更有用，并且，不确定的报复比确定的报复更加可置信，也更有效。如果是一次博弈，由于不存在报复，合作几乎是不可能的。但如果是一种长期的关系，局中人为了长期利益，则可在短期做出让步。这就是为什么合作关系必须是在长期关系中才能建立的原因。而策略承诺（Strategic Commitments）则能够应用于从企业竞争策略到贸易摩擦等更广泛领域。④在长期博弈中贸易各方能够实现合作。在多个局中人、局中人之间的相互关系很少发生、局中人之间的相互关系容易中断、时间坐标很短、对方的行动不容易观察等条件的限制下，贸易双方的冲突大于合作。而在重复博弈中，合作是一种容易达到的均衡，即便是短期关系中存在很强的利益冲突的博弈。

3.1.2 国际贸易竞争与合作博弈分析

目前关于政策影响下的国际贸易竞争与合作博弈分析模型主要分为两部分：一部分是政策干预条件下出口竞争模型研究，主要考察关税、出口补贴、R&D 补贴等外生变量对企业出口竞争能力的改善及对贸易国福利水平产生的各种效应，后期模型也侧重研究 GATT/WTO 背景下出口竞争和贸易干预行为的演化。另一部分是贸易联盟的博弈研究，主要对战略联盟及 R&D 联盟等新型贸易模式的机理进行分析，并评估竞争中合作格局的形成对世界经济产生的总体影响。

1. 贸易政策干预下的竞争模型研究

对战略贸易政策的研究兴起于 20 世纪 80 年代中期，日本企业在海外市场成功的经验使研究者将注意力转移到国家贸易政策和竞争均衡之间的关系上。研究的早期阶段侧重结合比较静态分析方法和动态博弈，考察单一贸易政策对贸易均衡的影响，同时研究由于参与博弈的企业数量、博弈次序、战略空间的连续性、政策承诺和推测变量的调整对竞争行为产生的作用。

由于存在博弈的多阶段和产出的后验概率，故该阶段的贸易竞争均衡多为子博弈完美（Sub－Perfect）均衡和贝叶斯—纳什（Beyes－Nash）均衡。Venables（1982）[①]分析了贸易和产业政策对不完全竞争行业格局的影响，考察了寡头市场、自由进入市场、分离市场和统一市场四种市场模式下的政策效果，其推论表明，在分离市场条件下政策对竞争均衡的干预作用远远强于统一市场下的作用，而在企业竞争数固定条件下的干预作用也强于在允许竞争企业自由进入条件下的作用。Brander 和 Spencer（1984，1985）[②]提出，尽管在多边贸易政策干预下的均衡解具有次优化（sub-optimal）特征，但由于存在类似囚徒困境格局的单方偏离自由贸易的动机，各贸易国政府仍然会选择使用出口补贴、R&D 补贴和关税来影响企业的竞争能力。

Dixit（1984）[③] 将 Brander 模型拓展到存在 $n+m$ 个企业参与的双边贸易竞争中，并且提出尽管本国企业厂商数量巨大，但在 Cournut 均衡中仍然存在一种最优

[①] Venables, Anthony J. optimal tariffs for trade in monopolistically competitive commodities. Journal of International Economics, 1982, 12, pp. 225 – 241.

[②] Brander J, and B, Spencer Trade Warfare. tariff and cartel, Journal of international economics, 1983, 16, pp. 227 – 242.
Brander, J and B, Spencer Export subsidies and International Market Share Rivalry, Journal of international Economics, 1983, 18, pp. 227 – 242.

[③] Dixiit, Avinash. International Trade Policy for Oligopolistic Industries. Economic Journal, Dec 84 Conference Papers, 1984, pp. 1 – 17.

的出口补贴。Eaton 和 Grossman (1986)① 分析了在寡头竞争条件下贸易和产业政策的福利影响,提出了在不同出口市场结构和运作模式下的最优干预行为;Eaton 等证明了在市场出清的条件下,最优贸易政策的制定取决于外国企业对本国企业出口的实际反应量和本国企业的推测变量之间的差异。如果存在 Coumut 贸易竞争格局,出口补贴是最优的干预手段,而在 Betrand 贸易竞争条件下,税收则成为最优的干预手段,如果推测变量是一贯的(Consistent),则应该实施自由贸易政策。Cheng (1988)② 的推论和 Eation 之间存在一定差异,Cheng 认为在线性需求和差异化产品条件下,如果竞争产品差异程度充分大且成本差异不显著,关税和补贴是竞争行为的最优干预组合,如果竞争产品接近于完全替代且成本差异充分大时,在 Coumut 竞争中关税和生产税是最优干预组合,在 Betrand 竞争中生产补贴则成为最优政策。

Brander 和 Spencer (1981)③ 考虑了一个两阶段的基于第三市场(The Third Market)的出口博弈模型(第一阶段进口国和出口国同时选择政策工具,第二阶段两个企业同时选择竞争产出水平),该论文认为即使在进口国存在关税的条件下,出口国政府为了提高企业的竞争力仍然会采取出口补贴的战略,从而导致利润向进口国的转移。Das (1989)④ 推证了产量和质量标准对贸易竞争均衡的影响,证明了产量控制的配额手段具有提升本国企业竞争力的积极作用,而最低质量标准限制他国的进口对本国的生产利润和福利水平都具有负面效应。Carmichael (1987)⑤ 考察了出口企业和政府采取战略行动的先后次序对博弈均衡产生的影响,在 Caemichael 的模型中,企业在政府补贴前已经设定了价格变量并且事前知道补贴计划是否能够执行;并且由其推论得出在这个博弈体系下出口补贴尽管可以提高企业的竞争能力,但是,却无法提高本国的福利水平。

20 世纪 90 年代初,信息结构的变化和贸易均衡之间的关系开始受到重视。研究者特别关注在需求、成本和技术变量存在不确定性条件下,贸易政策实施的特点及由此形成的贸易竞争格局。此阶段的深入研究很大程度上得益于相关博弈研究方

---

① Eaton, Jonathar, Grossman, Gene M. Optimal Trade And Industrial Policy Under Oligopoly. Quarterly Journal of Economics, 1986, 101, pp. 383–406.

② Cheng, Leonard K, Assisting Domestic Industries under International Oligopoly. The Relevance of the Nature of Competition to Optimal Policies. American Economic Review, 1988, 78 Issue 4, pp. 746–758.

③ Brander James A; Spencer, Barbara J, Tariffs and the extraction of foreign monopoly rents under potential entry. Canadian Journal of Economics, 1981, 14, pp. 371–389.

④ Das, Satya P.; Donnenfeld, Shabta. Oligopolistic Competition And International TRADE, Journal of International Economics, 1989, 27, pp. 299–317.

⑤ Carmichael C. The Control of Export Credit Subsidies and Its Welfare Consequence. Journal of International Economics, 1987, 23, pp. 1–19.

法的发展。比如，Kreps 提出的序贯理性和序贯均衡，Cho-Kin Koo 提出信号博弈的直觉准则，Kolberg 提出非合作博弈的战略稳定性问题，Mailath 证明了连续信号和并行信号（Simultaneous Signaling）条件下信号解存在的条件。这些博弈方法都为国际经济学尤其是出口竞争与协同问题提供了新的分析工具和手段，研究者开始尝试用关税、出口补贴和 R&D 补贴等贸易政策作为信号来降低不确定性因素对市场的影响。

Cooper 和 Riezman（1989）[①] 比较研究了出口补贴和配额两种政策工具的干预效应，提出在市场的不确定性因素较小时，出口国政府倾向于使用出口配额限制企业的国际市场产量；相反，在市场不确定因素较大时，则倾向于以出口补贴提升企业竞争力从而扩大企业的国际市场份额。Collie 和 Haviid（1991，1993，1999）[②] 分析了在贸易竞争双方信息不对称情况下，政府使用关税或者出口补贴作为企业成本或者市场规模的信号传递给竞争企业，从而形成在不同贸易格局下的混同均衡（Pooling Equilibrium）、分离均衡（Separated Equilibrium）和准分离均衡（Hybrid Equilibrium）。Collie 发现，在以出口补贴为信号的博弈中，信号效应强化了补贴的利润转移效果（在不完全信息条件下出口补贴总量达到完全信息条件下的 2 倍）；同时，在信号作用下的生产利润优于在无政府干预且成本信息不完全条件下直接竞争的均衡水平。

在以关税为信号的博弈中，发出信号的本国政府在分离均衡中通过低关税显示自身企业的低竞争力，诱导国外企业出口更多的产品，改善了本国的福利水平；出口企业通过这个均衡解获得的利润水平也高于无政府介入下的利润所得。Kolev 和 Prusa（1999a，1999b）[③] 使用双头垄断分析框架研究了出口企业通过自愿出口限制提供自身低生产效率的信号，以避免出口反倾销约束；Kloev 等认为在完全信息状态下基于成本的出口反倾销手段所具备的有效性，在非对称信息条件下将完全丧

[①] Cooper R, and R. Riezman. Uncertainty and The Choice of Trade Policy in Oligopolistic Industries, Review of Economic studies, 1989, 19, pp. 129–140.

[②] David collie, morten hviid tariffs as signal of uncompetitiveness, review of international economics, 1999, 7, 4, pp. 571–579.

David collie, morten hviid. optimum welfare and maximum revenue tariff under oligopoly, Scottish journal of political economics, 1993, 95, 4, pp. 398–401.

David collie, morten hviid. Internationla procurement as a signal of export quality, economic journal, Vol 111, Issue 470, pp. 374–390.

David collie, profit-shifting export subsidies and the sustainability of free trade, Scottish journal of political economy, 1993, 40, pp. 408–419.

[③] Kolev, D. R. prusa, T, J, Dumping and Double Crossing. The effectiveness of cost-based trade policy under incomplete information. NBER, working paper 1999.

Kolev, D, R, Prusa, T. J. Tariff policy for a monopolist under incomplete information. Journal of international economics, 1999, 49, pp. 51–76.

第 3 章 基于农业保护政策视角的贸易摩擦博弈模型分析

失。在 Maggie（1999）① 的模型中，企业产品的市场需求对政府来说是一个私人信息，Maggie 认为市场信息的不对称性将加剧在贸易均衡中的政策扭曲（Policy Distortion），同时使得政府干预形成的囚徒困境的局面更加恶化。在 Qiu（1994）② 的双头模型框架中，竞争者和两国政府都无法观察本国企业的成本信息，本国政府面临两种政策选择：提供一个政策清单（Policy Menu）或者实施一致性政策（Uniform Policy）。前者在导致一个分离均衡产生的同时，将本国企业的成本信息传递给了外国竞争企业，后者由于隐藏了企业的成本信息可以有助于较弱的本国企业参与市场竞争；同时，该论文的推论表明：在 Cournut 竞争方式中，本国政府的最优政策是通过提供政策清单导致一个分离均衡，而在 Bertrand 竞争中，本国政府则需要采取一致性政策形成的混同均衡来实现福利水平的优化。

此外，Dockner 和 Huang（1990）③，Gatsios（1990）④，Krishna（1987）⑤，Pritchett Lant（1994）⑥，Arvan（1999）⑦，Xenia Matschke（2003）⑧ 等讨论了关税或者出口补贴政策在非对称信息状态下对出口战略的影响，以及对生产者、消费者和政府收益的改变；Neary（1994）⑨，Bagwell 和 Staiger（1992a, 1992b）⑩ 等分析了 R&D 补贴在垄断和寡头市场中对企业竞争力的改善作用；在此阶段的分析中考虑到了政府和企业行动的动机、策略和次序，而博弈机制中任何一个细微的差异都会导致不同的博弈均衡，同时，对利润总量的形成和收益分配产生深刻的影响。这些思想都将贸易竞争问题的研究推上一个崭新的高度。

---

① Maggie giovanni, Strategic Trade Policy under Incomplete Information. International Economic Review, 1999, 40. Issue 3, pp. 571 – 594.
② Qiu, Larry D., Optimal Strategic Trade Policy under Asymmetric Information. Journal of International Economics, 1994, 36 Issue 3/4, pp. 333 – 354.
③ Dockner, E. J. and A. A. Huang Tariffs and Quotas under Dynamic Duopolistic Competition Journal of International Economics, 1990, 29 Issue 1/2, pp. 147 – 159.
④ Gatsios, K., Preferential Tariffs and the Most Favoured Nation Principle, Journal of International Economics, 1990, 28, pp. 365 – 373.
⑤ Krishna, K., Tariffs vs. Quotas with Endogenous Quality, Journal of Intentional Economics, 1987, 23, pp. 9 – 112.
⑥ Lant, Sethi Geeta. Tariff Rates, Tariff Revenue and Tariff Reform. Some New Facts, 1994, pp. 1 – 16.
⑦ Arvan, L., Flexibility Versus Commitment in Strategic Trade Policy under Uncertainy. A Model of Endogenous Policy Leadership, Journal of International Economics, 1999, 31, pp. 341 – 355.
⑧ Xenia Matschke, Tariff and Quota Equivalence in the Presence of Asymmetric Information, Journal of International Economics, 2003, 61, pp. 209 – 223.
⑨ Neary, J., Peter Cost Asymmetries in International Subsidy Games. Should Governments Help Winners or Loser? Journal of International Economics, 2003, 37 Issue 3/4, pp. 197 – 218.
⑩ Bagwell, K., and Stagier, R. W. The Sensitivity of Strategic and Corrective R&D Policy in Battles for Monopoly, International Economic Review, 1992, 33 (4). pp. 795 – 816. Bagwell, K., and Staiger, R. W., The Sensitivity of Strategic & Corrective R&D Policy in Oligopolistic Industries, Journal of International Economics, 1992, 36, pp. 133 – 150.

2. 贸易联盟——一种新兴的竞争框架的延续

在传统的贸易理论研究中，联盟被视为一种通过合作获得更大收益的组织方式。事实上，贸易联盟的本质在于加强企业的市场竞争力，尤其是战略联盟和 R&D 联盟通过联盟内企业的资源、技术的共享使得联盟成员在市场中更具有战略灵活性和协调性，可以获得较之单独出口竞争更大的收益，从而对联盟外成员形成更强的竞争力。当前，在 GATT/WTO 的协议约束下，各国的贸易干预政策受到限制，出口企业寻求改变传统的竞争关系和组织结构，塑造一种新型的"竞争中合作"的市场机制。当前的贸易联盟体系中存在两种合作形式，一种是卡特尔联盟类结构，联盟内企业通过在价格和产品数量上的控制来获取利益的最大化。这种类型的联盟由于改变了贸易国的消费边际而通常受到反垄断法的限制，但由于各国对跨国卡特尔联盟的立法尚未完善，故国际贸易中的卡特尔联盟仍然是常见的现象。另一类联盟是战略联盟和 R&D 联盟，联盟成员之间并未完全消除相互竞争的关系，它们可能在技术和销售网络上形成协作体系，但仍然在产品和价格上通过竞争分割市场。

Farrel 和 Maskin（1989）[1] 利用重复博弈的研究方法分析了企业串谋的可能性，说明了长期利润和短期利润对串谋稳定性的影响。Fung（1991）[2] 分析了在企业串谋的背景下产业内贸易的状态，研究表明，在同质产品条件下，不存在串谋的产业内贸易（Collusive Intra-Industry Trade）发生的动机，而在产品差异化条件下，企业将通过出口达成在相互市场的垄断利润。Fung 的推论认为在串谋的双边产业内贸易条件下各国福利水平仍然高于无贸易（Autarky）条件下的福利水平，同时，在企业成本趋同的情况下串谋贸易更加具有持续性（Sustainable）。

Collie（2003）[3] 研究了在完全信息条件下企业串谋的可能性、串谋利润与市场需求弹性之间的关系，这个结果也可以帮助解释国际市场上的相关串谋问题。Susan Athen（2001）[4] 使用重复博弈方法分析了成本信息不对称条件下的企业串谋行为。Margaret Levenstein and Valerie Suslow（2003）[5] 研究了发展中国家卡特尔国际联盟的模式以及对市场产生的影响，用实证数据阐释国际卡特尔联盟可以帮助企业摆脱各种贸易壁垒，有助于出口企业获得更大利润，但是，也会损害本国消费者

---

[1] Farrel, J. and Maskin, E., Renegotiation in Repeated Games, Games and Economic Behavior, 2003, (4). pp. 327 – 360.

[2] Fung, K. C., Collusive Intra-industry Trade. Canadian Journal of Economics, 1991, 24 Issue 2, pp. 391 – 404.

[3] David Collie, Collusion and the Elasticity of Demand. Economics Bulletin, 2004, 12, Issue 3, pp. 1 – 6.

[4] Susan Athey and Kyle Bagwell Optimal Collusion with Private Information, RAND Journal of Economics 2001. 32（3）. pp. 428 – 465.

[5] Margaret Levenstein and Valerie Suslow. What Determines Cartel Sucdess? University of Michigan Business School Working Paper No. 02 – 001.

第 3 章 基于农业保护政策视角的贸易摩擦博弈模型分析

的利益。Kogut（1989）[1] 提出了国际战略联盟对内的互惠性和对外的竞争性，认为国际战略联盟的形成往往具有明显的市场竞争对象。Lei 和 Slocum（1992）[2] 讨论了国际战略联盟和企业国际经营战略的协调性准则，并提出联盟可以帮助企业塑造核心竞争能力，赢得更加广泛的国际市场。Saxton（1997）[3] 考察了国际战略联盟形成的条件和由此而产生的国际市场产出以及成员间的利益分配问题。Cheng（1999）[4] 提出一个基于多阶段博弈的国际战略联盟模型，并讨论了战略联盟与直接出口相比较，可以提高企业利润但是会以消费者剩余的减少为代价。

此外，Hagedoom（1993）[5]，Archibuigi 和 Michie（1994）[6]，Narula（1996）[7] 等讨论了跨国技术合作与 R&D 联盟的可能性，并且分析了这种技术协作对市场的影响；Osboin（1990）[8]，Mytelka（1991）[9]，Glaister 和 Buckley（1996）[10] 等对国际战略联盟形成的利润动机和市场战略均衡之间进行了关联研究；Gros[11]，Bagwell 和 Staiger（1996，1997a，1997b，1997c）[12] 等研究了在贸易合作政策及规则下国际企

---

[1] Kogut, B., The Stability of Joint Ventures. Reciprocity and Competitive Rivalry. Journal of Industrial Economics, 1989, 38. pp. 183 – 198.

[2] Lei D & Slocum, J. W., Global Strategy, Competence-building and Strategic Alliances. California Management Review. 1992, 35 (1). pp. 81 – 97.

[3] Saxton, T., The Effects of Partner and Relationship Characteristics on Alliance Outcome. Academy of Management Journal, 1997, 40 (2). pp. 443 – 461.

[4] Chen, zhiqi and Thomas Ross Strategic Alliances, Shared Facilities and Entry Deterrencem, RAND Journal of Economics, 2000, 31. pp. 326 – 344.

[5] Hagedoom, J., Understanding the Rationale of Strategic Technology Partnering Inter-organizational Modes of Cooperation and Sectoral Differences, Strategic Management Journal, 1993.

[6] Archibuigi, D. and Michie, J., The Globalization of Technology. Myths and Realities, Cambrige Journal of Economics, 1994, 33, pp. 112 – 124.

[7] Narula, R., Forms of International Cooperation between Corporations, in Jepma C., and Rhoen A., (eds) International Trade. A Business Perspective, Longman, Harlow, 1996, pp. 98 – 122.

[8] Osboin, R., Baughn, C., Forms of Inter-organisational Governance for Multinational Alliances. Academy of Management Journal, 2000, 33. pp. 503 – 519.

[9] Mytelka, L., States, Strategic Alliances and International Oligopolies, in Mytelka, L. Strategic Partnerships and the World Economy, London. Pinter, 1991, pp. 182 – 210.

[10] Glaister, K. and buckley, P. Strategic Motives for International Alliance Formation, Journal of Management Studies, 1996, 33, pp. 301 – 332.

[11] Gros, Daniel A., Note on the Optimal Tariff, Retaliation and the Welfare Loss from Tariff Wars in a Framework with Intra-industry Trade. Journal of International Economics, 1997, 23 (3/4). pp. 357 – 367.

[12] Bagwell, Kyle and Staiger, Robert, W. (1997a), Reciprocal Trade Liberalization, National Bureau of Economic Research (Cambridge, MA) Working Paper, March 1996.
Bagwell, Kyle and Staiger, Robert, W., Reciprocity, Non-discrimination, and Preferential Agreements in the Multilateral Trading System, National Bureau of Economic Research (Cambridge, MA) Working Paper, 1997a, 5932.
Bagwell, Kyle and Staiger, Robert, W., Multilateral Tariff Cooperation during the Formation of Free Trade Areas. International Economic Review, 1997b, 38 (2). pp. 291 – 319.
Bagwell, Kyle and Staiger, Robert, W., Multilateral Tariff Cooperation during the Formation of Customs Unions. Journal of International Economics, 1997c, 42 (1 – 2). pp. 91 – 123.

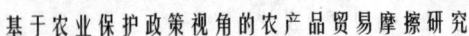

业市场出口均衡和政策协作的必要性。在此阶段，研究重心的转移表明在国际市场上"竞争中合作"时代的到来，出口企业在追求自身利益最大化过程中，必须考虑到行为的战略反应，而合作则可以创造更大的收益。同时，合作的诞生也是竞争加剧的一种体现，即当出口企业面对一个贸易联盟时，它必须组成自己的联盟才能在激烈竞争的市场中获得生存的机会①。

3.2 基于农业保护政策视角的贸易摩擦博弈模型分析

3.2.1 农产品贸易摩擦的博弈模型

1. 模型的相关假设

存在两个局中人：出口国的生产和出口企业（统称为出口方）和进口国同类农产品的生产企业（简称为进口方）。农产品贸易摩擦博弈的每一轮摩擦中只有两个博弈过程：保护手段的实施博弈和保护手段的回应博弈。双方只能利用接受农业扶持、拒绝农业扶持、贸易保护以及不实施贸易保护的手段，不存在其他策略及手段。局中人在博弈过程中的选择都是纯策略的，即局中人是以 0 或 1 的概率来选择某一策略，而不存在一概率 $i(0<i<1)$ 来选择策略。在同一期中农产品的需求和生产是不可变的，但在期与期之间，需求和生产是可以调整的。

2. 博弈双方支付函数的决定及模型的建立

由于农业支持政策和农业贸易保护政策的普遍存在，在农产品贸易摩擦的博弈中，出口方和进口方在决策时，不仅要考虑本身的成本和收益，还必须考虑各种政策所带来的影响，因此，局中人的支付函数是受政策影响的。

出口企业支付函数的确定有两种情况：当不存在补贴时，企业产量为 Q_s，出口量为 Q，出口的均衡价格为 P，成本为 C，所以支付函数为 $Q \times (P-C)$。

当存在农业补贴时，出口企业在确定支付函数时必然会受到农业支持政策的影响，从企业角度来说，在第 i 期出口企业的产量为 Q_s，则出口国国内全部出口企业的产量为 $\sum Q_s$，则出口国国内对补贴的需求为 $D = \sum Q_s \times j$ （j 为单位产量的补

---

① 以上内容参见姚洪心、刘存绪、武振业：《国际寡头市场条件下贸易竞争与联盟的博弈研究综述》，载《南开经济研究》2005 年第 4 期，第 99~106 页。

第3章 基于农业保护政策视角的贸易摩擦博弈模型分析

贴价格),而从政府角度来说,政府对农业支持的总量由财政预算决定,是外生变量 F。在这种情况下当补贴的总需求与总供给相等时,补贴的价格被确定出来,即 $j = F/\sum Q_s$。因此,当存在补贴时企业的支付函数为:

$$[P - C + F/\sum Q_s] \times Q = Q \times (P - C) + Q \times F/\sum Q_s$$

一般来说,进口国通过对进口商品征收反倾销税或反补贴税的形式来达到贸易保护目的。以税率为参量表示的进口方支付函数产生机理如下:由进口方通过供给曲线确定贸易保护的收益函数 $f(t)$,由政府给出提供贸易保护政策的报酬函数 $g(t)$,进口方根据以上两个函数确定出能够改善自己境况的最小税率,并且最终定出自己所要付诸实施的税率,最后通过该税率得到己方在博弈中的支付函数。具体来说,进口国国内生产的供给为 γ,若不采取贸易保护措施,在第 i 期,国内的价格为 P,生产企业的生产成本为 C,进口方对国内的供给量为 Q',则进口方的收益为:

$$(P - C) \times Q'$$

在实施贸易保护措施后,贸易保护税率为 t,进口国国内市场价格变为 $P \times (1 + t)$,进口方实施贸易保护的收益函数为:

$$f(t) = (P - C) \times Q' + \Delta P \times Q' + \Delta Q' \times (P - C) = tPQ' + (P - C)Q'(1 + t\gamma)$$

与此同时,政府提供贸易保护的报酬为涉案金额另加征收 $\varepsilon(0 < \varepsilon < 1)$ 倍的费用,因此,报酬函数为 $g(t) = PQ\varepsilon$,而企业为发起贸易保护措施所需的不变成本为 K。则进行贸易保护后进口方的支付函数为:

$$f(t) - g(t) - K = tPQ' + (P - C)Q'(1 + t\gamma) - PQ\varepsilon - K$$

因此,在第 i 期,贸易摩擦博弈的支付模型如图 3-1 所示。这是一个完全且完美信息的动态博弈,因为双方的收益函数是共同知识,所以博弈信息完全。由于每一方在每一步行动时,都知道这一步之前博弈进行的整个过程,所以该博弈信息

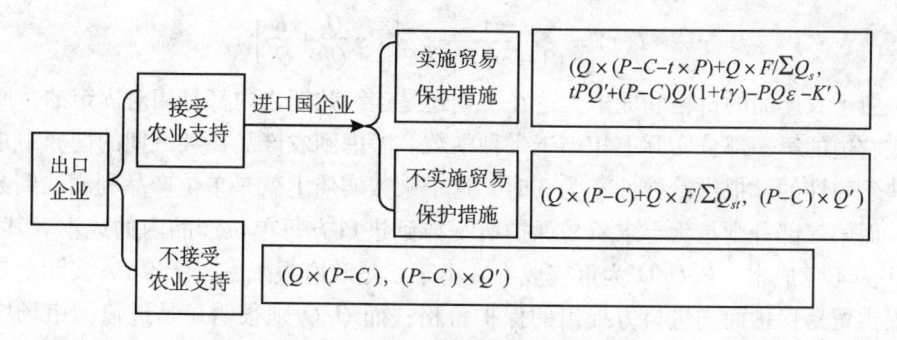

图 3-1 贸易摩擦博弈的支付模型

完美。对于动态完美信息博弈，应采用逆向归纳法，从最后的子博弈向前推出最终的均衡解。

3. 模型的求解与意义

首先从进口国企业的策略来看，对比实施贸易保护措施前后的收益可知，当保护措施可以带来境遇的改善时，进口方会毫不犹豫地采用该措施。具体来说，当 $t > (K + PQ\varepsilon)/[Q' \times (P + (P - C) \times \gamma)]$ 时，出口方实施贸易保护措施是可置信威胁。这意味着，当进口国企业所需求的贸易保护程度（以 t 表示）与发起贸易保护措施的不变成本 K 以及政府报酬率 ε 正相关，与供给弹性等负相关。相反地，若 t 不能满足上式，即 $t < (K + PQ\varepsilon)/[Q' \times (P + (P - C) \times \gamma)]$，则不会采取贸易保护措施。

对于出口方企业来说，在进口国企业采取贸易保护措施是可置信威胁的情况下，比较两种情况下的收益，若 $t < F/(\sum Q_s \times P)$ 时，从农业补贴中所得收益大于遭受贸易保护的损失，所以应实行贸易保护。反之，则在 $F/(\sum Q \times P)$ 点达到均衡。

因此，可得结论如下：当 t 满足条件 $(K + PQ\varepsilon)/[Q' \times (P + (P - C) \times \gamma)] < t < F/(\sum Q \times P)$ 时，其最终策略为接受农业支持，实施贸易保护。当 $t > \max\{(K + PQ\varepsilon)/[Q' \times (P + (P - C) \times \gamma)], F/(\sum Q \times P)\}$ 时，出口方不会接受农业支持。当 $t < (K + PQ\varepsilon)/[Q' \times (P + (P - C) \times \gamma)]$ 时，其最终均衡点为接受农业支持，不实施贸易保护。

重新从模型的变量角度审视进出口双方的策略：

首先从进口方来看，进口方对贸易保护的最低需求程度（t）经过数学变化可写成：

$$T(t) = \frac{1}{(1+\gamma)P - \gamma C}\left[P\varepsilon \frac{Q}{Q'} + \frac{K}{Q'}\right]$$

由于农产品的价格和成本无论在一期还是连续几期之内都是相对固定的，所以等式右边的第一部分实际上相当于一种乘数。考虑到农产品在某一期的博弈中是极其缺乏弹性的，拟供给弹性 γ 为 0 时，这个乘数实质上就是单位产品利润的倒数。

而第二部分则是为寻求贸易保护所平摊到进口方每单位产品内的成本。其中，K/Q' 为不变成本，$P\varepsilon Q/Q'$ 为可变成本。由于 ε 是政府报酬率，所以 $P\varepsilon$ 实际上是政府提供贸易保护而向进口方提出的保护价格；而 Q/Q' 则很明显是进口国市场中出口方与进口方的实力对比。因此整个进口方保护税率形成的机理如图 3-2 所示。

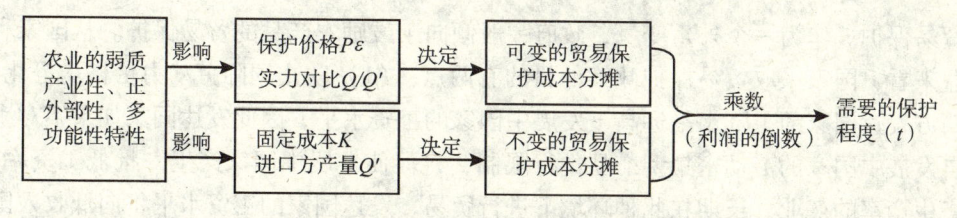

图 3-2 进口方保护税率形成机理

从出口方角度来看则相对简单,其对贸易保护的承受程度(同样以 t 来衡量)为 $F/(\sum Q_s \times P)$。由上述可知,$F/\sum Q_s$ 为单位补贴的价格,而 P 为产品价格,因此出口方对贸易保护的承受程度取决于补贴在产品价格中所占的份额。

结合农业自身情况来看,由于农业本身的弱质产业属性、出于对农业正外部性的纠正以及农业的多功能性的考虑,政府政策往往从三个方面影响贸易摩擦的程度,即需要的保护程度 t:(1)政府往往倾向于降低政府报酬率 ε,从而降低保护价格;(2)通过各种国内及边境政策对进口方产量 Q' 施加负面影响;(3)通过国内政策以及鼓励出口抑制进口的边境政策影响净出口双方的实力对比 Q/Q' 态势,从而最终影响博弈的结果。

3.2.2 农产品贸易摩擦博弈模型的解释

1. 各种农业政策和农产品保护政策高于其他产业有一定的合理性

从农业支持政策的供给来看,政府的补贴总量作为一个外生变量,同样影响了补贴的价格。生态经济学理论认为,农产品的价格在通过市场竞争形成商品价格的过程中,更多地受到了农业生产系统的影响。而农业生产系统是具有外部性的,主要表现在土地资源的外部性、生态和环境的外部性以及对农村经济文化的溢出效应,因此,农产品也拥有了外部性的特征。同时,考虑到农业生产的特殊性,即并非所有农业生产系统的产物都会进入市场,部分农产品又具有了非竞争性及共享性等多种特征。由于部分农产品产权的界定以及价值量化的不明确,使农产品具有公共产品的特性。而作为一种公共产品的农产品不可能凭借自身的发展实现资源的优化配置和达到最优生产效率,因此,在国内农产品的生产方面,政府通常采用各种农业补贴、财政减免等手段促进国内农产品的生产和农业发展。

而进口方政府则一般通过制定较小的报酬率来降低农业保护的门槛,鼓励实施

贸易保护。作为一个外生变量，政府一般倾向于鼓励农产品的贸易保护。从国家利益来看，国家采取贸易保护政策的目的有两点：(1) 防止国际劳动力价格均等化。西方发达国家的工资水平远高于发展中国家的工资水平，因此发达国家如果不对来自发展中国家的劳动密集型产品进行限制，将促使发展中国家产生一批低工资率、高生产率的产业，长期在此种环境下进行贸易，发达国家的工资水平将向低收入国家看齐，导致国民生活水平下降。因此，在贸易中必须控制农产品等劳动力密集型产品的输入。(2) 防止产业平均收入差距扩大化。当国外农产品比较优势上升时，在自由贸易条件下，农产品进口大量增加，导致贸易赤字扩大，引发汇率下降。汇率下降又将促使工业品出口增加，贸易赤字缩小，从而带来汇率适当回升，直至达到新的国际经济均衡为止，这将导致以本国货币表示的农产品价格下降，农业部门生产者剩余减少，同时，带来工业品价格上升，工业部门生产者剩余增加，从而产生农工之间收入差距扩大问题。因此，必须提高进口农产品价格，减少农产品进口，从而达到农业部门生产者剩余增加，保护国内农业生产者利益的目的。

2. 农产品贸易摩擦产生的根源——农业保护政策

在自由贸易状态下，生产和资源都将实现最优配置。然而出于各种因素的考虑，各国政府采取各种政策对农业生产和贸易进行不同程度的干预。这些干预破坏了正常的贸易流向，使高生产效率的农产品未必能在国际市场上具有相对优势。而具有高生产效率的农产品往往是由高度工业化的发达国家所生产的，发达国家为改变现状，采取各种贸易保护措施，来抵制这一影响。由于政府支持而不断扩大的农产品供给和因保护政策而相对减少的农产品需求在国际市场上产生的不均衡，最终导致了农产品摩擦的产生。

具体来说，农业政策通过两种效应作用于贸易，进而产生摩擦。(1) 对生产的扭曲效应。农业政策，特别是农业支持政策，改变了原本由生产率决定的生产数量，对国际农产品生产的结构造成了扭曲。世界范围内的供大于求造成了农产品价格的下降。而这种价格的下降又给农产品生产者造成了巨大的损失，为了挽救这种损失，政府间又开始新一轮的支持政策，使摩擦长期存在。(2) 对贸易流向的扭曲效应。在一国内部，农产品供给的增长远远快于需求的增长，使本国的进口需求萎缩，出口意愿增强。进口市场的缩小损害了原农产品出口国的利益，造成贸易扭曲甚至逆转，进而引发农产品贸易摩擦。

3. 农产品贸易摩擦的影响因素

农产品贸易摩擦是由政策的扭曲而诱发的，因此，决定政策扭曲程度的因素同

样决定着贸易摩擦的程度（以 t 为代表）。从模型来看，主要影响因素有：

P：进出口价格。一般来说，进出口价格可以产生双重的影响。首先，在农业补贴存在的情况下，出口价格越高，出口方的收益越大。此时，出口方即使在遭受对方贸易保护的挫折下仍可以保持较高的收益，因此对出口方是有利的。而另一方面，对进口方来讲，较高的进口价格，使贸易摩擦被控制在低水平状态。这是因为，当国际市场价格较高的时候，进口方只需以较低的税率就可以使己方境况得到改善，此时进口方在决定税率时往往倾向于考虑出口方的反应，因此，出口方的税率总是在双方不至于反应过激的范围内波动。

Q：进出口数量。对于出口方来讲，在出口价格不变的情况下，出口数量越多，其收益越大。而对于进口方，随着出口数量的增加，其贸易摩擦的程度是增加的。这是因为，进口方在实施贸易保护时必须先向政府支付一定的报酬，而这一部分报酬是由涉案金额，即进口额决定的，因此在进出口数量较大的情况下，进口方不得不提出较高的税率才能弥补自己这部分费用损失。

K：不变成本。一般来说，不变成本越高，企业诉讼的成本越高，这就意味着进口方必须有一个较高的税率才能得到收益，因此，进口方只会在不提出贸易保护和提出贸易保护之间进行选择。

ε：政府报酬率，外生变量。一般来说，政府通过改变报酬率来提高或降低贸易摩擦的门槛。较低的政府报酬率相当于变向增加了提出贸易保护的进口方的收益，从而增加了贸易摩擦的可能。

F：政府补贴，外生变量。政府补贴相当于降低了出口方的成本，因此，出口方的收益是增加的。但是，在成本降低的情况下，出口方若采用降低价格的方式来进行出口则往往因受到来自进口方强烈的贸易保护措施而受损。

4. 农产品贸易摩擦的自我调节机制

在外生变量不变的情况下，经过多轮博弈，最终会达到一个令双方摩擦水平降低甚至消除的均衡状态。这缘于博弈双方对各自策略的修正。

对于进口方来说，在接受农业支持，不实施贸易保护的状态下，进口方可以取得最大的利益。因为在国内需求不变的情况下，己方出口额占农业生产的总比重（即 $Q \times F / \sum Q_s$）会增加，与此相应的，出口方能从既定的补贴总量中所获得的份额也增加了，即整个支付函数 $Q(P-C) + QF / \sum Q_{si}$ 是增加的。然而，当大部分微观主体采取与此类似的方法时，则会造成补贴价格的下降，即由于 $\sum Q_{si}$ 的增加，$F / \sum Q_{si}$ 减少了。单位产品补贴的减少会使农产品贸易摩擦水平

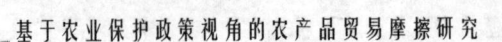

降低。

从进口方角度来看，当出口国对补贴等农业支持的价格做出修正后，一般来说，会使农产品的进出口价格上升。如前所述，在上升的农产品价格中，进口方改善己方的境遇只需要较小的税率，而另一方面，较高的税率往往因出口方激烈的反对而告终，因此，贸易摩擦被逐渐弱化，并在较低水平进行。

3.2.3 农产品贸易摩擦博弈模型启示

1. 进出国对农产品政策调整的积极性程度决定摩擦的程度和长短

从出口方来看，当第 $i-1$ 期时出口方没有得到预期利益，则在第 i 期开始前，出口方会对农业保护提出负的修正。而进口方对调整越积极，越不容易造成贸易摩擦；相反，若修正的力度较小，则在第 i 期仍产生较大贸易摩擦的可能性将增大，出口方仍会受损，从而进行第 $i+1$ 期的调整。

另外，进口方通过对贸易保护税率的选择来改善己方的境遇。进口方越理性地选择税率，越能够避免长期的贸易摩擦，从而使贸易摩擦趋于缓和或得以避免。这是因为在第 $i-1$ 期，进口方提出了 t_{i-1} 的税率，在第 i 期时，出口方以 t_{i-1} 模拟 t_i 从而决定己方的策略。

2. 政府的措施左右农产品贸易摩擦的进程

在整个贸易博弈过程中，出口方政府通过其自身对补贴的供给来影响整个博弈过程。当政府的供给量从 $F + \sum \Delta F_{i-1}$ 调整到 $F + \sum \Delta F_i$ 时，即使在相同的农业支持需求下，也会使生产补贴上升。因此对从长期减少贸易摩擦有积极作用，而当政府的调整方向与出口方的调整方向相反时，则会抵消部分调整，从而不利于摩擦的解决。

在进口方面，进口国政府通过改变政府报酬率来影响博弈过程，当政府报酬率处于较低水平时，进口方提出实施贸易保护措施的门槛将降低。同理，当政府报酬率较高时，进口方实施贸易保护的可能性将降低。然而，政府报酬率是与政府解决摩擦的成本相关的。当 ε 小于政府成本时，相当于政府为实施贸易保护手段的进口企业提供财政支持，而 ε 大于政府成本时，意味着政府对从贸易保护中获益的企业征收保护税。因此政府可以根据国际环境、本国产业结构、国家战略等来调整 ε，从而影响博弈以及贸易摩擦的力度和持续性。

3. 双边或多边的贸易谈判将成为解决农产品贸易摩擦的有效方式

农产品贸易摩擦本身的自我调节机制存在两点难以克服的障碍。一方面，调节

第3章 基于农业保护政策视角的贸易摩擦博弈模型分析

本身耗时耗力,造成了巨大的资源浪费和社会福利的损失。另一方面,这种自我调节机制建立在外生变量不变的前提下,而事实上,国家不可能对农业采取自由放任的政策,因此,外生变量的既定性是不现实的。在这种情况下,更符合实际的解决方法是进行双边或多边的谈判。国家间竞相的补贴或贸易保护最终会使财政背上沉重的负担,只有谈判,才能引导不合作博弈走向合作博弈。因此,在摩擦出现以后,谈判将成为首选。考虑到农产品生产的现状和补贴的普遍存在性,多边的谈判比双边谈判更能有效地降低农业补贴的数量和贸易保护力度,因此,在今后将成为解决农产品贸易摩擦的捷径。

第4章 世界农业保护政策与农产品贸易摩擦的影响分析

4.1 世界主要农产品贸易国家及国家集团的农业保护政策

农业保护是经济发展到一定阶段的产物,是政府对农业的干预行为,主要是对资源转移所采取的干预措施。有些干预措施是从非农部门转移资源给农业部门,因此对农业是有利的,可称为农业正保护。有些干预措施则是从农业部门抽取剩余,从直接意义上说是对农业部门不利的,可称为农业负保护。有些干预使资源的转出和转入无大的差异,基本持平,则可称其为农业零保护①(见表4-1)。

表4-1　　　　　　支持与保护农业政策体系分类

	农业正保护政策	农业负保护政策
1. 国家宏观支农政策	(1) 国家财政支农政策 (2) 国家计划项目支农政策工业倾斜 (3) 国家信贷支农政策 (4) 国家利用外资支农政策 (5) 国家扶贫政策 (6) 国家保险政策款上浮的利差	(1) 工农业投资过度 (2) 农村储蓄资金的净流出①和利息倒挂② (3) 乡镇企业税收和贷款③
2. 收入支持政策	(1) 直接收入支持。差额补贴、灾害补贴、贮藏补贴、收入稳定计划补贴、耕地转向补贴 (2) 间接收入支持。投入品(生产资料)补贴、优惠贷款、作物保险补贴、运输补贴、销售、检验服务	农业税 农业税附加 多种费用 各种摊派 食品补贴

---

① 国务院发展研究中心,中共中央政策研究室农业投入总课题组:《关于支持与保护农业问题研究》,载《管理世界》1997年第4期,第157页。

续表

	农业正保护政策	农业负保护政策
3. 市场价格保护政策	（1）国内价格和管理政策。保证价格（目标价格）、最低保证价格、供给管理（生产及面积配额） （2）边境贸易措施。关税、进口配额（自动出口限制）、出口补贴（与信贷）、国营贸易（进口管理机构）	（1）国内价格和管理政策。定价政策（使价格低于市场水平） （2）边境贸易措施。出口税、进口补贴、出口配额、出口管制
其他政策		汇率高估

注：①全国的农村信用社上缴的准备金＋转存款－国家支持款。
②国家付给农村信用社准备金的利息和转存款的利息均低于资金来源成本的差。
③国家对乡镇企业的贷款，允许在基准利率的基础上最高可上浮60%；对农业贷款最高可上浮20%。
资料来源：国务院发展研究中心，中共中央政策研究室农业投入总课题组：《关于支持与保护农业问题研究》，载《管理世界》1997年第4期，第158页。

4.1.1 主要农产品贸易发达国家及国家集团农业保护政策

在几乎所有发达国家中，农业保护都是农业政策的同义语，也是农业经济活动的最真实写照。在美国，政府给钱要农民减少谷物生产。在欧共体，农民即使种得再多也可以按高价出售粮食。在日本，稻农可以按3倍于世界市场的价格出售其作物①。虽然农业产值占发达国家国民经济的比重不断下降，农业人口亦日渐萎缩，但政府保护农业的立场却未动摇，国际农产品贸易领域的任何风吹草动，都将深深拨动农业保护这根敏感的神经②。美国、欧共体和日本是世界农产品贸易大国，其农业保护政策具有代表性，同时也在相当程度上左右着世界农产品贸易格局。

4.1.1.1 主要农产品贸易发达国家及国家集团农业正保护政策

1. 美国农业保护政策

世界上最早的系统的农业保护政策产生在20世纪30年代的美国。在美国，政府干预农业的历史几乎与美国本身的历史一样悠久，美国农业实现从原始的、自给自足的农业向高产、高效、现代化农业的转变过程中，政府对农业的保护和支持功不可没。但以政府全面干预为特征的农业支持作为法律政策被确立下来是在20世纪30年代以后③。1929～1933年经济危机期间，由于农产品严重过剩导致价格暴

---

① 世界银行编：《1986年世界发展报告》，中国财政经济出版社1986年版，第110页。转引自龚宇：《WTO农产品贸易法律制度研究》，厦门大学出版社2005年版，第8页。
② 龚宇：《WTO农产品贸易法律制度研究》，厦门大学出版社2005年版，第9页。
③ Christopher Rusek, Trade Liberalization in Developed Countries: Movement to-ward Market Control of Agricultural Trade in the United States, Japan, and the European Union, Administrative Law Review, Vol. 48, 1996, P. 497.

跌，几百万美国农民濒于破产。为挽救农业，罗斯福总统于 1933 年签署了美国历史上第一个《农业调整法》，使农业支持作为永久性法律政策得以确立。此后，美国农业法历经修订，逐渐发展成为一套内容庞大、规则健全的农业干预、保护法律体系[①]。

美国现行的农业保护政策体系包括农业国内支持政策和农业贸易保护政策。前者的适用对象是农业生产者，后者的适用和受益对象则主要是美国的农产品出口经销商，作用范围是农产品国际市场。

（1）美国农业国内支持政策。美国是世界上农业最发达的国家，其农产品总量一直位居世界前列，农产品贸易额居世界第一，究其原因，美国政府实施的一套完整的农业保护政策起了举足轻重的作用。美国国内支持政策主要分为价格支持政策、国内生产补贴以及绿箱政策三大类。

价格支持政策是美国国会通过的《1933 年农业调整法》中提出来的。所谓支持价格是指由政府设置一个最低价格，即使在市场供过于求的情况下，也要使市场价格保持在这一最低价格上，以保护农民的利益。为了实现这一政策，美国政府根据市场需求制定农产品生产计划，确定一部分土地限制生产，其目的是削减农产品产量，稳定农产品价格，使农产品供给保持一定的水平。被限制生产的农业生产者可与政府签订合同，获得休耕补贴，还可获得无追索权贷款，即农业生产者以尚未收获的农产品作抵押，从信贷公司（CCC）取得一笔维持农业正常生产的贷款。在贷款到期之前，如果市场价格高于贷款率，农业生产者可以在市场上按市价出售农产品，然后偿还贷款本息。反之，农业生产者可以不归还贷款而把农产品交给信贷公司，政府按贷款率与市场价格之差给予差额补贴。同时，政府成立了农产品联邦储备公司，调节农产品市场供应，稳定农产品市场价格。

美国农业补贴种类繁多，涉及生产、销售等多个环节，主要有以下四种：①差额补贴。差额补贴政策是一种价格支持政策，即政府用税收收入来维护农业生产者的利益。对于纳入价格支持计划的农产品，政府根据生产成本和生产者利润来决定一个目标价格，如果市场价格低于目标价格，其差额由政府支付给农民。这项政策覆盖的产品对象包括占收获面积绝大部分的小麦、玉米、花生、棉花及乳制品等重要农产品[②]（见表 4-2）。②直接收入补贴。即以预先确定的作物面积和产量为基

---

① Forrest E. Walters, Regulation of Industries behind the Hamburger, Agricultural Law Journal, Vol. 4, 1982, P. 125.
② 王华巍：《世界主要发达国家农业政策的比较研究》，清华中国知网（CNKI）——中国优秀博硕学位论文全文数据库，2006 年，第 161 页。

础，政府给予固定补贴。1996年美国政府实施新的农业政策，调整了对农业的补贴形式，对农业的国内价格支持改为对农业生产者收入的直接支持。在补贴环节上，大幅度增加了对农业开发的支持力度，将中间环节和流通环节的补贴改为对农民的直接补贴，由专门公司将补贴直接发放给农业生产者，减少了中间环节和流通领域的费用。③反周期波动补贴。当农产品的市场价格低于政府确定的目标价格时，反周期支付补偿两者之差价。具体支付时间是农民在收获后的10个月，可得到上限为35%的计划支付，到12个月的市场运销结束后全部结账。④销售贷款差额补贴。政府预定一个销售价格，并以此价格贷款给农民，农民收获后如能卖到这个价格，政府就不补贴；反之，则补贴差价。

表4-2　　　　　　　　　1973~1990年美国小麦的差额补贴

年份	目标价格	贷款率（支持价格）	市场价格
1973	3.39	1.25	3.95
1974	2.05	1.37	4.09
1975	2.05	1.37	3.56
1976	2.29	2.25	3.15
1977	2.29	2.25	2.29
1978	3.40	2.35	2.82
1979	3.40	2.50	3.51
1980	3.63	3.00	3.91
1981	3.81	3.20	3.69
1982	4.05	3.55	3.45
1983	4.30	3.65	3.51
1984	4.38	3.30	3.39
1985	4.38	3.30	3.08
1986	4.38	2.40	2.42
1987	4.38	2.28	2.57
1988	4.23	2.21	3.72
1989	4.10	2.06	3.72
1990	4.00	1.95	2.61

此外，美国政府对保护农业环境资源、乡村基础设施建设、农业科技、农产品信息市场等方面投入了大量资金，给予了极大补贴，着力建立健全对农业的投入保障机制，同时，组织了一个融教学、科研、推广为一体的"农业科学、教育和推广体系"，着力培养大批农业人才，以适应农业现代化的需要，也同时加强对农业生产者的培训和教育，普及农业知识。按WTO农业多边贸易体系，政府对农业部门的所有投资和支持，其中较大部分如对科技、水利、环保等方面的投资，由于不

会对产出结构和农产品市场发生直接显著扭曲作用,一般被列入"绿箱"政策①。

(2) 美国农产品贸易保护政策。从贸易流向来看,美国的农产品贸易保护政策分为出口促进政策和进口控制政策两大部分。

在出口促进政策方面,包括直接出口补贴、扩大出口需求及增加出口机会计划三个方面:①直接出口补贴。通过现金补贴或以货代款的形式,降低美国商品的价格,抵消美国竞争对手的补贴,该类项目允许国内价格超出世界价格。2000 年,美国对农产品的出口补贴实际达到了 1 500 万美元,补贴对象主要集中在出口奶酪、其他奶制品以及家禽类,其中91%的奶粉接受补贴,远高于1999 年71%的比例。②扩大出口需求。通过资助宣传和市场促进,帮助发展、保持和扩大美国农产品的海外市场,包含市场准入项目(MAP)、外国市场发展项目(FMDP)、新兴市场项目(EMP)、质量样品项目(QSP)等。③增加出口机会。通过出口信贷等途径向进口国提供金融支持,支持有外汇困难的国家进口美国农产品,包括出口信用保证项目(GSM – 102 和 GSM – 103)、供应商信用担保项目(SCGP)、设备担保项目(FGP)等。

在进口控制方面,为使国内农产品不受外国竞争者的冲击,美国政府利用GATT/WTO 的相关进口限制免除条款,对农产品的进口数量制定进口限额,对进口总量进行限制,控制外国农产品的进入,从而达到保护国内农产品市场的目的②。如 2002 年农业平均最惠国(MFN)应用关税为 9.8%,但美国实行关税配额制度(TRQ)的农产品,其配额外关税水平很高,平均为53%。

2. 欧盟农业政策

(1) 欧盟共同农业政策的原则。欧洲联盟的6 个创始国在 1957 年签订《罗马条约》时就明确规定了要实施一项欧盟范围内的共同农业政策(Common Agricultural Policy,简称 CAP),其目标是促进农业生产,保障农民收入,保证市场供应以及对消费者的合理价格。为适应经济形势与经济环境的发展变化,20 世纪90 年代以来经过了1992 年和2000 年的两次重大的调整和改革,欧盟的农业政策日趋完善。欧盟共同农业政策主要体现为三条原则,即欧盟单一市场原则、欧盟优先原则和共同财政原则。所谓单一市场,即对内逐步取消欧共体成员国之间的关税,实现共同体内部成员国之间商品、劳动力和资本自由流通,对外筑起统一关税,制定共同的经营法规、价格和竞争法则等。共同体优先,即把本国产品的优先权扩大到整

---

① 黄学锦:《美国农业政策的演变和原因分析》,载《重庆邮电学院学报》(社会科学版)2004 年第51 期,第98 页。
② 秦富、王秀清:《国外农业支持政策》,中国农业出版社2003 年版,第46 页。

第4章 世界农业保护政策与农产品贸易摩擦的影响分析

个欧共体，对所有成员国均给予该种农产品欧共体生产国同等待遇，保证欧盟内部贸易可以优先于同第三国的贸易，在各成员国的农产品市场上，本地产品的销售可以得到优惠。当进口产品价格低于欧盟内部价格时，则实行进口征税。当欧盟产品出口价格低于共同价格时，就实行价格补贴，控制从欧盟外部进口，以消除外界农产品市场波动对欧盟农产品市场的影响。共同财政，即价格和预算统一，制定统一的农产品价格和财政预算，由各成员国缴纳一定的费用建立"欧洲农业指导和保证基金"及"欧洲地区开发基金"，实现低息贷款、补贴资助落后山区及其他自然条件差的农业生产者。

（2）共同农业政策体系的构成。

①价格干预体系。价格干预体系是欧盟共同农业政策的基石，主要有目标价格（the Target Price）、门槛价格（the Threshold Price）和干预价格（the Intervention Price），由共同理事会统一制定，维护生产者和消费者的利益。

目标价格是欧盟对农业生产者的指导价格，由部长理事会根据有关农产品在共同体市场上的最高价格确定，也是生产者价格浮动的最高上限，其定价标准是根据某种商品在欧共体最稀缺地区或最供不应求地区所形成的市场价格，其中包括储藏费用和运输费用。

干预价格是规定的农产品的最低价格，当市场价格低于干预价格时，欧盟将以干预价格收购农产品，以保证农民的收入，调节供给，以致影响市场，使价格上浮。约有超过70%的农产品享受此类市场机制的调节，干预价格代表了欧盟内部市场有关农产品的最低价格，也是农民最低收入的保证。

门槛价格是针对欧共体以外的第三国设立的，是指第三国农产品到达欧共体港口时的最低进口价格。其目的是限制第三国农产品进口，从而使进口后的第三国农产品失去价格竞争优势，欧盟内农产品得以保护。如果第三国农产品到岸价格低于门槛价格，就征收这两种价格之间的进口差价税。这样，进口农产品只能按欧盟内部统一规定的目标价格在市场上出售。欧盟的共同货币政策正是通过目标价格、干预价格和门槛价格等措施对共同市场价格实行统一管理，维护市场平衡，保护生产者利益。

②欧盟内部市场干预体系。在市场干预方面，主要通过采取价格支持和生产配额等措施干预农产品购销，调节生产和流通。市场干预体系的作用机理在于，通过调整欧盟内部的供给量来调节农产品的价格和产量。具体来说，当某种农产品供给过多而导致共同市场上农产品价格下跌至干预价格时，欧盟的干预机构开始按干预价格收购农产品，使农产品价格保持在规定价格以上。对于收购的农产品，干预机

构通过储存、出口、社会救济和对外援助等多种方式将其变为不与欧盟市场上现有农产品竞争的产品。当某种农产品供不应求，价格上升超过目标价格规定的界限时，欧盟便通过释放贮藏产品、降低以至于取消进口差价税和对出口农产品征收出口税等途径，增加供应，以促使价格回落至目标价格以下。

③国际贸易干预体系。国际贸易干预体系主要是指边境贸易支持体系和出口货币保障机制。欧盟的边境贸易支持措施包括关税、出口补贴和特别保障措施等。2004年欧盟所有产品平均关税税率为6.5%，但农产品平均关税税率为16.5%。而个别商品如肉类、奶制品、加工和非加工谷类食品、加工水果和蔬菜等则继续维持关税高峰，有的关税高达209.9%[①]。出口补贴一般有两种方式：一是取其内部市场价格与其主要口岸的FOB价格的差额；二是通过招标择优发放。欧盟是全球最大的出口补贴使用者，虽然所有的补贴额度只占欧盟出口补贴承诺的35%，但是在特定产品的补贴上，其额度已经超出了欧盟的承诺。欧盟对糖、禽产品实行价格型的特别保障措施，对水果、蔬菜等产品实行数量类型的特别保障措施。出口的货币保障机制实质是为了避免这种货币升值或者贬值对一国农民的利益带来损害，由欧洲农业指导与保证基金（EAGGF）对个别成员国由于汇率波动而变化的农产品价格进行差价补贴。该部分补贴包括两部分：一部分是用于农产品市场管理的保证，属于强制性开支，主要是为支持农产品出口而发放的出口补贴；另一部分是用于农业结构改革指导，主要用于欧共体在农业结构政策范围内采取的各项措施、理事会决定的特别开支及改进生产设施和农产品销售工程，这部分开支采取共同投资的形式。

3. 日本农业保护政策

第二次世界大战期间的粮食供应危机使日本政府对粮食的自给率尤为重视。从经济发展的实践来看，战后日本经济的高速腾飞以及农业比较利益的不断下降也使保证农民的公平合理收入成为农业政策的重要目标，半个世纪以来，日本已形成了以《农业基本法》为母法，200多部具体农业法为辅的较完善的农业法律体系，并确立了自有的农业保护机制[②]。

（1）国内支持政策。日本的国内支持政策可以分为农业生产政策以及农业发展政策。

①农业生产政策。主要有以下几种手段：管理价格制度。即是指农产品的购销价格由政府及其代理机构直接管理和控制，主要针对大米等农产品，其具体实施是

---

① 李先德：《OECD国家农业支持和政策改革》，载《农业经济问题》2006年第7期，第74页。
② 丁关良：《日本的农业立法》，载《世界农业》2001年第5期，第18页。

第4章 世界农业保护政策与农产品贸易摩擦的影响分析

由生产者、经营者、消费者、政府官员和经济学家组成的"米价委员会"向农林水产省提出建议米价,经批准后交由购销部门具体执行。农民生产的大米由政府按规定的价格全部收购①;稳定价格波幅制度。虽然日本政府规定农产品贸易实行自由的市场经济方式,但是在实践中,日本政府通常规定一个稳定的上限和下限价格,当农产品价格超过上下限时,由生产者团体进行收购保管或出售,政府通过全额出资的畜产振兴事业团给予利益和保管费资助②;价格差额补贴制度,政府规定目标价格,当市场价格低于目标价格时,政府把实际价格与目标价格之间的差额直接补贴给农民③。通过这些方法,日本的农业生产得到了较好的保护。据统计,1986~1988年和2002~2004年,价格支持和产出补贴支付在农业生产者支持(PSE)中所占比例都在90%左右,如果再加上对农业投入品的支持,日本现在扭曲措施占农业生产者支持的比例为97%。日本农民得到的价格比世界市场的价格平均高130%,尤其是大米,其国内销售价比进口平均价高5倍左右④。

②农业发展政策。日本政府通过制定长远的农业发展计划来提高粮食的自给率,在1999年日本出台的新农业法中明确指出以提高粮食和食品的自给率为目的,使粮食的自给率从当时的40%提高到2010年的45%。主要采取以下措施:第一,对农村基础设施建设的投入。日本政府采用资金注入式的投资政策,源源不断地向农村注入资金对农业发展进行扶持。其资本投入的名目繁多,如土地改良补贴、农业机械设备补贴、水利建设补贴、机械设备补贴、基础设施补贴、农贷利息补贴等⑤。这些对农村基础设施建设的投入以及补贴在较大程度上缓解了农业生产者的资金压力,从长远的角度解决了农业发展问题。第二,对山区、半山区的直接支付制度。为了缓解农业耕地紧张的压力,日本政府依据2000年新出台的对山区和半山区的直接支付制度将日本的农业用地划分为山区和半山区。对于合乎相关法律规定的、客观条件明显不利的地区,采取对农业生产者直接支付一定数额的补贴,使得该地区的农业生产者得以弥补由于条件不利所受到的损失。第三,食品、农业和农村地区基本计划。1999年的日本《农业基本法》规定,由日本政府正式提出基本计划,并根据对现有政策的评估和考虑到农业形势的变化每5年修改1次。现有的基本计划是由2000年正式提出,并于2004年修改完成的,其内容主要包括对农业土地所有制和土地使用制度的改革和制定保护农业环境和农业资源的政策。

---

① 龚宇:《WTO农产品贸易法律制度研究》,厦门大学出版社2005年版,第27页。
② 同上,第28页。
③ 施虹:《日本在工业化进程中对农业的支持与保护》,载《世界农业》1997年第7期,第8~9页。
④ 李先德:《OECD国家农业支持和政策改革》,载《农业经济问题》2006年第7期,第69页。
⑤ 冯海发、李淑:《日本农业保护探析》,载《日本研究》1994年第1期,第30~31页。

（2）贸易限制政策。作为世界主要农产品进口国，日本对农产品贸易也实行高度保护，贸易保护手段主要有关税配额、特殊保障措施（SSC）和动植物卫生检疫措施（SPS）等。①关税配额。即配额内实行低关税，而配额外被征收非常高的关税，以限制进口。日本关税配额制度主要用于由政府垄断经营的产品，如大米、奶产品、丝蚕茧、生丝、淀粉、食用脂肪和玉米等。通过日本农林水产省的食品司、农业和畜牧工业公司①等拥有专营权的国营企业，政府可以任意决定相关农产品的进口量。②特殊保障措施（SSC）。2002~2004财政年度日本实施特殊保障措施的农产品包括：大米、大米粉、淀粉、小红豆、小麦粉、黄油等。日本经常使用特别保障措施来进行贸易限制。③国家贸易（state-trading）。农林水产省的食品局控制了稻米、小麦和大麦的进口。畜牧业发展公司控制了牛肉、黄油、奶粉的进口，丝绸和糖类价格稳定公司控制了丝织品和糖类的进口。正是由于政府和半政府的贸易垄断机构对一些农产品进口的控制，日本的农产品贸易从很大程度上成为国家贸易，而这种国家贸易又成为日本保护农业的重要手段②。④动植物卫生检疫措施（SPS）。20世纪70年代，日本实行进口限额的农产品达22种，比法国的19种限额进口产品还多（法国是当时欧共体实行农产品进口限额品种最多的国家）③。SPS措施使蔬菜和水果出口到日本变得很难而且非常昂贵，因此形成了较为有效的贸易限制。

4.1.1.2 发达国家农业保护政策基本内容

尽管对农业实施保护的动机和依据各式各样，但发达国家实施农业保护政策主要集中于以下几点：（1）农业收入支持。一般来说，各国国内农业政策通过货币转移支付的方式，即通过较高的农产品价格从消费者那里以及通过政府预算支出从纳税人那里给生产者提供财政支持。根据经合组织（OECD）所估算的生产者补贴等值（PSE）④，在过去10年里，主要工业化国家的这种支持程度大幅度上升。具

---

① 日本农林水产省的食品司有进口配额内大米、小麦和大麦的专营权；农业和畜牧工业公司有进口配额内奶产品的专营权。

② Jackson, John H., Implementing the Tokyo Round: Legal Aspects of Changing International Economic Rules, Michigan Law Review, Vol. 81, 1982, P. 267.

③ [日] 速水佑次郎著，朱钢、蔡昉译：《日本农业保护政策探析》，中国物价出版社1993年版，第48页。

④ 总的生产者补贴等值，即Gross PSE，用于测量通过市场价格支持、政府对生产者的直接支付、投入补贴、税收减让和其他支持措施等向生产者提供的援助。净生产者补贴等值，即Net PSE，是将总的生产者补贴等值，作为市场价格支持的一个结果，用额外的畜产品饲喂成本加以调整而得到的。百分比的生产者补贴等值，即Percentage（Gross or Net）PSE，指生产者补贴等值的价值占农业总收入的百分比。进一步详细的资料见经合组织（OECD）1991，第16页。

体而言，11个经合组织重要成员国①的12类主要农产品，按百分比计算PSE净值的平均数，从1980年的28%上升到1987年的50%和1990年的44%。(2) 扩大农产品贸易，鼓励农产品出口，限制进口。许多国家的农业政策中直接规定了扩大农产品出口，减少农产品进口的目标，采取的措施主要有农产品生产与出口补贴，关税与非关税壁垒。(3) 支持消费者价格。在极力保护与支持生产者的同时，许多国家把农业政策作为广泛的社会福利考虑，借以满足不同地区及不同收入层次消费者的食物需要（见表4-3）。

表4-3　　　　　　　　　　　发达国家农业政策主要内容

		农业政策的主要内容
美国	国内支持	价格支持、无追索权贷款、目标价格支持、差额补贴、休耕补贴、信贷支持等
	边境政策	出口价格补贴、扩大出口需求、增加出口需求、控制进口数量等
欧盟	国内支持	目标价格、干预价格和门槛价格、价格支持、生产配额等
	边境政策	关税、关税配额、出口补贴和特别保障措施、货币保障机制等
日本	国内支持	管理价格制度、稳定价格波幅制度、最低价格保证制度、价格差额补贴制度、农业投入和产出补贴等
	边境政策	关税、关税配额、特殊保障措施（SSC）、动植物卫生检疫措施（SPS）等

4.1.1.3　发达国家农业保护政策：基于公共选择理论视角分析

总的来说，各主要发达国家和国家集团对农业普遍采用正保护的措施，这种现象的产生有其深刻的政治和经济原因。

1. 发达国家从自身利益及政策偏好出发愿意提供农业保护政策的供给

（1）农业的产业特性使发达国家政府产生保护农业的政策偏好。从目的的角度来说，发达国家对于农业生产保护政策的根本目的是要使农业生产者能够摆脱因农业的弱质性和风险性对其基本利益所造成的威胁，保证农业生产者能够获得社会平均利润率，从而保护农业生产者的积极性。由于农业本身的特性，无论是在国际市场上还是国内市场上，如果仍坚持自由贸易的话，农民势必既竞争不过其他生产成本较低的国家，也竞争不过本国其他行业的生产经营者，这是农业需要保护的基本原因。

（2）农业在整个国民经济中的地位决定了对农业保护可以使政策制定者受益。虽然农业的从业人口在发达国家中不足10%，农产品产值占GDP的总值不足20%，但是农业部门作为一个经济基础部门的地位并没有改变。农产品的供求相对

---

① 这些国家和地区是：澳大利亚、奥地利、加拿大、欧共体、芬兰、日本、新西兰、挪威、瑞典、瑞士和美国。

缺乏弹性以及农业的外部性等，使价格杠杆无法充分发挥效用，导致市场失灵。从供给角度看，由于农业生产本身极易受自然条件、资源状况和技术水平等因素的影响，生产者在短期内很难对生产进行调整，因此农产品供给量的变动是相对有限的。从需求方面看，由于农产品是生活必需品，无论其价格高低，对需求量都不会有太大影响。农产品供求弹性的上述特点，使供给与需求双方中任何一方的轻微变动，都会导致价格的更大幅度的变动甚至是剧烈波动。这种价格波动常给农民以虚假的市场信号，从而导致农民大量地增加或减少农产品生产，可能对国民经济运行产生负面影响。从稳定国民经济、保护农民及消费者权益的角度出发，政府应建立相应的保护机制，以稳定市场，防止农产品供求的剧烈波动①。随着经济的发展和工业化进程的加速，农业在国民经济中所占的份额将持续下降，与其他产业相比，农业将日益丧失其优势地位。对于发达国家而言，保护农业一是为了阻止农业部门资源的外流；二是为了弥补农业比较利益低的缺陷，在一定程度上提高和稳定农业部门的价格与收入，使之与工业部门保持一致。为达到这些目标，发达国家采取种类繁多、极易造成扭曲世界市场的措施，将非农部门的资源转移到农业部门②。

（3）非贸易关注问题决定政策制定者不对农业进行保护将面临巨大的损失。从宏观角度来看，立足于粮食安全的农业保护政策显然是无法用经济效益来衡量的，而且它对于不同国家的意义也是不一样的。一般而言，在粮食供给问题上有过惨痛历史教训的国家，如日本和西欧各国，往往特别重视粮食自给③。第二次世界大战期间由于粮食生产和运输中断而引起的食品匮乏至今仍令不少人记忆犹新——在欧洲和日本，怎样夸大这种情绪的影响力都不为过④。为确保粮食安全，许多国家以粮食自给为目标，一方面不计成本地鼓励和支持本国粮食生产，另一方面高筑贸易壁垒，御外粮于国门之外。

2. 发达国家高效的农业利益集团产生了强大的保护政策需求

（1）高效的集体行动能力是产生强大农业政策需求的基础。从集团利益的角度来看，在发达国家内部，存在着各种持有不同目的的利益集团。农业生产者以各种正式和非正式组织的形式游说农业政府官员，而这些官员又依赖某些农业生产者组织提供的信息，支持其农业政策的实施。农业官员作为统治者的代理人，以信息

---

① 龚宇：《WTO 农产品贸易法律制度研究》，厦门大学出版社 2005 年版，第 15 页。
② 国务院发展研究中心、中共中央政策研究室农业投入总课题组：《关于支持与保护农业问题研究》，载《管理世界》1997 年第 4 期，第 165 页。
③ 龚宇：《WTO 农产品贸易法律制度研究》，厦门大学出版社 2005 年版，第 15 页。
④ Dale E. Hathaway, Reforming World Agricultural Policies in Multilateral Negotiations, Transnational Law & Contemporary Problems, Vol. 2, 1991, P. 396.

第 4 章　世界农业保护政策与农产品贸易摩擦的影响分析

和政策方案的形式直接影响统治者的决策,这些利益集团之间构成了较为紧密的联合体。在当今国际农产品贸易中,扮演重要角色的少数发达国家的农业人口比重较小。根据集体行动理论,国家中农业利益集团与非农业利益集团相比人数更少,更易于集中,使农业生产者集团更容易采取集体行动,在游说国会和政府方面,集体行动力量十足(Anderson,1995)。与此相反,人数众多的农产品消费者集团缺乏集体行动的压力,在实力对比中处于弱势,因此,容易丧失集体行动力。

(2) 农业利益集团相对于工业集团的优势地位是政策需求具备得以实现的基础。从现实角度来看,与诸多其他利益集团相比,农业利益集团广泛地被认为是西方经济中组织得最好而且影响最大的利益集团。美国与欧盟是农产品的主要贸易国(国家集团),在这两个国家(国家集团)中,农业生产者对农产品贸易政策发挥着重要的影响,并进而影响整个世界的农产品贸易。

在美国,共和党与民主党为了争夺国会的多数席位控制权,都想争取具有关键作用的几大农业州的代表席位,在制定政策中都乐于朝着有利于农业生产者集团方向调整农业政策,以拉拢选票。美国国会中,一些农业州(如北达科他州和内布拉斯加州)虽然人口稀少,但拥有的参议员数量毫不逊于纽约和加利福尼亚州,加拿大和日本的情况也是如此[1]。

农民的政治倾向在大选中至关重要,从议员到政府官员都或多或少地与农业社会有一定的联系,他们当中不少人还直接从事与农业有关的商业经营活动。像法国、西班牙等农业比重较大的国家,大多数政党为了争取农民的选票,都不敢轻易得罪农民,在重大农业决策上处处为农民说话,竭力用行动证明他们是农民利益的坚定捍卫者,他们千方百计利用手中的权力,在欧盟和各国决策中施加影响,以维护自己的利益[2],而农民对于任何有损其利益的举措往往反应强烈。例如,当法国政府于 1992 年同意欧共体部长理事会关于共同农业政策改革及乌拉圭回合农业谈判的决议时,愤怒的法国农民举行了声势浩大的示威活动,并封锁道路,导致全国交通瘫痪[3]。可以说,在发达国家,包括工业集团在内的绝大多数利益集团都没有农业集团的强大势力及社会地位,因此,农业集团相对于其他利益集团的优势地位可以使农业保护政策的需求最终转化为实际的农业政策。

---

[1]　Jeffrey J. Steinle, The Problem Child of World Trade: Reform School for Agriculture, Minnesota Journal of Global Trade, Vol. 4, 1995, P. 335.
[2]　王恩江:《国际农产品贸易争端成因与对策研究》,清华中国知网(CNKI)——中国优秀博硕学位论文全文数据库,2003 年,第 21 页。
[3]　杨森林:《欧盟农业保护主义的历史与现实根源》,载《世界农业》1996 年第 3 期,第 10 页。

3. 高水平农业政策的供需决定了农业保护的力度

作为一项特殊的公共产品,保护政策虽然由政府制定,但需要受政府本身、国内外利益集团以及国际贸易体制的约束,涉及方方面面的政治经济因素。在发达国家,这种平衡的关系可用图4-1表示。

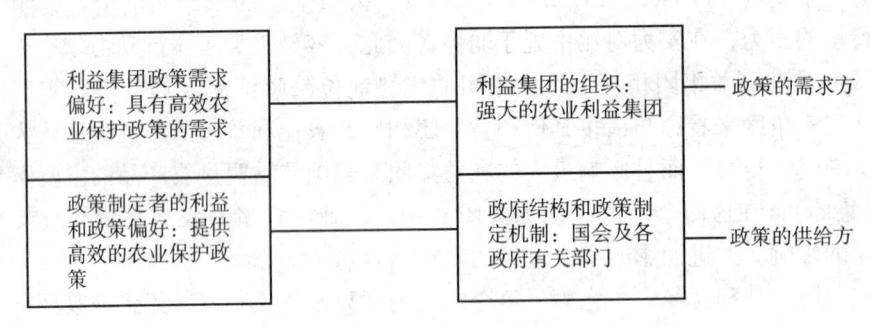

```
┌─────────────────┐      ┌─────────────────┐
│ 利益集团政策需求 │      │ 利益集团的组织: │
│ 偏好:具有高效农 ├──────┤ 强大的农业利益集│────── 政策的需求方
│ 业保护政策的需求 │      │ 团              │
└─────────────────┘      └─────────────────┘
┌─────────────────┐      ┌─────────────────┐
│ 政策制定者的利益│      │ 政府结构和政策制│
│ 和政策偏好:提供 ├──────┤ 定机制:国会及各 │────── 政策的供给方
│ 高效的农业保护政│      │ 政府有关部门    │
│ 策              │      │                 │
└─────────────────┘      └─────────────────┘
```

图4-1 发达国家农业政策的公共选择

对于发达国家而言,政策的需求方与供给方在目标上是一致的。政策的制定者出于自身利益的考虑以及政策偏好的考虑往往倾向于为农业相关利益方提供高效的农业保护政策,而对于需求方来说,农业利益集团出于自身利益的考虑也需要农业保护政策。而从供需双方的力量对比来看,显然农业利益集团更具有优势地位。由于强大的农业利益集团的存在,发达国家的农业利益相关者可以通过有效的集体行动来达成自己的农业保护需求,而另一方面,政府的政策制定部门则势力稍显弱小。因此,在政策的制定过程中常受到来自于农业利益集团的压力,从而制定出高效的农业保护政策。正是由于农业保护供求双方的实力对比决定了发达国家高效的农业保护政策。

4.1.2 主要农产品贸易发展中国家农业保护政策

如果说农业保护是发达国家的专利,那么农业歧视则是发展中国家的通病。发展中国家的农业政策是一套自相矛盾的政策体系:一方面,农业作为大多数发展中国家最基本的产业部门,在维护国内政治和宏观经济稳定、保障粮食供给等方面起着不可替代的重要作用,为实现提高粮食和经济作物产量、增加农民收入的目标,各国政府投入大量资金用于农业基础设施建设、农业科技推广和农村卫生、教育服务[1]。而

---

[1] 程漱兰、徐德徽、陈贤俊:《世界银行发展报告20年回顾(1978~1997)》,中国经济出版社1999年版,第189页。

第4章 世界农业保护政策与农产品贸易摩擦的影响分析

另一方面,许多长期强调农业重要性的发展中国家,总的发展政策却旨在抽取农业剩余,并建立了一套严重歧视农业的贸易、汇率、金融和税收政策。这些歧视性政策往往抵消了政府对农业的各项具体支持,限制了农业生产的增长,阻碍了在减轻农村贫困方面所做的努力,并使整套农业政策形成了一个自相矛盾的怪圈①。

4.1.2.1 主要农产品贸易发展中国家农业保护政策

1. 巴西的农业政策

(1) 巴西拥有得天独厚的农业资源,农业在巴西的经济发展中占据着极为重要的地位,且巴西的农产品贸易额在发展中国家处于前列。巴西农业发展的主要特点是:人口密度小,资源利用率低,气候适宜,农业发展条件好,耕作粗放,作物生产水平较低,土地占有不合理,少数大庄园主占有大部分土地,经济发展南北差异大②。巴西的农业总产值约200亿美元,1994年农业人口约3 491万,其中农业劳动力1 311万,占劳动力总数的22%。将农业的相关产业的就业人数计入则其就业的劳动力占劳动力总数的40%,总产值约1 600亿美元,约占国内生产总值的35%。在近20年里,农业在国内生产总值中的份额稳定在10%~11%的水平上。

(2) 巴西农业的发展一方面源于其优越的地理位置和良好的自然条件,另一方面源于政府对农业的重视,在政策上给予极大支持。政府对农业支持政策主要有:

①政府对农业实行支持政策。巴西农业政策旨在保护农民利益,减少生产风险,增加农民特别是中小农民收入,主要体现在三个方面。一是农业信贷政策。满足一定条件后农民可以获得不同的优惠贷款利率用于农业生产。通常,政府根据农民上一年度的产值及其土地面积发放贷款,小农、中农和大农场主可分别获得所需资金100%、70%和55%的贷款。二是农产品最低保证价格。最低保证价格有三种形式,联邦政府收购、联邦政府的贷款和预支贷款,均由生产资助委员会制定,农业部和国家货币委员会审议,经总统批准后,在播种两个月后以政令形式颁布。三是农业保险制度。由于巴西本身财力及地区间的不平衡发展,农业保险主要在较发达地区实行,范围涵盖生产、销售等各个方面。其保险时限与发放农业信贷同步,通常分为备耕、种植、管理、销售四个阶段,保险范围以生产成本为上限。

②建设农业基础设施。巴西农业基础设施建设主要包括仓储设施、公路和水利

---

① 世界银行:《1986年世界发展报告》,中国财政经济出版社1986年版,第61页。
② 青先国:《巴西农业考察报告》,载《湖南农业科学》2001年第5期,第3页。

灌溉等方面。仓储公司每年得到的拨款占农业部预算的1%，此外基于巴西落后的基础设施建设现状，政府规定修建乡间公路可以得到联邦政府的低息贷款。

③鼓励合作社的发展。巴西农村建立的各种形式的合作社，在推动生产、实现供销一体化和提供各种服务方面发挥了积极的作用。巴西合作社分为供销合作社、渔业合作社和农村电气化合作社三种。其中，供销合作社约有1 500个，主要为农民供应生产资料，提供农产品的分级分等、包装、仓储、运输、销售和出口等服务。渔业合作社近30个，帮助渔民购置渔业机械设备等生产资料。农村电气化合作社近300个，帮助集资修建供电设施，负责管理农用电的收费和征税，改善农民的生产和生活条件。

④重视农业开发。巴西在发展农业方面坚持开放的方针，大胆吸引外资，进行国土开发。巴西最近十年来对其邻国玻利维亚也进行了大面积的农业投资和开发，建立了2 000个农场，占地50万公顷，巴西称之为"新的黄金"。

此外，巴西政府还重视农业科研，重视农业科研成果的推广，大力引进国外先进的生产技术，提高农业生产效率，加大对农业科研的投入，促进农业的发展。巴西政府对绿色农业较为重视，把发展生态农业列为发展目标，走可持续发展道路，在生物技术开发和研制上加大投资，加大对生态环境的保护。

巴西的农业发展迅速，其农产品贸易额巨大，但农业发展中还存在问题及隐患。农业信贷不足，巴西地域广阔，政府投资无法满足扩大农业边疆的要求；片面重视出口，轻视国内市场，不利于社会的稳定；土地高度集中，易引发农村土地冲突等。

2. 阿根廷的农业政策

阿根廷是仅次于巴西的拉美第二大国，农业发达，是世界上重要的农产品出口国家之一。阿根廷是世界重要的粮食和肉类生产大国，虽然目前农业总产值在阿根廷国内生产总值中所占的比重仅为5%左右，农产品出口额一直占其出口总额的60%左右。2003年农作物出口达到159.81亿美元，约为阿根廷总出口额的54%。此外，在全国就业人口中，36%的人从事农牧渔业生产、加工及其相关产业。因此，农产品出口对阿根廷意义非凡。阿根廷的农业政策主要包括：

①征收农业税。阿根廷的农业税收有其独特的特点：轻税政策且没有额外的收费和地方税，以减轻农民负担；按统一税收原则确定基本税制，税收公平；农业税收政策适时调整，充分发挥税收的经济调控职能。

②改善运输系统。为了提高运输效率和降低运输费用，阿根廷把改善运输系统列为重要项目。突出的措施是：改造旧的运输系统，使其现代化；疏通河道，使大

第4章 世界农业保护政策与农产品贸易摩擦的影响分析

吨位越洋货船直达内河,以降低运输费用和缩短运输周期;拓展运输路线和扩大服务范围,提高服务质量。这些措施在客观上对提高农产品国际竞争力起到了关键性的作用。

③改革口岸政策。一方面,逐步取消或降低出口税和各种检查费用,降低了农产品出口成本,提高生产者和贸易商的收益。从1994年起,小麦、大豆等农产品的出口关税从1989年的平均占离岸价格的30%~41%下降到了3.5%。另一方面,取消或降低农业生产资料进口关税和进口限额,直接降低产品生产成本。

④出口促销计划。阿根廷农牧渔业和食品国务秘书处还会同阿根廷出口基金会针对单项农产品提出促销计划。

3. 印度的农业政策

印度是亚洲第二大发展中国家,农业在国民经济中占重要地位,约占国民生产总值的32%。1990年全国总人口8.53亿人,其中农业人口5.36亿人,占总人口62.8%,务农劳力2.14亿人,占总劳力的66%。耕地面积1.69亿公顷,占土地面积3.28亿公顷的51.5%。印度在亚洲和整个发展中国家中是农业增长较快的国家之一。

印度的农业保护政策以1990年国大党拉奥政府调整传统农业政策为分界线。现今的印度农业政策通过采取建立农村基础设施的办法向农民提供现代投入物和鼓励措施,促使农民能够采用现代技术增加产量,实现粮食安全,其政策主要体现在四个方面:

①价格管理政策。印度的价格管理政策主要是通过实施农产品的最低支持价格进行。1950年成立了全印度农产品价格委员会,通过规定有利可图的价格和起码的支持价格鼓励农民增加生产。无论农作物的丰收与否,政府均按不低于支持价格的价格收购农产品。此外,为增加农民收入,印度倾向于逐渐提高农产品价格。

②粮食收购和流通政策。通过建立一个全面的粮食收购储存和公共流通管理系统,以便按合理价格向消费者提供粮食。公共流通系统有足够的粮食库存,可以调剂控制市场经营,以利于稳定价格。

③农业基础设施建设。国家在基础设施方面大量投入,重点是灌溉与电力。建立一个体系,向农村提供贷款,便于私人在基础设施上投资和鼓励采用新技术。

④实行农产品贸易保护。除少数几种传统的经济作物外,进行统一的进出口控制。用超出国内消费需求的估计数量来决定出口量;反之,用来决定进口量。具体来说,在出口方面,为保证国内的粮食需求,大多数农产品的出口属于出口受限

类;进口方面,为保证国内农民的利益,印度对进口农产品征收高额关税,实行进口许可证制度和设定进口数量和种类限制等。

4. 东南亚国家(地区)的农业政策

同大多数发展中国家一样,东南亚国家(地区)在20世纪50~60年代都比较忽视农业部门,并实行损害农业利益实现高速工业化的歧视农业的政策,但60年代末期以来,由于粮食短缺引起的国内农业危机,一些国家(地区)认识到了农业部门在促进工业化和经济全面增长方面有着重要的作用,于是采取了有利于农业部门发展的政策。

20世纪70年代以来,东南亚国家(地区)实行扩大生产,增加出口等农业保护政策使东南亚各国(地区)粮食生产出现了历史性发展,成为世界上最大的稻米输出地。具体措施有:

①实施内向型发展战略,以进口替代等措施保护国内农业生产。

②外汇管理制度。通过实行更为严厉的外汇管制制度和进口许可证制度来保护高估的汇率,限制进口。

③农业出口价格维持制度。通过政府采购政策、出口征税和出口配额来保护农产品的出口价格,维护生产者利益。

④生产促进措施。通过对各种投入物的价格补贴来促进生产者的生产意愿,并提供全方位的优惠和服务。

同大多发展中国家相同,东南亚国家(地区)的农业政策也有着其本身的不足之处:①农业粗放型扩张,仅靠土地扩张和劳动供给的增加来实现农业增长的方式,农业发展缺乏后劲;②国家干预严重,国内农业政策因过分强调国家干预而受到市场经济和WTO规则的双重挑战等。

4.1.2.2 发展中国家农业保护政策的基本内容

发展中国家的农业政策是一组矛盾的政策,由负的国内支持政策和正的边境保护政策组成。一方面,国内支持方面负保护。在经济结构处于较低阶段的国家面对工业化的繁重任务,许多发展中国家的政府不可能也没有能力通过价格支持、收入补贴、市场收购等方式对它的农业部门进行特殊的保护和支持,因此经常通过价格管理、统购统销制度或强制税收等方式压低农产品的相对价格,维持甚至降低农民的收入水平和消费水平,促进农业经济剩余向工业部门的转移,为工业化进程提供所需的粮食和资金。另一方面,加强边境政策。在农产品对外贸易政策通过征收进口税、进口配额或许可证经营限制外国农产品的进入,保护国

内农产品市场。

总体来说,发展中国家的农业政策主要集中在以下三点:

(1)增加税赋。对大多数发展中国家而言,农业部门是主要的税收来源之一,多数国家对农业征税的主要理由是为了增加财政收入,对农业征税是维持公共财政开支所必不可少的①。①农业税。农业税是各国普遍征收的税赋之一。②出口税。出口税对于许多发展中国家来说都是抽取农业剩余的主要方式,这是因为发展中国家农业人口众多,且居住分散,在农村地区直接征税难度较大。③隐蔽税。从目的上来说,隐蔽税用来改变工农业之间的贸易条件,使工业进口替代品的价格高于农业进口替代品及出口农产品的价格,从农业部门征收巨额的税收来支持工业品出口。

(2)价格管制。价格管制是指制定农产品定价政策,使国内农产品价格远远低于国际市场价格②。在价格管制下,政府机构垄断了农产品的购销环节及定价,并有意压低农产品价格,抬高工业品价格。这种价格管制,人为地改变工、农业产品之间的贸易条件,使农业利润流向工业部门。通过这一途径,农业剩余被不断地转移到政府和城市工业部门③,以此手段抽取农业剩余。

(3)汇率扭曲。在一些资本短缺的发展中国家,外汇作为一种稀缺要素被政府施以严格的管制以集中使用。为了缓解工业部门由于需要进口大量的机器设备而存在的资金压力,这些发展中国家往往压低本币汇率或高估本币币值。这种汇率扭曲政策的直接后果就相当于对进口产品补贴,对出口产品征税——进口部门自然可以以较低的汇率从政府购汇,出口部门取得的外汇收入却只能以同样低的汇率向政府结汇,农民最终因汇率的扭曲而支付了对进口产品的补贴④。与发达国家高度保护农业的情形相反,发展中国家中只有少数国家对农业部门提供的是正保护,但其保护水平远远低于发达国家。在大多数发展中国家,资源由农业部门流向工业部门,形成与农业在其经济发展中地位极不相称的资源配置形式⑤(见表4-4)。

---

① Maurice Schiff & Alberto Valdes, The Plundering of Agriculture in Developing Countries, Finance & Development, Vol. 32, 1995, P. 44.
② 国务院发展研究中心,中共中央政策研究室农业投入总课题组:《关于支持与保护农业问题研究》,载《管理世界》1997年第4期,第165页。
③ 蔡昉:《穷人的经济学——农业依然是基础》,武汉出版社1998年版,第41页。
④ 龚宇:《WTO农产品贸易法律制度研究》,厦门大学出版社2005年版,第35页。
⑤ 国务院发展研究中心,中共中央政策研究室农业投入总课题组:《关于支持与保护农业问题研究》,载《管理世界》1997年第4期,第165页。

表4-4　　　　　　　　　发展中国家农业政策主要内容

		农业政策的主要内容
巴西	国内支持	农业信贷政策、最低保证价格、农业保险制度、基础设施建设、鼓励合作社的发展、重视引进国外资金进行农业开发
	边境政策	扩大出口等
阿根廷	国内支持	征收农业税、改善运输系统等
	边境政策	改革口岸政策、出口促销计划等
印度	国内支持	价格管理政策、粮食收购储存和流通政策、财政政策、加强智力投资等
	边境政策	严格管理贸易和汇率的政策、实行农产品贸易保护等
东南亚国家（地区）	国内支持	进口替代、保护国内生产等
	边境政策	外汇管理制度、农业出口价格维持制度、生产促进措施等

4.1.2.3　农业负保护政策：基于公共选择理论视角的分析

虽然在边境贸易措施上发展中国家往往采取正向的保护措施，但是从整体上来说，发展中国家对农业的保护政策还是负的，这是由深刻的政治经济原因所决定的。

1. 发展中国家从自身利益及政策偏好出发不愿提供农业保护政策的供给

发展中国家政府对农业倾向于剥夺而不倾向于保护是以政府自身的利益以及政策偏好为出发点的。

（1）发展中国家农业的特点使政府不愿对农业保护。发展中国家尤其是低收入国家，在经济结构方面的共同特征是农业部门依然是国民经济中的主要部门，农业在国内生产总值中占的比重达到30%~45%，农业劳动力占国内总劳动力的60%~70%[①]。农业本身在国民经济中的地位，对于农业的负保护政策起了决定性作用。从根本上说，发达国家与发展中国家对农业采取不同政策的原因在于两类国家经济所呈现出的不同类型。①从消费类型来看，发展中国家对农产品的消费占家庭消费的比重很大，而发达国家则相反，这就要求发展中国家更加侧重农产品价格的稳定而不是农民收入的增长。②从农业在产出和就业中的份额来看，发展中国家农业的产出比重和就业份额都很大，而发达国家的这两个比例都已降到较低的水平，这表明发达国家更容易对本国农业进行保护。③从农业生产要素角度来看，在农业生产过程中购买、使用投入品和资本品方面，发展中国家与发达国家有较大的差异，发展中国家农业经济中农民很少购买中间投入品和使用资本，而在发达国家

---

① 叶静怡、孟祥轶：《不同经济结构国家的农业政策及中国在WTO农业谈判中的抉择》，载《经济科学》2001年第3期，第113页。

第4章 世界农业保护政策与农产品贸易摩擦的影响分析

的高产农业中,农民对中间投入品和物质资本有强烈的依赖。

(2) 工业化的迫切需求使发展中国家政府不愿提供对农业的保护。从发展中国家普遍存在的经济结构来看,发展中国家一般存在着二元经济结构,即存在着一个以传统农业为代表的仅能糊口的、只能维持最低生活水平的农业部门,该部门生产效率低下,工资率较低,而另一部门则是以工业部门为代表的利用现代化手段进行生产的部门,从生产效率以及工资率来说,该部门都是相对较高的。这种二元的经济结构使得发展中国家的农业与工业的关系近乎对立。在这种经济结构下,优先发展哪个产业就成为棘手的问题。从现实角度来看,发展中国家奉行农业歧视政策绝非偶然,其中有着深刻的经济、政治和历史根源。刚刚挣脱殖民统治、获得民族解放以及国家独立的众多不发达国家,出于对长期沦为殖民地历史的反省,无不把肃清殖民主义经济残余,振兴和发展民族经济作为首要的经济发展目标,因此,不约而同地选择了工业化战略①。在这种背景下,农业成为了发展工业的"牺牲品"。在发展中国家,农业部门由于大量剩余劳动力的存在,其劳动生产率大大低于工业部门的劳动生产率。把农业剩余劳动力转移到工业部门去,有助于农业劳动生产率的提高,更有利于工业资本的积累,使整个社会生产力上升,实现工业化②。

(3) 避免比较优势陷阱的需求使发展中国家政府不愿保护农业。结构主义学派经济学家普雷维什认为世界经济中存在着"中心—外围"格局,中心指发达国家,外围指发展中国家。由于这种格局的存在,在国际商品交换中,发展中国家处于不利地位。发展中国家用于出口的主要是初级产品,发达国家出口的商品主要是制成品,而初级产品对制成品的价格比有不断下降的趋势,即初级产品对制成品的贸易条件有不断恶化的趋势。为了扭转这一趋势,改变自己在国际贸易中的不利地位,发展中国家必须努力发展工业,以替代进口制成品。在这种理论支撑下,对农业的负保护显得合情合理。一方面,较高的农业负保护摧毁了初级产品的比较优势;另一方面,也从一定程度上使发展中国家得到一定的资金来发展工业。

(4) 有效利用有限资本的选择使发展中国家政府倾向于剥削农业。发展中国家经济发展中最主要的特点是资本的稀缺,在这种情况下,要将有限的资本进行有利于经济发展的合理配置,就应当将资本投入最能或较能带动其他产业发展的产业,即应当把资本投入联系效应最强或较强的产业。从现实角度来讲,农业部门的联系效应较弱,而工业部门特别是资本工业部门的联系效应较强。因此,为了取得合乎愿望的经济发展效果,实现现代化目标,发展中国家必须优先发展工业,实行

---

① Maurice Schiff & Alberto Valdes, Agriculture and the Macroeconomy, World Bank, 1998, pp. 2-5.
② 龚宇:《WTO农产品贸易法律制度研究》,厦门大学出版社2005年版,第32页。

工业化①。发展中国家在制定本国政策的时候，普遍存在着"重工轻农"的观点，即认为工业化是经济发展的中心，只有通过工业化才能实现经济的起飞，而农业是停滞的，农民是愚昧的，农业不能对经济发展做出贡献，充其量只能为工业发展提供劳动力、市场和资金②。正是这些观点导致了对农业的过度剥夺③。这种政策使发展中国家在经济发展较低阶段，农业与非农部门存在较大的收入差距，导致农业政策鼓励包括劳动力资源在内的农业资源向非农部门转移。

2. 薄弱的农业利益集团无法主张其对农业保护的要求

从政治经济学角度来看，在现实社会中，经济政策（尤其是产业政策）通常都不是中性的，即不会是对所有人、所有集团一视同仁。因此，预期会受到一种政策影响的个人或集团就会千方百计影响政策的制定，目的是使政府选择的政策对自己有利。而哪些利益集团最终能左右政策的制定，则取决于他们各自的政治影响力和谈判地位。某一社会利益集团通常通过集体行动来实现这一目的，即运用集体力量进行政治游说或施压从而最终影响决策。与个人行动不同，集体行动要取得成功，必须具备相应的条件。首先，在采取集体措施前，对其后果必须有充分的认识，并能够不时沟通和交换意见。其次，参与集体行动的成员需要有足够的激励，即行动能为参与者带来可观的利益，为此必须使"免费搭车"现象减少到最低程度。然而对于发展中国家而言，薄弱的农业利益集团是无法实现这一目标的。

（1）低下的集体行动力成为农业利益集团争取保护政策的桎梏。仅从农业利益集团本身的游说活动来说，当游说的收益固定时，游说成本的差异将导致不同强度的游说活动和不同水平的农业支持。公共选择理论认为，游说成本的差异主要取决于下列因素：①农民的组织化程度；②农民从事游说活动的效率；③社会中的其他组织对农业支持的认可程度等。如果一国农民在以上几个方面都处在劣势，那么，他们从事游说活动的成本就会非常高，尤其是初始成本会很高，此时，农民就不愿意从事任何游说活动，无法有力地影响政府政策的决定，也就很难获得所需的农业支持。从发展中国家的农业现实来看，导致其农业集团集体行动力低下的主要原因在于其游说成本十分高昂，尤其是初始成本很高。

（2）缺乏能有效整合农民的利益并为农民争取应得的利益的组织。一般而言，

---

① 谭崇台：《发展经济学概论》，武汉大学出版社2001年版，第103页。
② [美] 舒尔茨著，梁小民译：《改造传统农业》，商务印书馆2003年版，第2页。
③ 早期发展理论的一些观点（如从农业抽取劳动力不会影响农业发展，以及初级产品的出口悲观主义等）并未被实践所充分证明。相反，重工抑农，以损害农业来发展工业的发展战略到了20世纪50年代后期开始暴露问题。许多发展中国家按这一战略虽然实现了较高的工业增长率，但经济并没有真正得到发展，人民的生活水平没有得到多少改善，甚至连吃饭问题也没有解决。

在国内农业支持水平较高的国家和地区,农民组织化程度较高,因而有自己的组织,如美国农民的农民协会、农民联盟和农场局,日本的全日农协联盟等。较为发达国家和地区的这些组织能够成功地将分散而弱小的农户组织起来,由于他们在从事游说活动时成本相对较低,在政治上有相当的影响力,因而在争取国内农业支持方面发挥了重要的作用。与此相反,发展中国家农民的组织化程度非常低,缺乏一个能有效整合农民利益的组织。农民个体在国家权力机构面前,缺乏对政治资源的控制能力、社会行为能力和利益表达能力,在农业政策制定和实施的过程中,农民往往被边缘化。

(3) 落后的交通通讯条件及集权型的政治体制现状降低了游说效率。作为一种集体行动,游说活动需要农民内部能够快速地达成认识和行动的一致,这不仅取决于组织化程度的高低,还取决于沟通和交换意见的速度以及激励的大小。在农业发达国家,得益于便利的交通和发达的通讯条件,人数甚少的农民们较易达成认识和行动的一致,从而能够对政府的政策做出快速反应,因此农民游说活动的效率较高。然而,在经济较为落后的发展中国家,农民之间的联系非常困难,在这种条件下,农民从事游说活动的效率必然会大打折扣。并且,集体行动的领导者将承担组织活动成本和不成功的风险,但一旦成功却要与整个集团分享收益,其义务与收益的不平等性不可避免地助长了"免费乘车"现象,从而进一步降低了发展中国家农业集团游说效率。

(4) 非农组织对农业支持的认可程度低。非农组织对农业支持的认可程度直接决定农业集团的游说成本:农业支持水平的提高,在一定程度上导致农产品价格的上涨,给予工业企业家和城市居民不同程度的利益损害,如果这种损害程度很大,农业支持政策就必然会遭到非农组织的极力反对,并且反对的呼声越高,农民们所需要支付的游说成本也就越高,农民们要想获得额外的农业支持就越不容易。在农业支持水平高的国家或者地区,城市居民生活费用中用于食品消费的比重大大降低,恩格尔系数一般仅为 0.3 左右。因而无论是普通城市居民还是工业企业家,对于农产品价格提高都不会强烈的抵制,农民利益集团从事游说活动时所遇到的阻力相对较少。所以,游说成本相对较低,游说成功的概率相对更大。但在大多数发展中国家,食品消费或者是农产品消费仍然占城市居民消费较大的比重,恩格尔系数较高,因此,农产品价格的上涨将会遇到更大的阻力。

3. 政策供需的向悖和势力对比的悬殊决定了农业的负保护

保护政策作为一项公共产品,可以从利益分配的角度将其内生化。而贸易政策的内生过程则可看做是政治市场上供给和需求达成的均衡结果,贸易政策的供给方是政府,贸易政策的需求方是各种利益集团。在发展中国家,这种平衡的关系可用图 4-2 表示。

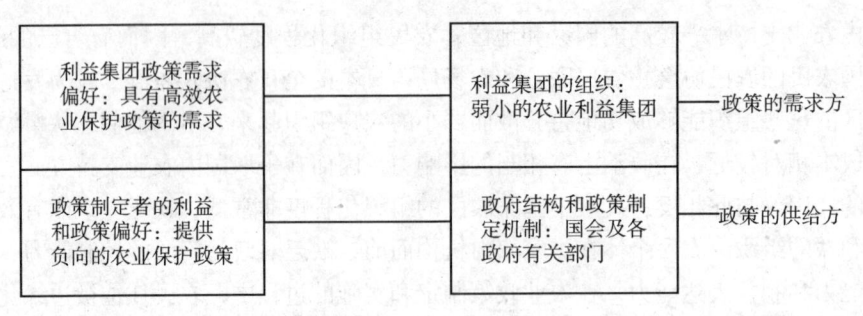

```
┌─────────────────┐           ┌─────────────────┐
│ 利益集团政策需求 │           │ 利益集团的组织： │
│ 偏好：具有高效农│───────────│ 弱小的农业利益   │────政策的需求方
│ 业保护政策的需求│           │ 集团            │
└─────────────────┘           └─────────────────┘
┌─────────────────┐           ┌─────────────────┐
│政策制定者的利益 │           │政府结构和政策制 │
│和政策偏好：提供 │───────────│定机制：国会及各 │────政策的供给方
│负向的农业保护政策│           │政府有关部门     │
└─────────────────┘           └─────────────────┘
```

图4-2 发展中国家农业政策的公共选择

对于发展中国家而言，政策的需求方与供给方在目标上是不同的。政策的制定者出于国民经济的发展，特别是工业的优先发展等理由往往倾向于为农业提供负向的保护政策，即对农业进行掠夺。而对于需求方来说，农业利益集团出于自身利益的考虑则需要农业保护政策。由于发展中国家农业的落后以及发达国家不断增高的对农业的保护，发展中国家的农业利益集团往往具有高水平的对农业保护的需求。当政策的供需双方的意见相反时，政策的最终决定权将掌握在实力较强的一方手中。对比发展中国家政策的制定者以及政策的需求者来说，可以明显看出农业利益集团的势力弱小。由于缺乏有效的行动能力，在对政府有关部门的游说中显得力不从心。由于集团力量的薄弱，使得发展中国家的农业利益集团在政策制定的过程中受到了来自工业集团的压力，因此，政策的决定最终落入国家政府以及相对强大的工业利益集团的手中。因此，发展中国家倾向于负的农业保护政策。

4.1.3 发展中国家与发达国家农业政策的比较

发达国家与发展中国家农业政策有着较大的区别。对于发达国家来说，农业政策无论是边境政策还是国内支持政策都是正向的，因此其整个农业政策是正保护的；而发展中国家，由于前述种种原因分别呈现出正向的边境政策和负向的农业保护政策，从整体上来说，其农业保护政策是负向保护的。

1. 发达国家与发展中国家的国内支持政策比较

从国内支持情况来看，发达国家往往通过巨额的补贴等手段来进行农业支持，这一点从欧洲和美国的农业政策实施的力度中可以清楚地看出。美国和欧盟的农业国内支持在很大程度上扶持了农业的发展。根据美国农业部的一项研究（Westcot, P. C. and J. M. Price, 2001），1999年美国农民生产和出售玉米、小麦、大豆及水稻

所获得的实际收入分别高于市场价格12.8%、16%、18.3%和29.5%。也就是说如果没有美国政府的支持,则会产生美国农民的实际收入下降,或农产品市场价格上升,而这两种情况都将大大降低美国农产品的国际竞争力。而对于欧盟来说,这种支持显得更加直接。可以说,如果没有政府的支持,欧盟多数大宗农产品的生产成本和价格将大大高于国际市场,根本不可能有竞争力(见表4-5)。

与此相反,发展中国家的农业保护则较为薄弱甚至为负值,巴西1986年的PSE为15%,印度为14%,埃及与泰国分别为13%及11%。其他发展中国家则在较大程度上剥夺农业,如巴基斯坦的PSE为-20%,阿根廷为-16%,墨西哥为-6%,印度尼西亚为-4%。可以清楚地看出发达国家与发展中国家之间的差距。

表4-5　　　　　　　　　　　欧盟与美国政府的支持目标

项目	欧盟(百万欧元)		美国(百万美元)	
	1986~1988年	1995~1998年	1986~1988年	1995~1998年
A. OECD方法				
1. 生产者支持等值(PSE)	84 998	95 711	41 839	33 002
a. 市场价格支持	72 886	56 639	19 533	16 354
b. 预算付款	12 112	39 072	22 306	16 648
2. 一般服务等值(GSSE)	10 040	9 984	15 233	24 576
3. 纳税人给消费者的转移支付	4 387	3 954	11 468	21 326
4. 支持总量估计量(TSE)(1+2+3)	99 424	109 650	68 540	78 904
B. WTO方法				
5. 综合支持量(现行综合支持量总和)	73 530	49 478	22 245	6 513
价格支持	67 744	26 779	6 900	5 931
6. 绿箱	9 233	19 561	26 150	49 733
7. 蓝箱	413	20 827	9 706	1 758
8. 最低减让标准	382	605	1 311	1 081
9. 特殊和差别待遇	0	0	0	0
10. 国内支持总量(TDS)(5+6+7+8+9)	82 733	90 471	40 000	59 085

注:在1986~1988年,蓝箱付款被包括在综合支持量中。
资料来源:杨雍哲:《论提高农产品竞争力》,中国农业出版社2003年版,第175页。

2. 发达国家与发展中国家的边境贸易措施比较

发达国家与发展中国家的农业边境贸易措施都是正保护的,从性质上讲是相同的,但是,两类国家在边境贸易措施的使用上仍具有微妙的差别。(1)边境贸易措施的程度。从边境贸易措施的程度来看,发达国家远远高于发展中国家。对于大多数发展中国家,由于经济条件的制约,无论对农业的支持、保护的强度和范围都不能和发达国家相比。(2)边境贸易措施的实施手段。从边境贸易措施的实施手

段来看,发达国家实施的边境贸易措施具有隐蔽性。由于发展水平的差距,发达国家的边境贸易措施已经成功从出口补贴等直接的边境贸易措施发展为以阻碍出口为目的的隐蔽的边境贸易措施,如保障措施、卫生与检疫壁垒等手段。而发展中国家受经济发展水平以及国内立法和制度的制约,无法通过实行贸易壁垒等手段来实现对农业贸易的自由保护,因此只能运用出口补贴或者进口配额等手段,而这些方法随着WTO《农业协议》的推广将遭到废止,因此,发展中国家将处于不利的地位。

(3) 农业边境政策的改革方向。从农业边境政策的改革方向来看,由于农业不仅牵涉到农业生产与国家粮食安全,同时农业还关系到农民的生活水平和生态环境问题,许多发展中国家(特别是农业生产相对比较发达的国家)对农业生产、贸易中的一部分进行支持和保护,但发展中国家的农业支持、补贴政策都有意识地遵循世贸组织农业协议框架下的"绿箱政策",降低农业生产和贸易中的国营比重、减少直接计划,目的是提高资源的配置效率,提高生产率。因此,发展中国家对于边境政策的调整是积极的,而发达国家对于农业政策的调整则相对被动。这是因为发达国家已经形成了自己的边境政策,而这种边境政策体系是有较高效率的,因此,从国家利益考虑,发达国家往往不愿意放弃既得利益,因此,发达国家对边境政策改革的态度是消极和被动的。

4.2 GATT 和 WTO 农业保护政策

4.2.1 GATT 体制下的农产品贸易——事实层面的特殊对待

1. GATT 体制下的农产品贸易事实层面的特殊对待体现

(1) 狄龙回合前农产品贸易长期游离于GATT法律运行机制之外。在WTO诞生前,GATT担负了协调国际贸易谈判进程的主要作用。然而在GATT从筹划直至狄龙回合开始之前,农产品贸易一直长期游离于国际贸易公约之外。由于政治经济等多种因素的共同作用,农业历来是受到政府高度干预的特殊部门,以发达国家为代表的大多数国家都不愿将本国农业置于多边规则的约束下,因此,在GATT筹建初期,农产品贸易作为一项例外,在GATT中予以明确阐述。

不可否认,GATT成立之后,在1947~1956年间举行的四轮多边谈判在工业品关税削减和市场准入方面取得了较大的成就,但与此同时,农产品贸易已经开始

第4章 世界农业保护政策与农产品贸易摩擦的影响分析

通过种种途径逐渐偏离多边纪律轨道：①1947年日内瓦回合达成了约45 000项关税减让，但对主要依靠关税进行贸易保护的农产品，却鲜有关税约束及关税减让。②1949年安纳西回合谈判并未触及农产品关税约束及关税减让。③1950年第三轮多边谈判致力于进一步推行关税减让，对农产品贸易无暇顾及。④1956年日内瓦举行的第四轮多边谈判由于在此之前的GATT评审会议上并未通过任何对农产品贸易进行规范的提议，因此，也并未涉及农产品贸易问题。

在GATT总共八轮的多边贸易谈判中，前四轮均未涉及农产品问题，直到第五轮狄龙回合才把农产品贸易问题提上议事日程。究其原因，是1947年签订的《关贸总协定》对工业制成品贸易和农产品贸易并未作明确的区分，虽然关于初级产品有不同于一般货物贸易的特别规定，即大多数农产品均可划分为初级产品，但是由于这些特别规定往往是例外的规定，从而放任了农产品贸易长期以来游离于GATT的法律运行机制以外，不受其约束。相反，各成员国往往通过调整国际贸易规则来适应国内农业生产的要求。

（2）狄龙回合后农产品贸易事实上得到了不同于工业产品的特殊待遇。在GATT内，对待农业的方式与其他产业截然不同，农业不遵守任何倾向于形成一种有序贸易体系的规则①。原则上说，对GATT各缔约方而言，农产品国际贸易也同样受到GATT规则的约束，但是，GATT从未为农产品贸易建立严格的纪律。在《1947年关贸总协定》中，只有第6条（反倾销与反补贴税）、第11条（取消数量限制）、第16条（补贴）和第20条（一般例外）涉及了农产品贸易问题。通过一些特别的表述，在农产品贸易方面，GATT实际上承认了不同于工业产品的特殊措施，如数量限制、出口补贴以及国内补贴存在的合法性。正是由于这些例外的存在，导致关贸总协定无法有效地约束世界农产品贸易，从而使农产品贸易长期游离在GATT的法律框架之外②。

针对农产品贸易的现状，农产品在事实层面的例外规定主要有：（1）GATT第6条第7款有关初级产品的例外规定。GATT规定，除了断定倾销或补贴的后果会对国内某项已建立的工业造成重大损害或产生重大威胁以外，某一缔约方对另一缔约方产品的进口，不得征收反倾销税或反补贴税。但是，该条对初级产品做出例外

---

① GATT的缔约方同意按照某些主要的规则开展贸易：
(i) GATT成员之间进行贸易时的非歧视；
(ii) 应用由国际协议规定的固定关税提供保护；
(iii) 贸易纠纷通过GATT机制加以解决；
(iv) 日常的磋商要在GATT的支持下进行。
② 贾莉莉：《WTO农产品贸易规则与中国农业发展策略》，载《世界农业》2003年第11期，第8~11页。

的规定,"为了稳定国内价格或为稳定某种初级产品生产者的收入而建立的制度,即使它有时会使出口商品的售价低于相同产品在国内市场销售时的可比价格,也不应认为造成了上述所称的'重大损害'"。这种例外将大部分的农产品划入例外的范围,而各成员国为稳定农产品的国内价格或农业生产者的收入而实施的各种农业补贴措施,在 GATT 法律框架下就具有了合法性。(2) 第 11 条数量限制的例外,即当下列情况之一发生时数量限制是合理的:其一,为防止或缓和某成员国粮食或其他必需品的严重缺乏而临时实施的禁止出口或限制出口;其二,为执行国内销售或生产限制或消除暂时的国内过剩而对农产品实施的进口限制。这一规定使缔约方以实施农业计划为由进行数量限制成为合法。(3) 第 16 条出口补贴的例外。第 3 款规定"缔约方应力求避免对初级产品的出口实施补贴","只要该补贴的实施不得使自己在该产品的世界出口贸易中占有不合理的份额"。这里"力求避免"、"不合理的份额"是模糊不清的,因此此条在农产品贸易中没有得到适用,导致出口补贴泛滥。

正是 GATT 对于农产品的区别对待,助长了各国对国内支持政策和贸易政策的扭曲,进而导致了摩擦。各国不仅在农业生产和农产品贸易方面采取千差万别的措施,而且曲解、滥用 GATT 关于农产品贸易的条款,甚至凭借自身强大的经济实力,在 GATT 范围内取得了多项"免责"。如美国于 1955 年修改其《农业法》第 22 节,对农产品实行配额限制。由于此种规定与 GATT 的规定相冲突,因此美国政府要求 GATT 缔约方大会免除其依据 GATT 应当承担的义务。这一请求在当时得到了批准,缔约方大会只是要求美国政府每年提交一份报告。继美国之后,欧共体、澳大利亚等国家也取得了相类似的豁免。发达国家取得的豁免严重损害了 GATT 反补贴规则的实行,实际上导致了规则的失效。

各国在农产品贸易中的做法与 GATT 条款规定的义务相背离,农产品贸易不仅长期游离于 GATT 基本规则和贸易自由化进程之外,而且成为贸易保护主义最盛行的领域。由于 GATT 有关条款允许若干重要例外的存在,最终导致农产品补贴行为游离于 GATT 之外,成为一片"灰色区域"[①]。

2. GATT 体制下的农产品贸易事实层面的特殊对待的原因

(1) 发达国家对农产品贸易自由化的抵制。对于美国来说,美国一直通过政府为农民提供贷款担保等方式来实现农产品的保护,而将农产品贸易纳入自由化的体系无疑会降低美国的保护力度,为了维护本身的利益,美国强烈抵制农产品贸易自由化的推进。而且,随着欧共体国家在国际贸易舞台上讨价还价的能力不断增

---

① 杨志勇:《WTO 农产品出口补贴认定标准》,清华中国知网(CNKI)——中国优秀博硕学位论文全文数据库,2005 年,第 12 页。

第4章 世界农业保护政策与农产品贸易摩擦的影响分析

强,欧共体国家可以以更强硬的态度抵制农产品贸易自由化。这一时期的欧共体已经实施了共同农业政策。共同农业政策作为一种农业保护主义行为,对欧共体成员国的农业进行了较为有效的保护,得益于共同农业政策,欧洲农业得以迅速发展。因此,随着欧共体在国际上地位的不断增强,其对农业自由化的抵制也愈发强烈。

(2)来自于 GATT 本身的免责。GATT 第 16 条在初级农产品的国内生产和出口补贴方面,提供了一条免责条款(Escape Clause),如果这些因素只是能够保证各个国家获得"世界出口贸易中的公平份额",还是可以容忍的。这使得 GATT 成员能够放任农业支持计划不受 GATT 的约束。

(3)国家间权益的不平等。在 GATT 体制下存在着严重的大国支配现象。GATT 的第 11 条第 2 款允许各国在对国内生产进行控制的前提下对农产品的进口给予数量限制。然而,美国则在 1955 年迫使 GATT 通过了所谓的第 22 条豁免权(Waiver),允许各国可以在实施国内农业计划,对农业生产进行干预的前提下,对农产品的进口进行数量控制。由于此种豁免权的种种限制,使 1955 年的豁免权只适用于美国,这种大国支配的情况,也导致在 GATT 体制下农产品贸易是被特殊对待的一个因素。

4.2.2 WTO 农产品贸易体系——法律意义上的特殊地位

1. WTO 农产品贸易体系——法律意义上的特殊地位体现

(1)农产品贸易体系法律意义上特殊地位的确立。WTO 对农产品贸易的促进作用体现在通过谈判确立了农产品贸易体系的特殊地位,而 WTO 的产生和发展本身是与 GATT 乌拉圭回合的农产品贸易谈判密切相关的。始于 1986 年 9 月的 GATT 乌拉圭回合贸易谈判,把焦点对准了那些扭曲农产品贸易的国内农业政策,谈判面临着"只许成功,不许失败"的国际压力:"若达不成协议,必然要对多边贸易体制造成一大创伤,继而就会爆发贸易战,毒化有关国家之间的政治关系,使得其他方面的国际合作更加困难,种种恶果,不堪设想。"[①]

在此基础上,乌拉圭回合启动谈判的部长级宣言的主要目标有:①世界农产品贸易实现自由化;②使世界农产品贸易更加有序。谈判成员要求"减少进口壁垒"和"阶段性地减少所有直接与间接的补贴,以及直接或间接地影响农产品贸易的其他措施",并致力于"将影响进口渠道和出口竞争力的各种措施置于强化的、更加具有操作效率的 GATT 规则和纪律约束之下"。

---

① Nigel Crimeade. International Trade Policy. 1995. P. 222.

然而，实际上农业谈判主要在三大利益集团之间展开，即美国、欧共体和凯恩斯集团①，而三方出于各自利益的考虑在农产品贸易问题上持有不同的观点从而形成不同的矛盾。凯恩斯集团与欧美的矛盾主要在于欧美之间持续的竞相补贴以及对本国市场的高度保护使得凯恩斯集团出口损失惨重，而美国与欧盟的主要矛盾则在于对农业生产补贴和出口补贴的削减问题上，大幅度削减农业生产和出口补贴对美国极为有利，而使欧共体处于明显的竞争劣势并有可能导致严重的社会问题。

经过多次艰苦的谈判，谈判各方终于做出让步，于1992年11月20日达成了《布莱尔大厦协议》。其主要内容是：①进口壁垒关税化，在其1986～1988年平均关税等值的基础上降低36%。②补贴的削减，出口补贴的预算支出和有补贴的产品出口量在1986～1990年基础上分别削减36%和21%。③综合支持总量（AMS）的削减，AMS以1986～1988年为基期减少20%，但产量控制计划的直接支付款项不在减少之列。④市场准入，1995年欧盟市场准入为基准期1986～1988年消费的3%，到2001年增加至5%。在此基础上，谈判各方终于在1993年12月15日签署了《乌拉圭回合农业协议》，即《WTO农业协议》。

乌拉圭回合多边贸易谈判，将农业作为一个主要议题，纠正了过去GATT对农产品贸易的忽视，并排除了农业保护主义者对GATT形成的有序的国际贸易框架的权威性所带来的挑战，从而确立了农产品贸易在法律意义上的特殊地位。

（2）农产品贸易在法律意义上特殊地位的体现。

①农产品贸易在WTO的法律框架下具有特殊地位。与农产品贸易有关的农业协议属于《WTO协定》附件1A中的一部分，附件1A中虽然包括诸多协议，但其内容大都对所有货物贸易一视同仁。在1A中仅有两个协议由于冠以具体的产业名而得以例外：《农业协议》与《纺织品与服装协议》。由此可见，在整个WTO的法律框架下，农产品贸易有其特殊的法律地位。

②农产品贸易相对于其他货物贸易具有法律意义上的特殊地位。这种特殊地位主要表现在，WTO以法律法规的形式对农产品贸易实施低于其他货物贸易的自由化程度。GATT的前四轮谈判未将农产品贸易纳入整个多边谈判的议题，致使农产品贸易长期游离于多边纪律的有效约束之外，享有与工业品不同的地位。然而GATT以及WTO所组织的多边谈判，通过不断地对货物贸易的一般规则以及自由

---

① 由15个国家组成的非正式联合体，1986年成立于澳大利亚凯恩斯。在乌拉圭回合多边贸易谈判中凯恩斯集团是一个坚强的联合体，它要求撤销贸易壁垒并稳定削减影响农业贸易的补贴。其成员国包括：阿根廷、澳大利亚、巴西、加拿大、智利、哥伦比亚、斐济、印度尼西亚、马来西亚、新西兰、巴拉圭、菲律宾、南非、泰国和乌拉圭。

第4章 世界农业保护政策与农产品贸易摩擦的影响分析

化程度的提升,已经使货物贸易的发展提升到了一个新的阶段。在这种情况下,将农产品贸易无差别地纳入货物贸易规则中显然是不切实际的。因此,基于农产品贸易规则落后的现状,作为一种过渡性的手段,WTO 以法律的形式确定了农产品贸易相对于其他货物贸易的特殊地位。

③农产品贸易在整个贸易规则中的特殊地位。农产品贸易在贸易规则中的特殊地位体现在,当《农业协议》的有关规则与 WTO 的某项协议相冲突时,WTO 以法律的形式表明《农业协议》的优先适用原则。《WTO 协定》在关于附件 1A 的总则解释中指出,若 GATT1994 年的某一规定与附件 1A 中的另一协议规定发生冲突时,以该另一协议的规定为准。而《农业协议》第 21 条也明确规定,GATT1994 和《WTO 协定》附件 1A 所列其他多边贸易协定的规定应在遵循本协议规定的前提下适用。因此,虽然 GATT 有关补贴以及数量限制等的规定与《农业协议》不同,但农产品贸易仍以自己的贸易规则运行。

2. WTO 确立农产品贸易法律意义的特殊地位影响

(1) 促使 WTO 及其成员国协商制定对农业的一套全新规则。农产品贸易法律意义特殊地位的确立,使农业的国内支持日趋规范。同时,也标志着对农业保护进行约束的承诺已纳入国际法。因此,有理由相信农业保护的透明度会极大地增加,农产品贸易的安全性与可预见性也将有较大地提高。

(2) 从一定程度上遏制了保护主义倾向。通过 WTO 框架下的多边协议正式承认的农产品贸易的法律地位比双边协议更加具有稳定性。这是因为从博弈角度来讲,多边谈判体系的任何一方的违约都会面对所有其他国家的制裁,使其遵守协议的收益比违约的收益更高。乌拉圭回合对农业贸易的处理方法正是在这种状态下产生的。因此,也就必然在一定程度上减少了贸易保护的倾向。

(3) 推动世界范围内农产品贸易政策的改革。例如,欧共体 1992 年共同农业政策改革和美国农业政策调整以及日本新的农业法的出台都与乌拉圭回合谈判密切关联。美国政府正在试图改革原来以"实行价格支持,保障农民收入"为中心的农业政策,建立以"直接收入支持"为中心的农业政策。欧盟则从 1993 年开始对原有的共同农业政策进行改革,主要削减谷物和畜牧产品的价格,控制产量,克服农产品过剩现象。而日本则于 1995 年废除了旧的粮食管理法,取而代之以"主要粮食供需及价格安定的法律"①。

(4) 较为有效地规范了农产品贸易秩序。关税化以及关税、补贴和国内支持

---

① 陈芬森:《国际农产品贸易自由化与中国农业市场竞争策略》,中国海关出版社 2001 年版,第 86 页。

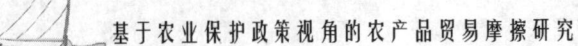

的减让承诺,将在一定程度上减少贸易摩擦,除某些限制外,关税作为唯一允许用于边境上的保护措施,为将来实现农业贸易自由化打下了基础,关税约束条款的应用有可能使农产品关税约束在某一确定的水平[①]。同样,停止使用并逐步削减出口补贴以及限制使用国内支持措施,减少了农业政策对生产以及贸易的扭曲程度,从而减少了贸易摩擦。

WTO谈判承诺把实施范围和国内农业政策改革与其他政策改革结合起来,因此可以预见,它对世界农业贸易的发展将产生积极的效果。但是,在这个新的框架中,特别是在对协议条款的解释上,仍然存在缺陷。此外,在关税减让方面,由于WTO目前的谈判并没有建立核实新关税水平的程序,因此,各国在谈判中有意夸大其关税等值,使一些国家关税减让的承诺并未取得预期效果,这种行为可能导致新关税制度下的农业平均保护水平更高。

3. WTO《农业协议》的主要内容

作为WTO协定的重要组成部分之一,乌拉圭回合所达成的《农业协议》成为世界农产品贸易自由化的一个里程碑。它第一次将农业贸易从工业产品中分离出来,形成了独立的协议,是迄今为止有关农产品贸易适用性最强、内容最全面的多边协定。乌拉圭回合《农业协定》主要涉及四个领域,即市场准入、出口补贴、国内支持及动植物卫生检疫,并规定从1995年1月1日开始生效,发达国家的承诺应至2000年12月31日的6年内完成,发展中国家的承诺应至2004年12月31日的10年内完成。《农业协定》的主要内容如表4-6所示。

表4-6　　　　　　　　　《农业协定》的主要内容

市场准入	1. 禁止使用除关税之外的其他非关税进口限制措施 2. 现行的非关税壁垒措施应转化成相应的关税等值,关税等值用来制定进口的从量税或从价税 3. 对关税进行约束并进行减让 4. 对原使用非关税壁垒措施、现关税化后的农产品实行最低市场准入机会和现行市场准入机会承诺 5. 最低市场准入和先行市场准入可通过关税配额管理实施 6. 特别保障条款:当进口量增加幅度过大或进口产品价格过低时,可征收附加关税以对国内市场进行保护(仅限于进行"关税化"的产品,且保障措施的实施不得影响关税配额内产品的进口) 7. 发达国家在6年内关税平均削减36%,每个关税税目至少削减15%;发展中成员在10年内关税平均削减24%,每个产品至少削减10%;不要求最不发达国家做出削减承诺

---

① 孙东升:《经济全球化与中国农产品贸易研究》,清华中国知网(CNKI)——中国优秀博硕学位论文全文数据库,2001年,第20页。

第4章 世界农业保护政策与农产品贸易摩擦的影响分析

续表

国内支持	1. 支持政策分为四类：（1）绿箱政策，即对市场只有很小的扭曲作用的政策，可免于减让承诺、允许实施；（2）黄箱政策，即对市场只有扭曲作用的国内支持政策，须进行削减承诺，用综合支持量（AMS）来计算；（3）S&D政策，即特殊及区别对待的政策，包括发展中国家农业生产者普遍得到的投资补贴，低收入和资源贫乏阶层普遍得到的投入补贴等，鼓励放弃种植非法麻醉品的支持；（4）蓝箱政策，即生产限制计划中，对生产者进行直接付款 2. 黄箱政策需要进行削减承诺（用AMS来计量），其他3类政策可免于削减承诺且无上限约束 3. 发达国家成员在6年内AMS削减20%；发展中国家成员在10年内AMS削减13.3% 4. 发达国家成员对特定农产品/非特定农产品的支持，如不超过该特定产品/产业产值5%，可不包括在需削减的AMS之中；发展中国家成员的这一比例为10% 5. 最不发达国家无需削减承诺
出口补贴	1. 对各种形式的出口补贴及得到的出口补贴的产品数量进行削减 2. 对实施出口补贴的产品范围进行约束，不能有新的产品获得补贴 3. 发达国家成员在6年内，按获得补贴的数量计，削减21%；按补贴预算开支削减36%；发展中国家成员在10年内，按发达国家削减幅度的2/3进行削减 4. 允许发展中成员在实施期内继续使用某些销售和国际运输补贴
出口禁止和限制	1. 实施出口禁止或限制时，必须考虑对进口成员粮食安全的影响，要事先通知世贸组织农业委员会，有进行磋商和提供信息的义务 2. 对发展中国家仅适用于粮食净出口国对粮食出口的禁止和限制
卫生和植物卫生措施	各国有权制定自己的卫生和安全标准，但是这些标准应有科学依据，不会造成不合理或不必要的贸易壁垒，鼓励使用国际标准
其他方面	1. 和平条款 2. 世界贸易组织农业委员会将全面监测农业协议的贯彻执行 3. 马拉喀什部长级会议关于改革计划对最不发达国家和粮食净进口的发展中国家可能产生的消极影响的措施的决定

资料来源：龙永图：《入世与农产品市场开放》，中国对外经济贸易出版社2000年版，第8~9页。

作为WTO《农业协议》的主要内容，市场准入、国内支持、出口竞争以及卫生和植物卫生措施一直是支撑着农业协议的主要体系。

市场准入（Market Access）是关于别国产品进入本国市场的规定，是指在多大程度上允许别国商品和服务进入本国，即市场开放问题①。在各国的贸易实践中，为了保护国内企业的生产免受进口商品的冲击，多数国家都在国际市场上对没有竞争力的本国产品或行业进行保护，不让外国产品无限制地进入本国。市场准入规则的制定是有其积极意义的，一方面，关税化有利于提高贸易壁垒的透明度，为降低贸易壁垒提供了很好的基础。从理论上讲，关税化后贸易保护的程度并没有发生变化，但是在现实中，非关税壁垒往往是不透明的，这在无形中加大了反贸易保护的

---

① 王珍：《WTO与农产品国际竞争力》，中国经济出版社2004年版，第16页。

力度。而在关税化实施后，各国除关税外并无其他限制，因此，在协调各国的保护程度，敦促各国履行减让承诺方面都有促进的作用。另外，《农业协议》在关税减让方面取得了比较大的进步。世贸组织的前身关贸总协定通过多边贸易谈判使世界平均进口关税水平从1948年的40%下降到现在的3.6%（发达国家）和12%（发展中国家）。但是由于种种原因，农产品的平均关税却远远超过这一水平，《农业协议》中第一次明确地提出了农产品关税减少的进程，有利于关税的减少。

国内支持是指市场价格支持、直接支付以及其他补贴形式的国内保护。根据协议，所有有利于农业生产者的国内支持都必须服从这一规则。总体来说，《农业协议》框架下的国内支持措施如图4-3所示。

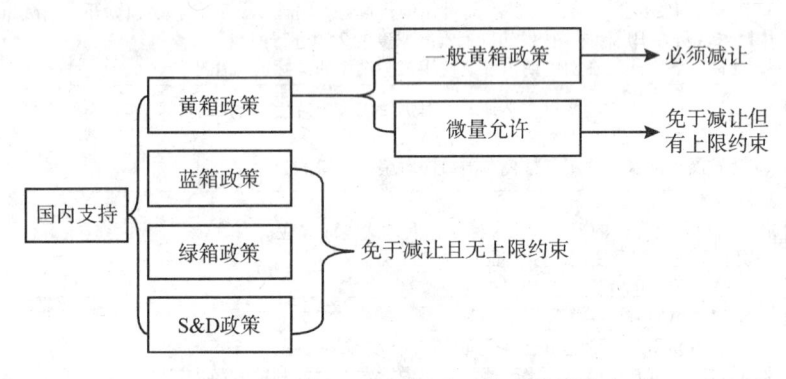

图4-3 《农业协议》中国内支持措施

协议对各种国内支持政策做出了定性和定量的承诺。国内支持规则，主要是"黄箱"、"绿箱"、"蓝箱"三项政策。"黄箱"政策包括市场价格支持、直接支持以及其他补贴形式的国内保护，这些政策容易产生贸易扭曲，必须削减。"绿箱"政策包括政府一般性服务，如研究与技术服务、基础设施建设等，这些政策不容易引起贸易扭曲，可免于削减。"蓝箱"政策是指那些虽然对生产和贸易有扭曲作用，但是以限制生产面积和产量为条件的国内支持政策，是"黄箱"政策中的特例，不列入需要削减的国内支持计算，其条件是必须满足下列要求之一：（1）按固定面积或者产量提供的补贴；（2）根据基期生产水平85%以下所提供的补贴；（3）按牲口的固定头数所提供的补贴。《农业协议》要求各成员以综合支持总量（AMS）为尺度做出削减承诺，实质是对影响农产品贸易的各国国内农业政策措施规定一个总体标准。发达国家承诺在6年内将年度综合支持量削减20%。发展中国家在10年内削减13%，最不发达国家免于削减。从积极意义上来说，《农业协

议》在对国内支持措施的制定上区别了发达国家与发展中国家，是一种进步。由于各成员国之间的能力差异较大，因此 WTO 降低了对发展中国家成员的纪律约束要求，并给予发展中国家更为灵活的特殊待遇，为发展中国家提供了较大的余地，这集中表现在《农业协定》的特殊和差别待遇（Special and Differential Treatment，S&D）上。从缺陷角度来讲，《农业协定》国内支持条款的核心是鼓励各成员国在经过一定时间的调整后，尽量采用对生产和贸易扭曲作用尽可能小的国内支持措施，但对于"生产和贸易扭曲"既无明确定义也无判定标准，其结果导致各国继续进行对农业的保护，而只将传统方式改变为 WTO 所允许的方式而已。另外 WTO 各主要成员国对国内支持承诺的履行是源于该条款的妥协性，各成员国不需付出太大的代价就可以满足国内支持条款的约束性要求。因此尽管此条款的执行情况比较好，但是对各个成员国的农业政策影响不大，说明其并非是一种有效的国际制度安排，尚需在下一轮多边农业贸易谈判中强化其国际制度的约束能力。

出口补贴包括政府为鼓励海外销售而给予的财政支持和特殊奖励，如现金支付等。出口补贴对生产贸易的扭曲作用很大且直接影响农产品的出口竞争力，因此历来成为农业谈判的焦点和难点。《农业协定》对出口补贴的规定主要包括：以 1986~1990 年的平均水平为基础，发达成员实施期内必须将出口补贴预算开支削减 36%，将有补贴的农产品出口数量削减 21%；发展中成员在 1995~2004 年的 10 年中，必须将出口补贴预算开支减少 24%。此外，农业协议还规定，如果在基期没有对某种农产品进行出口补贴，则禁止该国在将来对该产品提供出口补贴（见表 4-7）。

表 4-7　　　　　　　　　　削减补贴的具体规定

农业协议		发展中国家	最不发达国家	发达国家
条款基期		1986~1990 年	1986~1990 年	1986~1990 年
执行期		1995~2004 年	1995~2004 年	1995~2004 年
削减比例	补贴支出	24%	0	36%
	补贴数量	14%	0	21%
免除义务		出口产品运输成本		无
		内部运输费用		
其他条款		禁止使用在国家计划第Ⅵ部分没有列出的补贴		
		禁止以后使用在基期没有使用的出口补贴		
		必须按照惯例提供食品援助		
		按照出口信贷条款着手进行可执行规则的制定		

资料来源：《农业多边贸易谈判资料手册》，中国农业出版社 2001 年版，第 167 页。

"出口补贴"规则制定的意义在于明确了各主要成员的义务,总共有25个WTO成员国在减让表中承诺了削减出口补贴的义务(见表4-8)。

表4-8　　　　　　　　　　出口补贴的支出、削减率

	出口补贴			出口补贴产品构成
	基期	终值	变化	
欧盟	13 274	8 496	-36	牛肉(19%)、大米(17%)、粗粮(13%)、黄油(13%)、其他奶制品(10%)
奥地利	1 235	790	-36	鲜货(45%)、大米(14%)、牛肉(13%)、奶酪(12%)
美国	929	594	-36	大米(61%)、奶粉(14%)
波兰	774	493	-36	肉类加工品(39%)、蔬菜水果(21%)
墨西哥	748	553	-36	白糖(76%)、谷类加工品(21%)
芬兰	708	453	-36	黄油(25%)、粗粮(22%)、其他奶制品(13%)
瑞典	572	366	-36	猪肉(21%)、大米(21%)、粗粮(17%)
加拿大	567	363	-36	小麦(47%)、粗粮(18%)
瑞士	487	312	-36	其他农场产品(65%)
哥伦比亚	371	287	-23	大米(32%)、棉花(20%)、蔬菜水果(19%)
南美	319	204	-36	蔬菜水果(24%)、谷类加工品(14%)、小麦(11%)、白糖(10%)
匈牙利	312	200	-36	禽肉(30%)、猪肉(26%)、大米(11%)、蔬菜水果(19%)
捷克	164	105	-36	其他奶制品(32%)、奶粉(27%)、奶酪(25%)、黄油(16%)
土耳其	157	98	-37	蔬菜水果(36%)、小麦(23%)
新西兰	133	0	-100	无
挪威	112	72	-36	奶酪(54%)、猪肉(26%)、黄油(12%)
澳大利亚	107	69	-36	其他奶制品(32%)、奶粉(27%)、奶酪(25%)、黄油(16%)
智利	96	73	-24	白糖(56%)、蔬菜水果(30%)
斯洛文尼亚	76	49	-36	其他农场产品(22%)、谷类加工品(13%)、牛肉(13%)
罗马尼亚	59	45	-24	谷类加工品(22%)、白糖(19%)、牛肉(18%)、蔬菜水果(11%)
以色列	56	43	-24	蔬菜水果(59%)、植物(22%)、棉花(17%)
印度尼西亚	28	22	-24	大米(100%)
冰岛	25	16	-36	羊肉(78%)、其他农产品(22%)
塞浦路斯	19	14	-24	蔬菜水果(67%)、酒(16%)
乌拉圭	2	1	-23	大米(83%)、黄油(12%)

资料来源:联合国粮农组织:《农业多边贸易谈判资料手册》,中国农业出版社2001年版,第176~177页。

从出口补贴问题的缺陷来看,《农业协议》对于现有出口补贴的削减问题上存在着不足之处。一方面,《农业协议》只要求补贴额在1986~1990年的这一基期上削减36%,并没有规定实施期中每年应削减的份额,这样,各成员方可根据市场变化灵活调整削减幅度,甚至可以在最后一年的最后一刻削减;另一方面,《农业协议》没有对单个产品的出口补贴量加以限制,成员国可根据需要随时在不同

种类的出口产品之间调剂补贴量，从而继续使国内外市场相隔离，保护国内农业，因此，出口补贴的规定是流于形式的①。

环境保护和动植物卫生措施是指各国（地区）出于保护居民、动物和植物的生命安全和健康的需要，而采取的某些限制农产品进口的措施。在乌拉圭回合谈判中，动植物卫生检疫措施谈判一直与农业谈判联系在一起，并最终以决议的形式作为农业协议的组成部分出现，即《实施动植物卫生检疫措施协议》（SPS协议）。协议规定，各成员动植物卫生检疫措施符合国际标准、准则或建议，则该措施被视为保护人类、动植物的生命或健康所必需的措施，各成员应保证以科学原理为依据，在风险评估基础上实施检疫措施②。具体规定如下：（1）不得以环境保护或动植物卫生为理由变相限制农产品进口；（2）对进口农产品的卫生检疫措施必须以科学证据（国际标准和准则）为基础，但在科学证据不充分时，成员方可根据已有的有关信息，采取临时卫生检疫措施；（3）所有这类进口限制措施都必须在充分透明的前提下实施。从动植物检疫措施本身来看，并没有成为非关税贸易壁垒的必然性，然而从实践角度来看许多国家为保护本国的畜牧业，频繁利用卫生与动物检疫措施阻止他国农畜产品进入本国市场，动植物检疫与卫生显然已成为非关税贸易壁垒的首选，从这个意义上来说，对动植物检验进行规范是有积极意义的。

4.3 农业保护政策对贸易摩擦的影响分析

4.3.1 农产品贸易政策优势取代比较优势的消极影响

在国际农产品贸易领域，自由贸易和政府干预之间的冲突从未消失。从理论上讲，各国农业生产中存在的生产效率的差别是实行专业分工并获得贸易利益的源泉，各国农业自然条件、消费者偏好的不同使农产品贸易比较优势的实现成为可能，因此，农业是实现在比较优势基础上的充分自由贸易的理想产业。然而，现实是，世界各国普遍存在的高度发达的政府干预机制彻底扭曲了农产品贸易的格局，并使引导国际分工和贸易流向的比较优势在很大程度上被人为的"政策优势"所

---

① 陈亚萍等：《WTO与农产品贸易法律制度》，华南理工大学出版社2006年版，第171页。
② 贾莉莉：《WTO农产品贸易规则与中国农业发展策略》，载《世界农业》2003年第11期，第8页。

取代①。而这种以"政策优势"取代比较优势所引发的消极影响在相当程度上成为摩擦产生的原因。

1. 农产品贸易政策取代比较优势所产生的效率损失使摩擦成为必然

农产品贸易政策优势取代比较优势所产生的损失,最直接的表现是农产品贸易政策对农业生产者的支持是以牺牲本国消费者和纳税人的利益为代价的。据美国罗宁根和迪克西特（Roningen and Dixit, 1989a）所做的研究,在 1986~1987 年,由于美国实施的农产品贸易倾斜政策,消费者和纳税人每向生产者转嫁 1 美元的利益,社会就要损失掉大约 1.5 美元收益,而这种损失使经济利益由最贫穷的社会群体向那些较为富裕的社会群体转移。此外,政策倾斜在造成效率损失的同时也抑制了社会整体收入的潜在增长。政府对农业的倾斜既要面对来自消费者集体的不满,又要应对来自工业以及其他产业的控诉,为转移矛盾,国际农产品贸易摩擦成为"代罪羊"最好的方式。在实施国内支持的发达国家中,这种现象尤为明显。一方面,与他国的贸易摩擦可以缓和国内的政治经济矛盾；另一方面,各国也希望通过贸易摩擦对贸易利得进行重新分配,借以挽回本国国内的效率损失。

2. 政策优势所带来的过量的农产品供给使贸易摩擦不可避免

发达国家普遍实施的国内支持政策,调动了农产品生产者的积极性,农产品供给普遍过剩,各国国内供给过剩的部分都试图向国际市场倾销,使农产品国际贸易局势紧张,摩擦不断。1955~1965 年欧共体农业名义保护率由 35% 上升到 45%,在这一时期,各成员国的主要农作物产量也有了大幅度的提高,除杂粮外,6 种主要农产品的自给率达到 102%~124%,到 80 年代中期欧共体小麦产量已经超过国内需求的 30%,黄油过剩 34%,奶粉过剩 28%,糖类过剩 45%,牛肉过剩 10%。在日本,由于在限制大米进口的同时又对大米生产进行价格补贴,这种保护措施充分调动了农民生产的积极性,稻谷产量由 1945 年的 587.2 万吨增至 1960 年的 1 285.8 吨,大米自给率由 1965 年的 95% 上升到 1970 年的 110%,1980 年下降为 107%,1980 年以后一直维持在 107% 以上。以 1967 年和 1968 年为例,这两年的生产量均达 1 445 万吨,而由于同期国内消费量分别仅有 1 248 万吨和 1 225 万吨,因而出现了 15.8% 和 17.9% 的过剩②。

3. 维持政策优势所需的大量国家预算开支使大多数国家财政不堪重负

由于贸易的依存性使不同国家的政策相互关联,因而造成了政策上的相互依

---

① 龚宇：《WTO 农产品贸易法律制度研究》，厦门大学出版社 2005 年版，第 8 页。
② [日] 家之光协会：《日本农业年鉴》，1986 年版，第 231 页；1995 年版，第 442、613、377、140 页。

赖。因此,"政策优势"的制造国陷入了两难的困境,一方面,要想维持"政策优势"就必须不断对农业进行支持,这需要花费相当大的财政收入,而另一方面,若不对农产品进行支持,则相当于帮助竞争对手减少支持费用。例如,美国对种植粮食的耕地进行限制,有利于减少欧共体的支持费用①。农产品价格支持政策保护高成本的生产和替代进口,不仅会破坏出口市场的秩序,也会造成各国的财政负担,因此农产品国际贸易摩擦成为各国威胁他国减少"政策优势"和缓解本国财政压力的有效途径②。

4. 政策优势的相互抵消导致农产品贸易摩擦愈演愈烈

在乌拉圭协议达成之前的几十年中,大量的欧美和日美贸易政策的争端都涉及农产品,这是因为政策所造就的农产品贸易优势受其他国家所采用的隔离措施和公共政策的影响,一个国家所实施的农产品价格支持政策可能被用于抵消其他国家进行支持的影响。例如,凯恩斯集团的食品生产者每年会由于工业化国家的保护而损失大约150亿美元,而根据罗宁根和迪克西特(Roningen and Dixit, 1989a)的研究,在1986~1987年度,美国对本国农民支持中超过40%的部分仅能抵消其他工业化国家的支持政策所造成的损失。正因为这种抵消性,贸易国之间不断升级的保护措施并没有达到预期的作用,反而使摩擦愈演愈烈。

4.3.2 农业保护政策对国际农产品贸易扭曲的影响

虽然发达国家和发展中国家农业政策的初衷都是为了追求特定的国内农业和经济发展目标,但随着农业政策扭曲程度的加深,必然会产生溢出效应,这种溢出效应主要表现为一国农业政策对国际农产品贸易的影响。一般来讲,农业支持政策通过扭曲整个世界市场的农产品生产格局和贸易流向来扭曲农产品贸易。

1. 发达国家过度的农业支持政策使世界范围的农业资源错误配置

受国内补贴和贸易保护的影响,一些生产成本较高的发达国家农业投资盈利率得到提高,资源由其他部门转移到农业部门,造成农产品产量激增。饱受国内政策歧视的、生产成本较低的发展中国家农业投资盈利率则不断下降,资源由农业部门流出,最终导致农产品紧缺和相应的进口需求扩大。正是在这种不断扭曲的生产结

---

① 沈磊:《农产品贸易政策与我国农业发展》,清华中国知网(CNKI)——中国优秀博硕学位论文全文数据库,2002年,第10~12页。
② 全球关于国内农业项目的支出在20世纪80年代的头五年翻了接近一番。在1986年,美国和欧共体都花费了近250亿美元用于农业项目的支出(Roningen and Dixit, 1989a)。

构下,农产品的贸易流向也发生了扭曲,一些农产品的出口大国在农业支持的前提下,不断扩大生产,抢占更多市场份额。而原来部分农产品净进口国,通过政策的支持扩大国内生产、减少农产品净进口数量直至变为农产品净出口国①。在许多国家,政府对农业的干预已到了极端的程度,使农业生产和贸易的自然规律近乎颠倒。一些气候和土壤条件均不适合小麦生长的国家正在出口小麦,如英国、法国和沙特阿拉伯,而国土狭小、耕地紧缺的日本时常出口大米,粮食生产成本低廉的广大农业国每年都要从粮食生产成本较高的工业国进口大量粮食。人们甚至有理由相信,在足够的政府干预下,美国完全可以种植并向厄瓜多尔出口香蕉②。

以 OECD 为例进行说明,在过去的几十年里,OECD 国家为其农业部门提供了巨额的支持和补贴。农业支持对 OECD 国家农民的影响非常大,农业总收入中约 1/3 是来自于政府各种各样的补贴和支持。如果将农业总收入中的生产成本扣除,则农业支持占农业净收入的比例至少在 50% 以上。而这种支持的效果也是有目共睹的,如欧共体在成立之初,许多国家还是净进口国,由于保护政策的实施迅速地变成了净出口国,挤占了包括中国在内的许多发展中国家的国际市场份额。

与农业支持政策相对应的边境贸易政策更直接地扭曲了贸易的流向。直接作用于出口的补贴政策降低了进行农产品贸易的成本,这种作用的影响是深远的。从近期来看,起到了鼓励出口的作用,而从长期来看,出口补贴扭曲了生产者对农产品生产的预期,进而导致贸易扭曲的加剧。而在进口方面,关税、非关税贸易壁垒以及贸易救济措施非常"有效"地造成了贸易的扭曲,这种扭曲从进口国来看,隔离了国内市场和国际市场,使国内市场价格高于国际市场,减少了农产品的流入量,而从世界范围来看,出口受挫的农产品,必然会流向其他国家,从而进一步加深贸易的扭曲。

在贸易扭曲的前提下,摩擦的产生变得不可避免。首先,贸易的扭曲造成了世界农产品市场价格的下降进而产生了摩擦。从短期来看,价格支持以及直接的出口补贴直接降低了世界农产品的名义价格,而从长期来看,由国内支持政策造成的贸易扭曲鼓励国内生产,抑制国内对农产品的消费,造成世界进口需求的相对减少和供给的增加,又使世界市场的农产品价格趋于下降。在这种不断下降的农产品贸易价格和农产品长期供给过剩的情况下,为争夺有限的市场,贸易摩擦在所难免。

2. 贸易的扭曲增加了农产品贸易市场的不稳定性

贸易扭曲导致农产品价格下滑后,为了保护国内农业生产者,各国分别采用进

---

① 见 G. 约翰森(Gale Johnson, 1973, 1991)的文章,转引自:A. J. 雷纳、D. 科尔曼:《农业经济学前沿问题》,中国税务出版社、北京腾图电子出版社 2000 年版,第 4 页。

② [美] 托马斯·A·普格尔、彼得·H·林德特著,李克宁等译:《国际经济学》(第 11 版),经济科学出版社 2001 年版,第 233 页。

第4章 世界农业保护政策与农产品贸易摩擦的影响分析

口贸易限制等政策和手段来提高本国国内的农产品市场价格,这就造成了一个或多个国内市场与国际市场的隔离。市场的隔离增加了国际市场的不稳定性,其结果使世界市场变得越来越狭小和更加残缺,对于市场的动荡不得不进行更大幅度的调整,由此又使价格波动的幅度扩大(A. J. Rayner,1993)。从本质上讲,农产品的国内市场价格与国际市场价格隔离,使超额供给和需求变得更加缺乏弹性,从而使世界农产品市场变得不稳定①。在这种不稳定的状态下,轻微的变化都将导致大量农产品贸易摩擦的发生。

3. 贸易扭曲导致国际市场上农产品的价格与实际生产费用脱节

长期的贸易扭曲导致国际市场上农产品的价格与实际生产费用脱节,增加了长期贸易摩擦的隐患。

这种扭曲—摩擦—再扭曲的循环过程则使农产品贸易摩擦在农业保护政策的影响下愈演愈烈(见图4-4)。

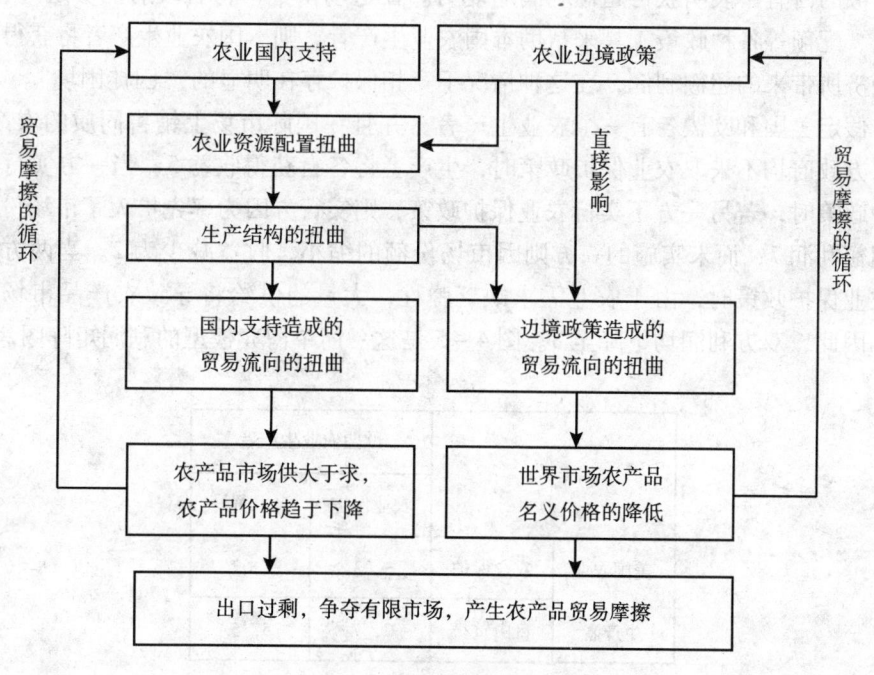

图4-4 贸易摩擦的循环

---

① 李秉龙、乔娟:《农产品贸易自由化与发达国家农业保护政策的改革》,载《调研世界》2000年第7期,第15~19页。

4.3.3 竞相保护博弈：发达国家间农产品贸易摩擦

1. 农业竞相保护博弈的模型分析

农业保护政策在保护了农业产业和农民利益的同时，也使发达国家陷入两难境地。一方面，政府财政负担越来越沉重，另一方面，非合作博弈又使每一个国家不但难以单独采取行动来降低或取消对农业的支持与保护力度，并且，还会竞相提高保护的力度。而每一个国家增加的农业保护政策的效应又会被他国同样提高的政策所产生的效应所抵消。由此，发达国家农业陷入了无奈的竞相保护的怪圈。

（1）农业竞相保护的静态博弈模型分析。从博弈角度来讲，造成农业竞相保护的实际上是一种"囚徒困境"。由于农业规模经济的存在，在整个世界市场上市场份额的占有率直接决定本国农业的规模优势，因此，对于农业生产方来说，对市场份额的占有率表明获得超额利润的能力。在这场博弈中，若政府能够通过补贴、关税、配额等各种政策工具来帮助本国农业生产者，则本国农业生产者将获得因规模经济所带来的超额利润，在这种情况下竞相保护存在明显的"囚徒困境"。

假定美国和欧盟各有一个农业生产者，并且在国际市场上销售同质的农产品。当双方政府均不采取农业保护政策时，生产者将各自获得收益5，当一方实行农业保护政策时，若另一方不实行农业保护政策，则实行方因为率先扩大了市场份额获得超额利润7，而未实施的一方则因市场份额的缩小，收益减少为2。当两方均采用农业保护政策时，由于农业需求缺乏弹性，大量的供给将导致农产品市场的疲软，因此，双方利润均下降至3。图4-5是这一简单博弈模型的利润矩阵图。

		欧盟农业生产者	
		农业保护	自由贸易
美国农业生产者	农业保护	3, 3	7, 2
	自由贸易	2, 7	5, 5

图4-5 农业生产者博弈的利润矩阵

从上述博弈矩阵中可以看出，欧美两国实际上陷入农业保护中不能自拔。因为在另外一国农业生产者策略既定的情况下，采取农业保护总是一项占优策略，因

此，双方都会选择"农业保护"。而对比农业保护策略与自由贸易策略，可以发现，双方都采取自由贸易策略时，无论是双方，还是整个市场的收益都将大于双方共同选择农业保护时的收益，因此这是一种由于个人理性导致集体非理性的现象。然而，欧美两国生产者及政府虽然明白此种道理，但在实践中，却仍然不得不进行农业保护，这是因为，率先实行自由贸易的国家将承受农产品市场份额缩小、农业利润下降的压力，并引发一系列政治经济问题。出于此种考虑，双方的政府在农业保护问题上产生竞相保护。双方试图通过更高水平的农业保护使本国的农业生产者获得收益，因此，整个博弈过程变成欧美双方在农业保护问题上的不断升级。

竞相保护的农业政策使发达国家之间的国内政策带有明显的相似性，因而贸易摩擦也具有对抗性质。在农业政策所导致的全球范围内的农产品供大于求的状况下，如何在贸易中占据优势成为了影响农产品贸易发展的关键，而使己方贸易收益最大化，从短期来看可以通过对某一时段内贸易利益的再次分配来实现，从长期来看则表现为市场份额的占据，基于此种原因，贸易摩擦频繁地发生。一方面，短期的贸易摩擦通常伴随着出口方利益的损失，与此相对应，进口国则可以从中得到诸如农业生产者收益的增加等一系列的收益，在这种情况下，使贸易双方的利益通过间接的方式被再次分配。另一方面，贸易摩擦所产生的数量效应和价格效应会影响到市场份额的分布。例如，20世纪80年代以来，欧共体因农业保护导致农产品全面过剩，便开始通过出口补贴向国际市场倾销农产品，并逐步蚕食美国的农产品市场份额，美国为捍卫和夺回失去的市场份额，不惜以牙还牙，通过"出口拓展计划"与欧共体展开昂贵的"补贴大战"。因此，对有限市场份额的争夺和对贸易利益的重新分配成为发达国家农产品贸易摩擦的直接动因。

农业竞相保护政策会导致各国农业的保护水平和程度产生不一致，从比较静态的角度来分析，农业保护水平和程度的不一致在一定程度上导致了摩擦的不断发生。由于农业生产与地理条件、生产环境等都有密切的关系，这就必然会导致生产相同的产品所需要的农业保护水平不一致。一般而言，美国、加拿大、澳大利亚、新西兰等国由于拥有优良的自然条件，在农业生产上具有较大的比较优势和出口潜力，农业保护主要是为了解决生产过剩和农民收入问题。而欧共体和日本在农业生产的自然条件方面并无明显优势，其高产农业是通过不计成本的高投入来支撑的，因此农产品价格居高不下，必须依靠高度的农业保护将国内外市场隔离。由于在农业保护力度和目的上的认识偏差，贸易摩擦不可避免。

（2）以出口补贴为例的农业竞相保护模型分析。以出口补贴为例，假设参加农产品贸易的国家均存在不同程度的出口补贴，在这些补贴的刺激下，世界农产品

市场的均衡价格由 Pw 变为 Pw'，如图 4-6 所示。

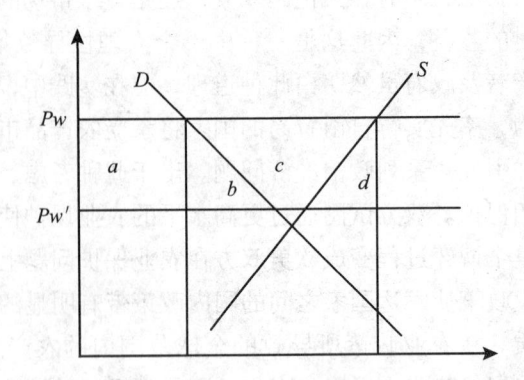

图 4-6 存在出口补贴的世界农产品市场均衡价格决定

考虑出口补贴对该国经济的影响，本国消费者剩余损失为 $(a+b)$，生产者剩余增加 $(a+b+c)$，而政府为鼓励出口补贴的支出为 $(b+c+d)$，因此，整个国家的福利变化为 $-(b+d)$。当本国降低补贴而他国仍旧采取补贴的时候，福利损失由原来的 $(b+d)$ 变为 c，导致该国福利水平的迅速降低。所以率先降低贸易保护的国家不仅要担负国家的福利损失，而且会面临生产者集团更大的压力。正是在这种情况下，产生了发达国家的竞相保护，并最终对农产品贸易摩擦产生了深远影响。

2. 农业竞相保护与发达国家间的贸易摩擦

以欧美国家的农产品竞相保护所造成的贸易摩擦为例进行分析。美国和欧盟的农产品贸易摩擦随政策的变化大致可以分为三个阶段：

(1) 第二次世界大战后至 20 世纪 80 年代，随着欧美农业政策的不断冲突，贸易摩擦初见端倪。

①美国自由贸易政策所带来的优势地位丧失。美国在这一阶段使用以自由贸易政策为主的农业贸易措施，为打破各国过度的关税和非关税壁垒，美国一度在 1974 年宣布单方面停止执行任何出口补贴计划。同时，第二次世界大战后，美国通过马歇尔计划控制了欧洲，特别是西欧的市场，从而同西欧保持了多领域的经济合作①。然而，美国自由贸易政策所带来的优势地位随着欧洲经济的改革而逐渐丧失。欧共体成立及其推行的农业政策使美国对欧洲地区的农产品出口锐减，美国自由贸易政策受阻于欧共体的农业政策。

---

① 刘志扬：《美国农业新经济》，青岛出版社 2003 年版，第 354 页。

第4章 世界农业保护政策与农产品贸易摩擦的影响分析

②欧共体推行共同农业政策使得欧洲农业迅速发展。1958年1月1日欧共体宣告成立，并组成了关税同盟，实施了共同农业政策。共同农业政策通过大量的农业补贴等手段，促进了欧共体成员的农业发展。与此同时，欧共体对美国的自由贸易政策采取长期的"不合作"态度，开始对美国的农业产品实施限制。随着欧共体成员国农业的发展，欧共体的农产品自给率提高，进口减少。欧共体在世界农产品市场上的地位逐渐升高。

③双方贸易额逆转，贸易摩擦初现端倪。美国的农产品进入欧洲市场变得困难，相反欧共体对美国的出口占其出口总额的比例却从1958年的12.5%上升到1960年的22%。1970年以后，美国对欧盟的出口增加了3倍，而从欧共体进口却增加了6倍。1983年美国对欧共体的贸易出现了16亿美元的逆差，1987年逆差高达206亿美元，从而导致双方的贸易矛盾尖锐化，最终爆发了80年代的大规模农产品贸易摩擦。

(2) 20世纪80年代至90年代，欧美双方竞相实行农业保护，摩擦不断升级。

①美国开始实行农产品贸易保护政策。80年代以前，美国历届政府都坚持农产品自由贸易，因为美国农业的规模大，有能力承受来自国际市场的冲击。但是欧共体长期不合作的态度以及美国一直引以为豪的农产品贸易在1983年出现逆差，激怒了美国人。里根总统在1985年实施"公平贸易"计划，以应付国外竞争对手的不公平行为，依靠行政手法来挽救美国农业，如由政府发起对不公平做法的诉讼，制定《粮食保障法》等，这表明美国政府重新检讨和认识农产品贸易，准备加强农产品出口竞争力[①]。美国认为欧共体的农业支持政策使美国丧失了传统的农产品出口市场，而且欧共体对从美国进口的农产品征收差价税，阻碍了美国农产品在欧洲市场的出口。于是，美国开始采取了对应策略，增加国内农民的差价补贴，增加对出口产品的补贴，增加对农民收入的补贴。美国农业部每年经费预算达600亿美元，其中80%用于上述补贴。

②欧盟不断加强农产品贸易保护政策。欧盟在共同农业政策的刺激下，农业得到了长足的发展，其产品不仅能够满足内部需要，而且还可以出口到国际市场。但是欧盟内部的农产品价格远远高于国际市场，因此，要出口就必须得到政府的出口补贴。由于政府每年拿出1 000亿美元进行出口补贴，欧盟占据了相当大的世界农产品市场份额。

③双方贸易摩擦随竞相攀升的农业保护而不断升级。由于双方采取了非理性的

---

① 石晓虎：《战后美欧农产品贸易摩擦与思考》，清华中国知网（CNKI）——中国优秀博硕学位论文全文数据库，2002年，第5页。

措施,导致农产品贸易摩擦频繁发生。美国出口粮谷时,常采用买一送一的做法,以争夺市场,而欧盟也采取类似的策略,1987年欧共体向苏联提供70万吨黄油的销售中,其售价仅为其成本的10%和欧共体价格的6%。激烈的竞争、巨额的补贴和严重的贸易摩擦对欧美双方的财政和社会带来了严重的压力,同时也遭到了来自发展中国家的严重抗议,因此双方开始寻求解决农产品贸易摩擦的新途径。

(3) 20世纪90年代至今,双方试图通过多边谈判解决农产品贸易问题,农产品贸易摩擦进入平缓期。美国和欧共体在80年代的贸易战中都损失了很多,从美国角度来讲,由于面临国家福利的损失与沉重的财政负担,迫切希望取消农产品补贴,一方面可以减轻美国的财政负担,另一方面可以恢复美国在西欧以及世界市场上的竞争地位,解决美国农业面临的巨大困难。长期的农业保护政策,使欧盟也陷入内忧外困的境地。自欧盟共同农业政策实施以后,由于实行共同关税、价格支持、农业补贴,保护和促进了国内农业生产的迅速发展,虽然对保障市场供应,提高农民收入,稳定经济和政治起了积极作用,但同时也带来了一系列弊病。由于农产品大量过剩而带来的农业开支大幅度增加,使欧盟出现财政危机,80年代后,欧盟农产品过剩情况越来越严重,农产品大量过剩的直接结果是导致欧盟农业开支大幅度增加,使农业开支在欧盟预算中的比重高达70%左右。同时美国也因长期的农业保护背负上沉重的财政负担,于是,双方开始寻求解决农业贸易问题的途径。从1986年9月开始,欧共体和美国便开始寻求在WTO框架下缓和农产品贸易摩擦的方法,经过7年的谈判,乌拉圭回合就农产品补贴及其市场准入问题达成新协议,规定欧共体对农产品的出口补贴自1994年起的六年内总量削减36%,并减少某些农产品的种植面积和产量,美国同意以"和平条款"解决争执。"和平条款"标志着大面积的农产品贸易争端结束,此后虽然仍不时存在农产品的贸易争端,但双方都会在理性的前提下选择策略,不至于导致贸易摩擦激化(见表4-9)。

表4-9　　　　　　　　美国与欧盟农产品贸易摩擦的各阶段

时间	农业政策	农产品贸易摩擦
第二次世界大战后至20世纪80年代	美国:以马歇尔计划控制欧洲市场的局面被打破,农业出口推动政策不利,以自由贸易政策为主	欧盟顺差不断增大,双方矛盾出现,贸易摩擦初见端倪
	欧盟:关税同盟、共同农业政策	
20世纪80~90年代	美国:差价补贴、出口补贴、收入补贴	贸易摩擦随着贸易的竞相保护而不断升级
	欧盟:出口补贴,征收差价税	
20世纪90年代至今	美国:美国同意以"和平条款"解决争执	农产品贸易摩擦进入平缓期
	欧盟:出口补贴自1994年起的六年内总量消减36%,并减少某些农产品的种植面积和产量	

4.3.4 政策择定扭曲：发达国家与发展中国家间农产品贸易摩擦

1. 政策择定扭曲的含义

择定扭曲是指明知一项政策会导致某一产业或产品生产扭曲，但考虑到整体的或更大的社会收益又不得不实施，从而发生的扭曲。择定扭曲的概念在研究发展中国家和发达国家的农产品贸易摩擦中至关重要，是双方农产品贸易摩擦的主要诱因。

虽然发达国家与发展中国家农业政策在政策取向及其效果方面有着明显的不同，但其本质都属于择定扭曲。（1）对于发展中国家来说，农民从事生产活动、出售农产品所能获得的收入低于其依照市场原则所应获得的收入，发展中国家的农业政策是通过征税对农业剩余进行剥夺，用剥夺的农业剩余对工业进行支持，因此，存在农业生产的"择定扭曲"。（2）对于发达国家来说，农民生产、销售活动所获得的收入高于按照市场原则所应获得的收入，这是因为发达国家都通过各种政策对农业进行补贴。这种以补贴为代表的保护政策同样是因为考虑到整体或更大的社会收益而不得不实施的政策，明知农业保护政策会导致某一产业或产品生产扭曲，仍予以实施。因此，此种政策所造成的扭曲也属于择定扭曲。而正是这两种农业政策的不同导致了发达国家与发展中国家的贸易摩擦。

2. 农业政策择定扭曲与发达和发展中国家间农产品贸易摩擦

（1）发达国家的农业正保护的择定扭曲政策诱发农产品贸易摩擦。发达国家的农业保护政策所造成的择定扭曲通过对发展中国家的农业生产及农产品贸易造成损害导致贸易摩擦。发达国家的保护政策分为国内农业支持政策和农产品贸易政策，这两方面的政策对发展中国家都会造成损害。

①发达国家的农业支持政策消除了发展中国家在某些农业产品上的比较优势。发达国家的农业支持政策促进了本国农业的生产，但是对其他国家，特别是对发展中国家造成了实质性损害。发达国家所生产的农产品大量销往世界各地，降低了世界市场的价格。从理论上来说，世界农产品价格的降低有利于促进各国福利的增加，但是发展中国家在农产品价格降低中所受的损害却远远大于利得。这是因为，发展中国家大都以农产品的出口作为主要的外汇来源，发达国家农产品的大量出口减少了发展中国家的出口量，世界大多数发展中国家的农业生产遭遇困难，而一些本来有能力实现粮食自给的发展中国家却在不断地增加粮食的进口，使本来短缺的

外汇更加短缺。另外,在许多发展中国家,食品的低价格客观上还起到了刺激人口大量增长的副作用①。在此种情况下,发展中国家的农业利益被大量侵害,导致了发展中国家与发达国家间的农产品贸易摩擦。

②发达国家的"限入政策"对发展中国家的农产品出口造成实质性损害。发达国家为了使国内的价格支持政策的效果免受国际市场的干扰,主要是免受过多进口而抵消其农业保护预期的作用,就必须千方百计设法通过边境手段对国外农产品的进口进行限制,为限制农产品进口而实行的高关税与各种非关税手段,是导致发展中国家与发达国家之间农产品贸易摩擦的原因之一。这种限入措施实质上抵消了发展中国家的农产品具有的"比较优势",因此造成发展中国家贸易利益的丧失。而发展中国家的出口受阻,则是通过包括技术壁垒、数量限制在内的种种贸易摩擦现象体现的,因此,"限入政策"从一定程度上导致了贸易摩擦的产生。

③发达国家的"奖出政策"使发展中国家市场受损。国内价格支持政策造成的大量过剩农产品要在国际市场上寻找出路,政府为了使它们以不低于国内市场的价格出口,就必须对农产品的出口进行补贴。而这些含有大量补贴的农产品的出口,实际上是向国际市场的倾销,这种倾销势必会激起发展中国家对其报复,从而引发贸易摩擦。

(2)发展中国家的农业负保护的择定扭曲政策诱发农产品贸易摩擦。从发展中国家的农业负保护政策角度来讲,择定扭曲政策同样也诱发了农产品贸易摩擦。发展中国家负向的农业支持政策和正向的农产品贸易政策使农产品贸易摩擦越演越烈。

①发展中国家负向的国内支持政策使农产品质量得不到应有的提高。发展中国家由于自身财政能力的限制,往往靠对农业进行征税来促进工业的发展,这在一定程度上减少了农产品的比较优势,从而迫使农产品生产者转用其他方式提高其农产品的比较优势,其中,降低成本的方式成为首选。由于世界农产品市场接近于完全竞争市场,每个参与竞争的农产品生产者都必须接受这个既定的市场价格,因此,降低成本就成了提高农产品市场竞争力的最简易和有效的手段,在这种前提下,一些有害于环境或者不能保障消费者健康的手段被大量运用。这些商品被大量销往国际市场,国际农产品市场被大量价低质劣产品充斥。对于消费者来说,影响生活质量甚至危及健康和生命。而对于生产者来说情况也很糟,由于农产品市场信息的不完全性,消费者不能区分农产品的优质和劣质(如有无公害等),因此,在农产品

---

① 李秉龙、乔娟:《农产品贸易自由化与发达国家农业保护政策的改革》,载《调研世界》2000年第7期,第15~19页。

市场上形成了类似信息经济学中"柠檬市场"的困境。这些低劣产品进入发达国家市场后，会损害其国内相关产业及产品生产者的利益。由于农业的非贸易关注等原因，发达国家必将设法避免这种现象的发生，于是一系列旨在限制价低质劣产品进入发达国家市场的质量标准被制定出来，因此产生了以技术性贸易壁垒为代表的农产品贸易摩擦。

②发展中国家正向的边境政策扭曲了贸易的流向。一方面，发展中国家的限入政策采取直接的限制进口的方式，如配额制度、汇率管制制度等，为他国的农产品贸易设置了障碍，具有明显的扭曲作用，常常导致与他国的农产品贸易摩擦；另一方面，其奖出政策则更直接地成为与发达国家农产品贸易摩擦的诱因。以出口补贴为代表的奖出政策具有较强的扭曲贸易流向的作用，更容易受到来自发达国家的指控，从而产生贸易摩擦。

4.3.5 边境政策的刚性对抗：发展中国家间的农产品贸易摩擦

1. 边境政策及其对抗的刚性

边境政策又称贸易政策，是指与货物进出口有关的政策。从保护程度来看，边境政策分为正保护、负保护以及中性政策。正保护的边境政策是指通过采取有关进出口措施对国内某特定产业达到贸易保护目的的边境政策。负保护的边境政策是指通过采取有关进出口措施实质上对国内某特定产业起到削减产业优势的边境政策。中性的边境政策则是指对本国国内特定产业无实质性影响的边境政策。

从农产品贸易的现状来看，由于农业的弱质产业属性及非贸易关注等原因，各国对农产品贸易倾向于采取正保护的政策，即通过一定程度的奖出限入，对本国的农业以及国内农产品市场进行保护。在这一层面上，无论发展中国家还是发达国家，其边境政策的本质是趋同的。

然而，边境政策的趋同性导致了各国边境政策的刚性对抗。对抗的刚性表现在，由于政策过于雷同，同一种政策间的相互冲突变得不可避免，与此同时，在对抗中取胜的一方往往是该种政策实施力度较强的一方。"两方相争强者胜"是刚性对抗的重要标志之一，在农产品边境政策中，这种对抗的刚性表现得更为明显。以发展中国家之间经常使用的出口补贴为例，这种边境政策具有"刚性"的特点，由于出口补贴、反补贴在实施上的相似性，在出口补贴所造成的贸易摩擦中，往往政策力度强的国家会得到利益。

2. 边境政策刚性对抗与发展中国家间农产品贸易摩擦

（1）发展中国家农业政策的特殊性决定边境政策的对抗成为贸易摩擦的主要原因。发展中国家之间的贸易摩擦与发达国家之间的贸易摩擦有着不尽相同的成因，这是由发展中国家的农业政策的特殊性所造成的。发展中国家农业政策的特殊性表现在农产品国内支持的负保护和边境贸易措施的正保护上。由于发展中国家的国内支持政策对农业是负保护的，即通常情况下进行农产品贸易的出口国和进口国双方都是采用对农业剩余剥夺的做法，因此，不存在由于农业产业支持而造成贸易摩擦的可能。在这种前提下，边境贸易措施的正保护对于分析发展中国家农产品贸易摩擦的现象显得至关重要。而事实上，边境贸易措施的对抗正是发展中国家之间产生农产品贸易摩擦的主要原因。

（2）边境政策具有对抗性质是贸易摩擦的根本原因。正保护的边境贸易措施的本质是奖出限入，而对于双边贸易而言，一国的出口即为他国的进口，因此边境保护措施带有对抗性质是必然的。补贴与反补贴，倾销与反倾销更是直接表现出奖出和限入这对矛盾。因此同一种边境政策以及不同种边境政策之间的矛盾导致了边境政策的对抗，从而引发贸易摩擦。

（3）边境贸易措施的趋同造成了摩擦的不断产生。发展中国家都有采用边境正保护措施的倾向，这是由发展中国家的经济发展水平和农业的性质决定的。由于发展中国家的经济水平的制约，一方面实行"工业化"，努力发展本国经济成为首要目标，而另一方面，发展中国家的财政预算也是极其有限的。所以经济水平的制约不允许发展中国家投入太多的财力用于农业生产的国内支持上。但是，由于农业的弱质产业等特殊性，发展中国家不能对农业采取自由放任的政策，因此边境的正保护措施成为发展中国家政府的首选。与农业的国内支持相比，边境正保护措施可以以较少的财政支出换来较大的贸易利得，从而更加立竿见影地鼓励农产品的出口。而发展中国家农业水平的相似性则加大了这种趋同，使贸易摩擦不断在相似的边境政策下产生。

（4）发展中国家边境保护政策的刚性加剧了对抗的程度。发展中国家边境政策有两个特点，即由于信息传递机制与反应机制不灵敏所导致的边境保护政策的反应时滞和由于贸易体制不健全所导致的边境贸易保护的调整时滞，这两者都不利于对抗的减少。而当发展中国家之间在边境政策上出现对抗时，双方在调整过程中往往都采用加强边境正保护的措施，因此，对抗被进一步加强了。

正是这种边境政策的对抗导致了发展中国家之间农产品贸易摩擦的产生。由于发展中国家农产品的同质性，农产品是否具有优势更多地在于生产成本以及边境的正保护措施，一般认为，较高的农产品边境保护政策也会形成一种政策优势，而使

得贸易流向发生扭曲,进而产生贸易摩擦。因此,在竞相进行的边境政策刚性对抗的情况下,贸易摩擦将持续发生并愈演愈烈。

4.3.6 WTO《农业协议》对农产品贸易摩擦的影响

1.《农业协议》对各成员国农业政策的影响

从 1986 年开始至 1993 年结束的关贸总协定乌拉圭回合谈判,第一次将农业保护政策置于多边贸易协议的规范之下,确定了各国可以对国内贸易进行保护的方式,以及把非关税壁垒关税化和限制出口补贴等。在乌拉圭回合农业协议框架下,各成员国一方面积极采取措施,推动农产品贸易向自由化方向发展;另一方面也加强了对国内农业政策的完善,使其既不阻碍农产品贸易自由化的进程,又能更好地保护本国农业和农民的利益。"乌拉圭回合"农业协议签订后,各国都表示要降低农产品关税和开放农产品市场。比如欧盟从 1993 年开始对原有的共同农业政策进行了调整,主要包括削减谷物和畜牧产品价格,控制生产数量,克服农产品过剩现象等。美国则宣称将借助协议的原则,来推动本国农业政策进行一次有深远意义的改革,促进畜牧、水产、果菜等高产值农业的发展,并逐步以更富有自由竞争意识的政策,来取代原有的以"实行支持价格,保障农民收入"为中心的农业政策。

在农业协议签订之后,尽管发达国家与发展中国家所处的经济发展阶段不同,对农业进行补贴的动机也不完全相同,但上述国家近些年来对农业政策都进行了调整(见表 4-10)。

表 4-10　　　　　　　WTO 农业协议对各主要国家的政策影响

	市场准入	出口竞争	国内支持
欧盟	差价税转为关税,但保留谷物的最高关税支付价格以及水果蔬菜的门槛价格	若干商品的出口补贴限制有约束能力	麦克雪利改革法案的支付款额掩盖了"蓝箱"政策的削减;AMS 限制不具约束力
美国	取消了对进口实施数量限制的措施	出口促进计划受到协议约束	差额支付转入"蓝箱"政策;AMS 限制不具有约束力;公平法案可以除去"蓝箱"政策的需要
加拿大	供给管理型商品的进口配额转化为关税	取消运输补贴;出口未受影响	大多数政策转为"绿箱"政策
日本—韩国	延迟大米的关税化;同意额外的微量准许承诺	没有补贴	没有 AMS 的限制
南美洲	关税化发生在乌拉圭回合协议之前	几乎没有补贴	大多数政策宣称为"绿箱"政策,未引入价格政策
澳大利亚—新西兰	关税化几乎没有困难便可实现	几乎无出口补贴;出口未受影响	改革取消了大部分价格政策

（1）改变农业支持的方法。1995年WTO《农业协议》生效以来，由于农产品价格干预等"黄箱政策"措施受到约束，WTO部分成员特别是发达成员将大部分的"黄箱政策"转化为"绿箱政策"。据WTO统计，1995年成员的绿箱补贴比1986～1988年基期增加了54%，各国均以"绿箱政策"作为自己主要的补贴对象。

（2）改革农业补贴政策。由于大规模利用政府干预经济的手段，超越和扭曲了市场机制作用，必然产生各种效率损失和浪费。经济合作与发展组织对澳大利亚、加拿大、欧洲经济共同体、日本、新西兰和美国等国家农业价格干预的一项研究结果表明，这些国家运用价格干预来保护农业的政策给各个国家带来的净损失约为各国国内生产总值的0.5%～3%。在《农业协议》的框架下，各发达国家对于农业补贴的改革也有较大的进展（见表4-11）。

表4-11　　　　　　WTO部分成员农业补贴的基本结构

国家类型	国家	绿箱	黄箱	蓝箱	发展中国家优惠条款
发达国家	美国	√	√	—	—
	欧盟	√	√	√	—
	日本	√	√	√	—
	加拿大	√	√	—	—
	澳大利亚	√	√	—	—
发展中国家	韩国	√	√	—	√
	阿根廷	√	√	—	√
	巴西	√	√	—	√
	智利	√	—	—	√
	古巴	√	—	—	√
	印度	√	—	—	√
	印度尼西亚	√	—	—	√
	马来西亚	√	—	—	√
	墨西哥	√	√	—	√
	泰国	√	√	—	√

注："√"表示使用该项措施，"—"表示不使用该项措施。
资料来源：根据WTO在其网站（www.wto.org）上公布的资料整理。

从《农业协定》以及各主要国家对农业政策的调整可以看出，农业生产和贸易中的支持、补贴越来越受到国际多边贸易协议的制约。从表4-11可以看出，15个WTO成员国都使用了"绿箱政策"，同时有5个发达国家没有放弃使用"黄箱政策"，而"蓝箱政策"只有欧盟和日本使用。农业补贴政策也日益成为发达国家财政的沉重负担，为缓解财政压力，发达国家普遍采取措施将大量的"黄箱政策"

内容逐步转变为"绿箱政策"内容，比如支持农业科技的研究与开发、推广教育和服务、加大基础投入等，以此变农业的直接支持政策为间接支持政策。

（3）改变农业政策目标。欧盟国家、日本及美国对农村环境问题、农村就业和农村社会发展等有关问题的重视程度日益加强。例如，为了让农民不过度使用农村资源，使农村地区不因农民的过度外流而荒芜，采用各种各样的特殊资助和补贴措施等。

综上所述，无论是发达国家还是发展中国家都因为内在和外在原因，逐步转变对农业生产和贸易的支持及保护的方法。在这个过程中，对农业生产和贸易的直接支持、补贴政策逐步变得不合时宜，各国逐步转向间接的方式对农业进行支持。

2.《农业协议》对世界农产品贸易摩擦的影响

关贸总协定的农业协议以及WTO新一轮农业谈判的进行，标志着世贸组织各参加国的农业都被历史性地纳入多边贸易系统，在这种情况下，农业协议也必将会对农产品贸易摩擦造成一定的影响，这种影响主要体现在：

（1）农业协议在一定程度上提倡农产品贸易自由化。农业协议提倡农产品贸易自由化，使各个国家开始反思农产品保护政策的得失，从而有利于从根源上减少贸易摩擦的隐患。农业谈判达成的关税化以及关税、补贴和国内支持的减让承诺，将在一定程度上减少今后农产品贸易的摩擦，而关税作为唯一允许用于边境上的保护措施，则为将来实现农产品贸易自由化打下了基础。占世界农产品进口2/3的发达国家削减了农产品关税的32%。发达国家承诺了一系列的关税削减，即从奶制品的26%到鲜花、植物和蔬菜的48%，还有其他农产品关税的削减。对发展中国家具有重要出口意义的热带农产品（包括饮料即咖啡、茶和可可、油料、稻米及烟草、香料、鲜花和植物）的关税削减超过了所有农产品的平均削减水平（达到43%），这将给发展中国家带来一定的贸易利益（见表4-12）。

表4-12　　　　　　　　发达国家对不同农产品的关税削减

产品类别	进口额（百万美元）	关税削减百分比（%）
所有农产品	84 240	37
咖啡、茶、可可、糖等	13 634	34
水果和蔬菜	14 575	36
油料、脂肪和油	12 584	40
其他农产品	15 585	48
动物及其产品	9 596	32
饮料和酒精	6 608	39
鲜花、植物	1 945	48

续表

产品类别	进口额（百万美元）	关税削减百分比（%）
烟草	3 086	36
粮食	5 310	39
奶制品	1 317	26
热带农产品	24 022	43
热带作物饮品	8 655	46
热带坚果和水果	4 340	37
油料和油类	3 443	41
稻米和烟草	4 591	40
香料、鲜花和植物	2 992	52

资料来源：根据 WTO 在其网站（www.wto.org）上公布的资料整理。

（2）农业协议将容易引发贸易冲突的问题以规则方式明确规范。农业协议对补贴、贸易救济措施等的规定，使出口国可以事先得到关于可能会产生的贸易摩擦的有关信息，从而对出口进行适度调整，以避免摩擦。从贸易角度来看，农业协议从四个方面降低了各个国家的贸易摩擦的可能：①抑制关税壁垒。关税约束条款的应用有可能使农产品关税约束在某一确定的水平，使农产品关税壁垒得到抑制。②削减补贴。停止使用并逐步削减农产品出口补贴以及限制使用国内支持措施，促进国际农产品贸易体制的改革，并逐步将有关国内政策纳入 WTO 框架进行管理。③增加 SPS 的可操作性。卫生与植物检疫协议使非技术性贸易壁垒更加规范，具有可操作性。④对国内政策的规范。农业协议为国内农业政策建立了一套全新的、可操作的规则，而且将对保护主义的约束承诺纳入国际法范畴。

以农业补贴为例，由于发达国家的农业支持和进口保护政策往往会导致其国内生产过剩，这些过剩又通过补贴出口到世界粮食市场上，这导致了相当数量的农产品贸易摩擦的产生。针对此问题农业协议明确规定，如果成员国的黄箱支持水平超过基期则需要承担削减义务。出口补贴减让包含双重承诺，在基期有出口补贴的国家，应削减财政支出（发达国家削减 36%，发展中国家削减 24%），削减享受补贴的出口产品数量（发达国家 21%，发展中国家 14%）。在基期没有对某类农产品实行出口补贴的国家，在将来也不能实行补贴政策。因此，农业协议通过对出口方农业支持政策的限制和对进出口双方边境贸易措施的约束，来达到减轻贸易摩擦的作用。

（3）WTO 农业协议为各国提供了一个改善贸易体制的框架。一方面，农业协议制定了一个有效解决农产品贸易摩擦的程序，在摩擦产生的任何一个阶段，双方都可以通过协商的手段彼此交换信息，从而避免了贸易摩擦所带来的更为严重的后果。另一方面，农业协议所形成的多边谈判体制，也有利于各个国家之间的信息的

第4章 世界农业保护政策与农产品贸易摩擦的影响分析

交流，通过达成一系列的双边或多边协议，避免竞相保护所导致的严重后果，从而在长期降低了贸易摩擦的发生频率。

3. WTO《农业协议》的局限性

（1）农业协议只能在一定程度上缓解贸易摩擦。《农业协议》作为 WTO 贸易规则中的一种多边的协议，对成员国并不具有很大的约束力。建立在协商基础之上的各成员国权利和义务对等本身就是以各成员国"自利"为前提的，即各成员国通过国际贸易的收益应该而且必须大于他们为遵守贸易规则所付出的成本。如果遵守该协议能够为成员国带来利益，那么成员国就会遵守相关的法规。而一旦成员国认为遵守农业协议不能给他们带来利益，则该国完全不必遵守相关的组织规则。这种协议形式决定了农业协议本身不可能完全消除贸易摩擦。在农产品协议下各成员国就有在适度的范围内违反贸易协定从而争取本国利益的冲动。现在世界上几乎所有的国家都制定了本国的贸易政策，制定贸易政策的目的主要有两个：一是保障本国经济少受国外相关产品的冲击，保护本国的利益；二是增强本国产品的出口竞争力，增强本国的经济实力，使本国的利益最大化。

（2）《农业协议》的目标在很大程度上被成员国的"个体理性"所削弱。以农业补贴为例，对农业提供巨额补贴仍是发达国家农业政策的基本出发点，也是世界农产品贸易摩擦的焦点之一。尽管《农业协议》将国内补贴划分为"绿箱政策"和"黄箱政策"进行管理，鼓励各国减少对农业的价格干预和贸易扭曲的"黄箱政策"措施，尽量采取与农业生产不挂钩的收入支持和其他"绿箱"措施。但是绝大多数发达国家仍然采取多种"黄箱"支持措施补贴其国内农业，美国、欧盟还将过去属于"黄箱政策"的补贴措施，转化为"绿箱政策"支持，由此继续刺激农产品生产，增加出口。少数发达国家尽管在乌拉圭回合农业谈判中承诺约束和削减农业补贴，但实际上近年来又开始增加农业补贴。如按照美国承诺的农业补贴减让表，自 2000 年起，美国的农业综合支持量不能超过 191 亿美元的上限。但是实际情况是，自 1998 年以来，美国连续 4 年对农业实施紧急补贴措施，使美国农业补贴急剧增加，2000 年和 2001 年，美国农业综合支持量已逼近约束上限，2003 年，美国发放了 187 亿美元的农业补贴，今后极有可能突破其向 WTO 承诺的农业补贴上限，从而违背对国际社会的承诺，这意味着美国农业补贴政策改革已经出现倒退迹象，由此有可能引发新一轮全球农产品贸易保护主义的抬头趋势，发达国家的出口补贴、出口信贷等出口支持措施导致国际农产品贸易依然高度扭曲①。

---

① 李江冰：《多边贸易体制下农产品贸易自由化困境的政治经济分析》，清华中国知网（CNKI）——中国优秀博硕学位论文全文数据库，2004 年，第 9 页。

（3）对农产品贸易自由化的认识不同导致农业协议推动贸易自由化的职能被弱化。由于各国的政治、经济、社会、历史和自然条件不同，农业的地位以及对农业作用的认识不同，尤其是发达国家之间以及发达国家与发展中国家之间，对农产品自由化贸易的态度存在着巨大的分歧。以美国、加拿大、澳大利亚为首的农产品出口大国主张继续削减关税，取消国内价格补贴，加快自由化进程。而同属于发达国家的日本和欧共体等国则提倡充分重视农业的多功能效益，应以提高粮食的自给率为前提，主张保留一定的农业补贴，反对为自由化而自由化。更多的发展中国家则认为本国没有实现农产品自由化的前提，强调农业贸易规则应更多地体现和保护广大发展中国家的利益。在这种分歧下，农产品的政策保护将长期持续，而由此导致的农产品贸易摩擦也将长期存在。

（4）《农业协议》未对发展中国家的农业问题作区别对待。《农业协议》中发达国家仍然占主要地位，对发展中国家的农业问题并未作区别对待，有可能导致发达国家与发展中国家的贸易摩擦加剧化。《农业协议》严重缺乏对发展中国家的灵活性，使发展中国家不能纠正不合理的农产品关税结构。最直接的体现是，在签署《农业协议》时受谈判能力所限许多发展中国家将小麦、大米等战略性农产品的关税约束在较低水平，而且没有保留使用紧急保障措施的权利，在履行承诺义务时，其国内市场易遭受贸易自由化的冲击。此外，《农业协议》是根据发达国家的农业补贴政策实际需要而设计的，对没有补贴能力的发展中国家不公平。由于《农业协议》规定对"蓝箱"和"绿箱"补贴免除削减义务，且没有上限限制，使发达国家运用大量的"蓝箱"、"绿箱"政策来使农业补贴合法化和制度化（见表4-13）。

表4-13　　　WTO成员乌拉圭回合后"绿箱政策"支持增长状况

单位：亿美元；%（占总支持量的比重）

年份	1995 ①	1995 ②	1996 ①	1996 ②	1997 ①	1997 ②	1998 ①	1998 ②	1999 ①	1999 ②	2000 ①	2000 ②
澳大利亚	7.07	86	7.04	87	8.55	90	8.19	91	8.45	94	7.52	85
阿根廷			1.37	62	2.37	79	2.89	78	2.99			
哥伦比亚			3.18		5.78		3.50					
古巴			9.08		10.90		12.01		16.21			
印度尼西亚			1.78		4.14		1.92		2.12		1.31	
韩国	51.74	63	64.43	69	60.93	69	38.28	69	45.90	73	44.69	69
新西兰			1.28		1.36		1.51		1.33			
冰岛			0.29		0.50		0.42		0.41			
以色列			2.92		4.14		3.38					
菲律宾			1.36		2.82		5.15		1.85			

第4章 世界农业保护政策与农产品贸易摩擦的影响分析

续表

年份	1995		1996		1997		1998		1999		2000	
	①	②	①	②	①	②	①	②	①	②	①	②
波兰			4.36		5.49		8.90		8.47			
斯洛伐克			0.008		0.014		0.036		0.11			
南斯拉夫			0.85		0.91		1.08		1.15			
突尼斯			0.20		0.39		0.43		0.55			
美国	261		460.4	76	518.3	88	512.5	88	498.24	78		
乌拉圭			0.18		0.33		0.37		0.39			
巴西			2.95	5.7	3.63	12.3	3.07	8.1				
泰国			61		62		67		67			
日本	229		327		47.2		45.6		45.3			
欧盟	119		242									

注：①为"绿箱"支持的绝对数量；②为"绿箱"支持占总支持量的%。
资料来源：www.wto.org。

4.4 农业保护政策与贸易摩擦的关系分析

4.4.1 方法选择及样本数据分析

农产品贸易摩擦的众多影响因素有着错综复杂的关系，我们将这些具有相关性的变量综合为数量较少的几个因子，再现原始变量与因子的关系，同时根据不同的因子对变量进行分类，进而分析说明这些因子以及变量对农产品贸易摩擦的影响情况。这里我们用因子分析法，在分析中选取 10 个样本，这些样本是 1999~2002 年间贸易争端高发的 10 个被诉国，在这些样本中建立了支持总量 TSE、竞争力指数、生产者支持 PSE、价格支持、关税、边境保护、名义保护率、人均 GDP 等指标，运用因子分析方法找出影响农产品贸易摩擦的主要因素，对各主因子进行排序，探讨各因子以及其中的变量如何影响农产品贸易摩擦。运用 SPSS 进行因子分析，实现过程及结果如表 4-14 ~ 表 4-17 所示。

表 4-14　　　　　　　　　　1999~2002 年样本数据

被诉国	产业内贸易指数	支持总量 TES	总市场价格支持	名义保护率	关税	边境保护	生产者支持
欧盟	-0.93	112 628	42 852	1.33	0.868	60 863.2	99 556.4
斯洛伐克	-0.22	332	81.7	1.11	0.081	48.2	290.7

续表

被诉国	产业内贸易指数	支持总量TES	总市场价格支持	名义保护率	关税	边境保护	生产者支持
土耳其	−1	9 649	2 222	1.31	0.4	9 649	6 522
阿根廷	−0.5	80	—	—	—	—	—
日本	0.78	64 775	25 520	2.45	2.33	46 973.9	51 979.3
美国	−9.8	95 455	12 152	1.14	0.124	18 662	51 255.7
澳大利亚	−0.12	1 376	72.9	1	0.002	96.7	946.7
加拿大	−0.97	5 231	1 462.8	1.13	0.129	1 997.8	3 892.1
韩国	−1	21 489	10 187.4	2.9	2.338	17 233.8	18 169.8
墨西哥	−1	6 999	2 401.2	1.18	0.07	3 624.8	5 692.6

注：表中的案例及产业内贸易指数数据来源于王蓓雪：《WTO 框架下的农产品贸易争端及其解决机制研究》，清华中国知网（CNKI）——中国优秀博硕学位论文全文数据库，2006 年，第 96 页。其他指标数据来源于《农业与 WTO 创建一个促进发展的贸易体系》，世界银行贸易与发展丛书，中国财政经济出版社 2005 年版，第 13 页。考虑到经济指标的延期影响性及被诉国在争端期间的多元化，表中数据主要体现对争端期间指标均值的选择。

表 4−15　　　　　　　　　　　KMO and Bartlett's 检验表

KMO 检验		.538
Bartlett 球形检验	卡方	120.828
	自由度	21
	显著性水平（P 值）	.000

KMO 检验和 Bartlett 球度检验的结果：KMO 检验值为 0.538，样本容量居中，q 值小于 0.01，拒绝原假设，认为相关矩阵和单位矩阵之间存在差异，因此对这些变量采用因子分析是具有适用性的。

表 4−16　　　　　　　　　　　总体方差解释表

成分	初始检验值			因子提取		
	特征值	特征值占方差的百分数	累加百分比	特征值	特征值占方差的百分数	累加百分比
1	4.224	60.346	60.346	4.224	60.346	60.346
2	1.954	27.914	88.261	1.954	27.914	88.261
3	.803	11.465	99.725	.803	11.465	99.725
4	.015	.220	99.945			
5	.003	.048	99.993			
6	.000	.005	99.998			
7	.000	.002	100.000			

注：因子提取栏中是根据特征值大于 0.8 的原则提取的 3 个因子的特征值、占方差百分数及累加值。

第4章 世界农业保护政策与农产品贸易摩擦的影响分析

表4-17　　　　　　　　　　因子载荷矩阵

	因子		
	1	2	3
支持总量 TSE	.891	-.440	-.105
竞争力指数	-.105	.717	.689
生产者支持 PSE	.945	-.305	.105
总市场价格支持	.967	-.089	.232
关税	.635	.730	-.249
名义保护率	0.482	.783	-.391

注：因子载荷矩阵：表中所列为对应于各变量的3个因子的载荷值。

从表4-16中可以得出提取3个因子时的因子模型：

支持总量 $TSE = 0.891F_1 - 0.44F_2 - 0.105F_3$

竞争力指数 $= -0.105F_1 + 0.717F_2 + 0.689F_3$

生产者支持 $PSE = 0.945F_1 - 0.305F_2 + 0.105F_3$

总市场价格支持 $= 0.967F_1 - 0.089F_2 + 0.232F_3$

关税 $= 0.635F_1 + 0.730F_2 - 0.249F_3$

名义保护率 $= 0.482F_1 + 0.783F_2 - 0.391F_3$

其中 F_1，F_2，F_3 分别为公共因子，从因子模型中可以看出，第一个因子主要由变量"生产者支持"、"价格支持"来决定，它们的作用在第一个因子上的载荷分别为0.945和0.967，第二个因子主要由变量关税和名义保护率决定，作用载荷分别为0.730和0.783，第三个因子主要由竞争力指数决定，作用载荷为0.689。

为了更好地解释主因子，按照方差极大法对因子载荷矩阵进行了正交旋转，结果如表4-18所示。

表4-18　　　　　　　　　旋转后的因子载荷矩阵

	因子		
	1	2	3
支持总量 TSE	.911	.070	-.403
竞争力指数	-.108	.177	.978
生产者支持 PSE	.982	.094	-.160
总市场价格支持	.974	.208	.066
关税	.293	.943	.153
名义保护率	.097	.991	.078

旋转以后的因子载荷表中第一个因子与生产者支持 PSE 关系最密切，第二个

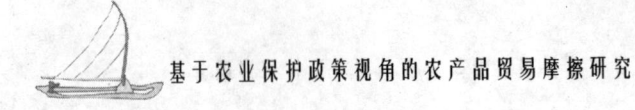

因子与名义保护率关系最密切,第三个因子与竞争力指数关系密切。

4.4.2 因子结果分析

影响贸易摩擦的三个因子排序：第一主因子,第二主因子,第三主因子,我们将第一主因子归纳为国内支持因子,将第二主因子归纳为贸易保护因子,第三主因子归类为竞争力因子。下面对这三个主因子进行逐步分析。

1. 国内支持因子

在第一个主因子中"生产者支持"、"价格支持"的载荷较高。分别为0.982和0.974,两因素均反映了国内对农业的支持情况。其中生产者支持的因子载荷最高,0.982的数字足以说明它在贸易争端发生中的影响力。这种对生产者的支持具体包括了国内生产者直接补贴和信贷差额补贴等政策,这些政策的实施一方面的确增加了农民的福利水平,但另一方面却潜在的引起贸易争端的发生。对生产者的支持,实质上是降低了农民的生产经营成本,使农产品国内市场价格下降,这也就留给了政府对外贸易上更多的价格竞争空间。此外价格支持的载荷也很高,价格支持由国内支持政策造成的贸易扭曲鼓励国内生产,刺激本国农产品生产,限制外国产品进口,抑制国内对农产品的消费,造成了世界进口需求的相对减少和供给的增加,又使世界市场的农产品价格趋于下滑。在这种不断下降的农产品贸易价格和农产品长期供给过剩的情况下,为争夺有限的市场,贸易摩擦在所难免。总之国内支持因子主要反映了生产者支持和价格支持情况,在三个因子中排在第一位,对于解释农产品贸易摩擦发生是最重要的一个因子。

2. 贸易保护因子

第二主因子为贸易保护因子,在这一主因子中,关税和名义保护率的因子载荷较高,分别为0.943和0.991。一国农业保护率测定的是对该国(地区)政府的全部有关农业政策措施所产生效果的综合度量,而不是仅对那些农业正保护政策所产生的效果的简单加总。这就是说,农业保护水平反映的是一个国家(地区)的农业总体政策的特性。当一个国家(地区)的农业保护水平为正值时,并不意味着该国(地区)的每一项农业政策都处于正保护。同样,当一个国家(地区)的农业保护水平为负值时,也并不意味着该国(地区)的每一项农业政策都处于负保护。但是正的名义保护率却反映了一国对本国农业及农产品总的支持力度,我们在数据分析选取的案例中可以明显发现这些被诉国的农业名义保护率均为正值,韩日美都很高,其中韩国高达2.90,这也正反映了它们近几年成为农产品起诉对象国

的这一事实,农业名义保护率在贸易争端的第二因子中起主导作用。此外,在第二因子中关税也体现出强劲的作用,关税保护措施本身就具有对抗性质。关税保护措施的本质是奖出限入,而对于双边贸易而言,一国的出口即他国的进口,因此关税保护措施带有对抗性质是必然的。早期的农业保护政策是以关税壁垒为主,农产品贸易摩擦也主要表现为关税摩擦,近年来农产品贸易摩擦由关税摩擦向反倾销反补贴以及技术摩擦转变,这使关税因素排在第二因子中,其贸易摩擦的影响作用也并不像20世纪80年代以前那么显著。

3. 竞争力因子

竞争力因子主要表现为竞争力指数,它能从总体上反映一国的投资、人力资本以及技术壁垒等情况。农产品品种繁多,品质各异,相互之间有的具有替代性,同一种类之间也有不同的品种,不同品种的品质和价格也有较大的差异,在市场竞争中的优势也各不相同,形成农产品的差异化竞争,这种差异化的竞争也就形成了经济学中的产业内贸易。农产品的竞争是比较生产力的竞争,即通过在市场上与其他竞争对手相比较而反映出来的生产力,它既以农产品的价格和质量为基础,又与一定的技术条件和管理水平密切相关,各国往往为这种差异化竞争设置技术壁垒等障碍,也成为引起贸易争端的一个重要因素。但这种影响因素的影响度远不如前两项因子,主要是竞争力因子所引起的产业内贸易差是受到国内需求结构的影响,一国政府在保护本国产业的同时,还要照顾到市场的需求。

第5章 农业保护政策下农产品贸易摩擦分析

5.1 农业保护政策下农产品贸易摩擦的总体分析

5.1.1 农业保护政策下农产品贸易摩擦的总体分析

1. 农产品贸易摩擦的阶段性趋势分析

（1）关贸总协定时期。从贸易争端的数量来看，农产品贸易争端在全部贸易争端中占主要地位。在关贸总协定时期，农产品贸易争端所占比重超过46%，约占一半左右。从1950年开始出现了农产品贸易争端，农产品贸易争端在所有争端中所占比例就已达到39.5%，虽然在20世纪70年代和90年代，这一比例较上一时期出现过小幅度的下降，但从整体来看，关贸总协定时期，农产品贸易争端在全部争端中所占的比例呈现递增趋势（见表5-1）。

表5-1　　　　关贸总协定时期受理的农产品贸易争端数目统计

年份	1947~1949	1950~1959	1960~1969	1970~1979	1980~1989	1990~1993	合计
农产品贸易争端数	0	15	6	15	61	13	110
争端总数	16	38	12	32	116	24	238
所占比重	0	39.5	50.0	46.9	52.6	54.1	46.2

注：根据GATT与WTO秘书处公布的数据整理。
资料来源：王恩江：《国际农产品贸易争端成因与对策研究》，清华中国知网（CNKI）——中国优秀博硕学位论文全文数据库，2004年，第5页。

将各个时期农产品争端数与争端总数用图5-1表示，可明显看出，在1980~

第5章 农业保护政策下农产品贸易摩擦分析

1989年农产品争端数与争端总数最高,而其他时期数量相对较低。

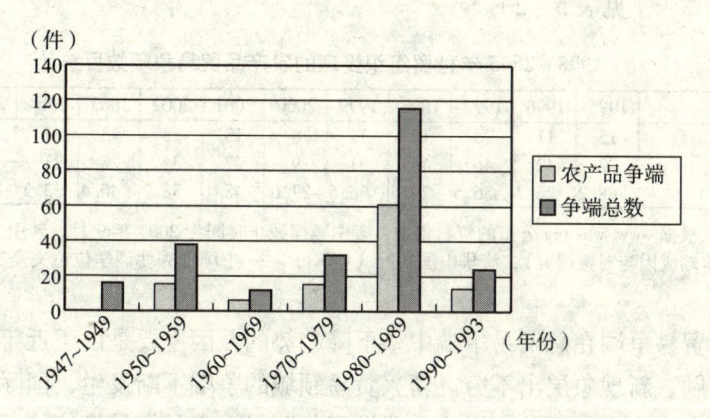

图5-1 各个时期争端总数及农产品贸易争端数

分析关贸总协定时期的贸易争端并将各个时期农产品贸易争端在所有争端中所占的比例绘制在图5-2中,可明显看出,从1950年开始出现了农产品贸易争端,在其后的某些年份中虽有所下降,但农产品贸易争端在全部争端中仍占据主要地位,比例在50%左右,总体上呈上升趋势。

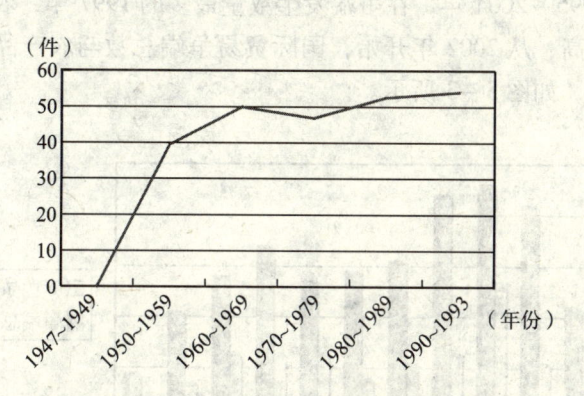

图5-2 农产品贸易争端在全部争端中的地位

(2)世贸组织时期。自从1995年1月1日WTO正式成立,截至2004年11月10日,其争端处理机构已经受理了324起案件,其中涉及农业方面的有130起,超过40%。这一时期,除了个别年份如1995年、1997年,大部分年份该比例只有30%左右,下降的趋势十分明显。尤其在2001年的前9个月,虽然贸易争端总量

很多，共36件，远远超过上一年的全年争端数的总和，但是农产品贸易争端的比例却只有25%①（见表5-2）。

表5-2　　　　1995~2005年世贸组织受理的农产品贸易争端数目统计

年　份	1995	1996	1997	1998	1999	2000	2001	2002	2003	2004	2005	合　计
农产品贸易争端数	15	11	26	13	11	8	13	13	13	7	4	134
争端总数	22	42	46	44	31	29	27	34	28	21	9	333
所占比重（%）	68.2	26.2	56.5	29.5	35.5	27.6	48.1	38.2	46.4	33.3	44.4	40.2

资料来源：根据www.wto.org公布的资料整理，表中数据截止时间为2005年9月，转引自王恩江：《国际农产品贸易争端成因与对策研究》，清华中国知网（CNKI）——中国优秀博硕学位论文全文数据库，2004年，第5页。

农产品贸易争端在总贸易争端中呈下降趋势的原因主要是由于近年来，国际贸易领域新问题、新现象层出不穷。新兴贸易领域的争端不断发生，国际贸易领域的争端在形式上和内容上更趋多样化，分散了各国对农产品贸易等传统贸易领域的关注。同时，在总量不断上升的情况下，由于农产品贸易本身发展较滞后，第一次世界大战以前，农业占世界贸易的市场份额超过50%，而目前却低于14%。与制造业相比，农产品出口量的增长是较为缓慢的②。农产品贸易在整个世界贸易额中的比重不断下降，加之《农业协议》对农产品贸易的约束作用，因此，农产品贸易争端在总量中所占比例也呈现下降趋势。

另外，从1995~2004年，在争端发生数量最多的1997年，农产品贸易争端的数量也达到了最高，从2002年开始，国际贸易争端总数与农产品争端数量都表现出了绝对的下降，如图5-3所示。

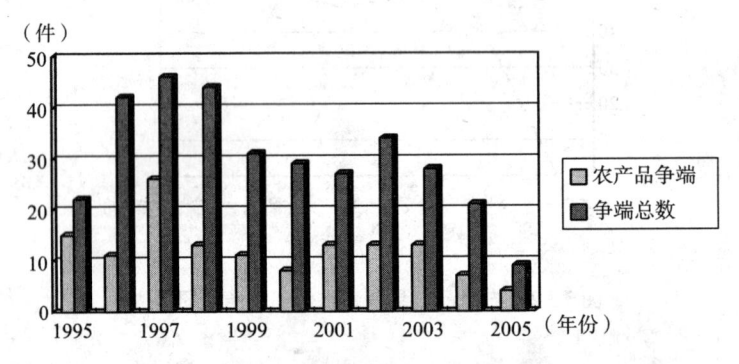

图5-3　1995~2005年国际贸易争端总数与农产品争端数量

① 张汉林、张冲：《世贸组织农产品贸易争端综述》，载《国际贸易问题》2002年第1期，第1~4页。
② 转引自A.J.雷纳、D.科尔曼：《农业经济学前沿问题》，中国税务出版社、北京腾图电子出版社2000年版，第82页。

第5章 农业保护政策下农产品贸易摩擦分析

分析世贸组织成立后的贸易争端,并将具体数据用曲线图的形式表示出来,可明显看出变化趋势,如图5-4所示。1995年,农产品贸易争端在全部争端中所占比重最高,此后的较多年份中,该比例维持在30%左右,虽然波动频繁,但总体上来说,该比例是呈下降趋势的。

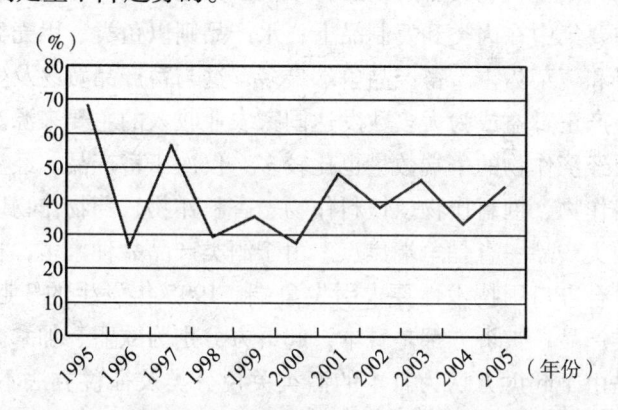

图5-4 1995~2005年农产品贸易争端占贸易争端总数的比例

2. 农产品贸易摩擦涉案产品类型分析

农产品贸易争端涉及产品范围相当广泛,包括粮食、畜产品、经济作物、园艺作物和水产品。据统计,1995~2004年间农产品贸易争端中,畜产品争端数量最多,总共有31起,在农产品贸易争端中一直处于主导地位,占23.7%;其次是经济作物,占18.3%;粮食和涉及多种农产品的案件排在第三位,各占13.7%;园艺产品、水产品排在第四位,各占11.5%。这一比例一定程度上与世界农产品贸易结构有关。在世界农产品贸易中,畜牧产品、水产品和粮食作为农产品贸易的主要支柱产品其贸易占农产品贸易的40%左右,涉及的贸易利益越大,在此类商品的贸易中发生争端的可能性就越大。不同类型的农产品在农产品贸易争端中所占比例如图5-5所示。

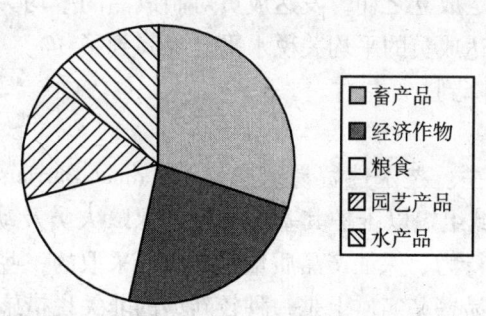

图5-5 不同类型的农产品贸易争端所占比例

农产品贸易涉及的产品范围广泛,争端也几乎涵盖了所有的农产品类别,但并不是每一类别中的所有产品都是争端对象。在不同的农产品类别内,争端集中程度较高,大多数情况下争端仅涉及每一类别的一种或几种产品。粮食产品的贸易争端主要涉及小麦和大米,目前又有所扩展,涉及了大豆、玉米和其他粮食类产品;而畜产品的争端主要集中在肉类和奶制品上;水产品则以鱼类、甲壳类为主;园艺作物争端中以水果和蔬菜为主。畜产品争端最多,这与畜产品贸易及生产的重要性有关,畜产品的生产正日益成为大多数发达国家农业收入的主要来源。

另外,涉及经济作物的争端数量也比较多,仅次于畜产品。经济作物通常包括纤维作物、油料作物、糖料作物、饮料作物、香料作物、药物作物以及烟草和热带作物等,其中酒类产品一直是争端焦点。由于酒类产品品种繁多,相关的技术性较强,容易因不符合进口国技术性要求引发争端。1995年发生的3起经济作物争端全部都涉及酒类产品,被诉方都是日本,起诉方分别为欧盟、加拿大和美国。产生争端的原因都是由于起诉方认为日本的酒类关税分类及征税方法不符合《1994年关税与贸易总协定》。总之,争端经常涉及的产品往往是当事国的敏感商品,成员普遍关注这些产品贸易方面的利益得失,容易产生较多的争端。

3. 农产品贸易摩擦类型分析

与农产品贸易摩擦相关的贸易壁垒主要有关税壁垒和非关税壁垒,其中非关税壁垒中的技术性贸易壁垒、反倾销、反补贴和保障措施是影响农产品贸易的最大障碍。

(1) 关税壁垒。早期的农业保护政策是以关税壁垒为主,农产品贸易摩擦也主要表现为关税摩擦,为了实现农产品贸易自由化,各国在多边谈判中均提出并不断磋商关税减让协议,关税水平已经有了大幅下降。在贸易摩擦的种种表征中,高关税所产生的贸易摩擦呈逐渐降低的趋势,而因非关税壁垒导致的贸易摩擦则呈现上升趋势。关贸总协定成立之初,发达成员对制成品的平均关税税率为40%左右,但是目前世贸组织发达成员的平均关税水平已经降到了3%,世贸组织所有成员的平均关税水平也已经降到6%左右。

(2) 非关税壁垒。

①技术性贸易壁垒。技术性贸易壁垒(Technical Barriers to Trade,以下简称TBT)是指一国或区域组织以维护其基本安全、保障人类及动植物的生命及健康、保护环境、防止欺诈行为、保证产品质量等为由而采取的一些强制性或自愿性的技术性措施。技术性贸易壁垒实质上是一种较新型的非关税措施,是政府根据先进的技术水平来制定、采用或实施的严格的技术法规、高标准的卫生安全检测要求以及

烦琐复杂的合格评定程序等。

这些技术性措施可能是政府主观上为了保护国内相关产业而刻意实施的过高标准，也有可能确实是为了国家安全、保护人类健康安全及生态环境等必须采取的合理措施，只是由于出口国落后的技术水平难以达到进口国规定的高标准，从而使其客观上遭受进口限制。

技术性贸易壁垒已成为阻碍农产品贸易的最大障碍。据统计，在20世纪70年代，国际农产品贸易中的技术性贸易壁垒约占非关税壁垒的10%~30%，到20世纪90年代末，这个比例已达到45%左右。

②反倾销壁垒。WTO关于倾销的定义采用的是GATT 1994第6条协定，有三个标准，违背其中任何一个标准，即可能被裁定为倾销。这三个标准是：1）价格标准。一国产品以低于正常价值的价格进入另一国市场内，则该出口产品价格被视为倾销价格。2）损害标准。该产品对进口国相同或相似产品产业造成实质性损害或产生实质性威胁，或实质性地阻碍某一相似产品产业的建立。3）因果关系标准。倾销与损害有直接的因果关系。如果一国进入另一国市场的产品符合以上三个标准，进口国为了抵消或阻止倾销，可以对倾销产品征收不超过该产品倾销幅度的反倾销税。

由于农产品与其他商品相比本身具有价值和附加值不高的特点，而且世界各国都把农业的发展看做是社会稳定的重要因素，因此农产品就成为各国进行反倾销的重要对象之一。农产品反倾销摩擦是继农产品技术性壁垒之后，阻碍农产品贸易发展的最大障碍。发达国家是农产品反倾销摩擦的主要发起国，进入20世纪90年代后，发展中国家开始成为西方国家反倾销的主要对象。

③反补贴壁垒。反补贴措施是指进口方主管机构应国内相关产业的申请，对受补贴的进口产品进行反补贴调查，并采取征收反补贴税或价格承诺等方式，抵消进口产品所享受的补贴，恢复公平竞争，保护受到损害的国内产业。对受补贴进口的产品采取反补贴措施，是保护本国同类产业的重要手段，也是打击出口国不正当竞争的主要途径。反补贴措施能够维护国际贸易的正常秩序，纠正补贴对国际贸易的扭曲作用，对世界各国间贸易的正常发展是有利的。但是，如果滥用反补贴措施，就会构成新的国际贸易障碍。因此，从维护国际贸易正常秩序的需要出发，既应当对给国际贸易造成不利影响的补贴予以制裁，也应当规范各国的反补贴措施[①]。反补贴措施主要有临时措施、承诺、征收反补贴税和诉诸世界贸易组织等。

---

① 赵爱华：《反补贴法律措施的比较研究》，清华中国知网（CNKI）——中国优秀博硕学位论文全文数据库，2005年，第8页。

由于各国政府普遍对农业进行各种方式的补贴，以保护本国农业，这在一定程度上影响了其他国家的贸易利益，因而反补贴也作为一种贸易保护手段被普遍使用，但是与技术壁垒和反倾销相比，由于其程序上的复杂性和对政策的针对性等多方面原因在农产品贸易上的使用相对较少。目前发达国家是农产品反补贴摩擦的主要发起者，且发达国家之间的反补贴摩擦在所有反补贴摩擦案例中占较大比例，大部分发展中国家较少使用反补贴措施。

④保障措施。"保障措施"亦称"免责条款"、"保障条款"，是指当某产品进口到一国的数量大量增加，对进口国相关产业造成严重损害或严重损害威胁时，该进口国对该产品采取的进口限制措施。保障措施的种类一般有修改减让、提高关税、实行数量限制、实行配额管理等，紧急数量限制摩擦是继反倾销、反补贴及技术性贸易壁垒之后的又一重要摩擦形式，就现有的农产品紧急数量限制案例来看，主要以发达国家对发展中国家的实施为主。

⑤其他形式的新型壁垒。随着关税壁垒向非关税壁垒形式的转变，出现了越来越多的新型壁垒。新型壁垒涉及的多是技术法规、标准及国内政策法规，它比传统壁垒中的关税和配额等复杂得多，且往往以保护本国消费者、劳工和环境之名行贸易保护之实，对某些国家的出口商品有意刁难，主要有绿色壁垒、社会责任标准壁垒等。绿色贸易壁垒包括环境进口附加税、绿色技术标准、绿色环境标准、绿色市场准入制度、消费者的绿色消费意识等方面的内容。1996年4月公布的ISO14000系列标准，对企业的清洁生产、产品生命周期评价、环境标志产品、企业环境管理体系加以审核，要求企业建立环境管理体系。社会责任标准贸易壁垒产生的背景是从20世纪末开始在西方国家企业中流行的企业社会责任运动，这一运动的宗旨是企业在经营中要与其合作伙伴一起承担保护环境和劳工权利的责任。从表面上看，这一认证标准是维护劳工权利的，在发达国家实施已经不是问题了，但发展中国家要达成这样的标准还存在不少困难，因此，社会责任标准壁垒实际上变成了针对发展中国家的新型贸易壁垒。

此外，还有特别保障贸易壁垒、欧盟制定的电子垃圾处理法贸易壁垒以及目前应用非常广泛的非市场经济地位贸易壁垒。

4. 农产品贸易摩擦涉案国别分析

少数发达国家的农产品出口占世界农产品贸易的主要份额，农产品贸易摩擦主要集中在发达国家之间。

（1）农产品贸易摩擦涉案申诉方国别分析。1995～2004年间，总共发生了131起农产品贸易争端。期间，总共有27个成员国提出过农产品贸易争端案，美

国、欧盟、加拿大、巴西、阿根廷经常通过争端解决机构来解决农产品贸易摩擦，这5个成员国共提起申诉77起，占所有申诉数的58.3%。其中尤以美国和欧盟最为突出，两者提出的申诉案相加超过农产品争端的1/3。

美国是世界农产品贸易大国，是贸易诉讼争端最多的国家，不包括美国与别的国家共同起诉的案例，只是美国单独提出的申诉案例就有29起，占了全部案件的22%。美国每年都提出农产品申诉案，是农产品贸易的主要申诉国。①

在已发生的农产品贸易争端案例中，欧盟紧随美国之后，提出申诉20起，占所有农产品申诉数的15.2%。由于美国、欧盟是世界农产品贸易的两大主角，自然也在农产品贸易争端中扮演着主要角色。处于第三位的是加拿大，在世贸组织时期提起申诉13起。值得注意的是，越来越多的发展中成员开始利用WTO的争端解决机制处理农产品贸易争端，巴西提起诉讼8次，占10.4%，阿根廷提起申诉7次，占9.1%。五个主要申诉方在涉及的77起案例中所占比例如图5-6所示。

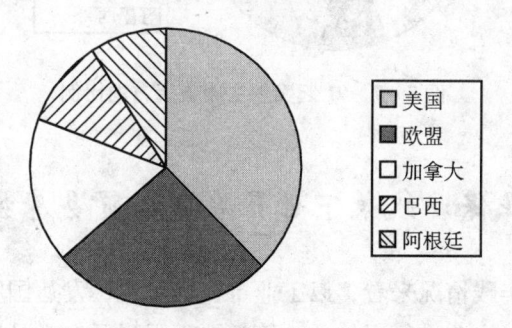

图5-6 五个主要申诉方在涉及的77起案例中所占比例

（2）农产品贸易摩擦涉案被诉方国别分析。以1995~2004年间为例，被起诉的国家有126个，与提起申诉的情况较为类似，农产品贸易争端的被诉成员也非常集中。被诉最多的是欧盟，被申诉案件33起，占农产品争端案件的1/4；处于第二位的是美国，美国不但大量出口农产品，也进口大量的农产品，作为进口国，当美国试图违反其承诺保护本国农民利益时，也会招致别国的起诉，被诉案件18起，占14.5%。除欧、美这两大成员外，其他被申诉较多的成员为：智利10次，占11%，韩国和日本各8次，各占8.8%，澳大利亚、墨西哥各7次，各占7.7%。

日本虽是被诉较多的国家，曾被他国诉讼8次，却没有对其他成员提起过一次

---

① 如1995年美国及中美洲各国诉欧盟香蕉进口机制的争端等。

诉讼，原因在于日本的大部分农产品竞争力弱，一旦采取了保护措施，就有可能在世贸组织争端解决机构成为被告，招致更大的麻烦。韩国的情况与日本类似，曾被起诉8次，只对其他成员提起过一次申诉，由于其进口农产品多，出口农产品少，经常处于要采取各种措施来保护本国农业的不利境地，一旦采取了违背WTO规则的措施，就难以避免地招致诉讼①。在涉及主要被诉方的91起案例中，各国所占比例如图5-7所示。

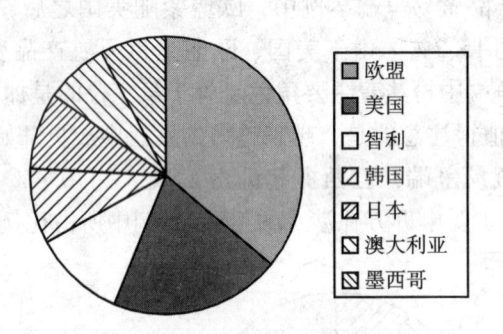

图5-7 91起案例主要被诉方的比例

5.1.2 农业保护政策下世界农产品贸易摩擦的特征

从各国的贸易实践情况来看，以工业革命为契机，发达国家开始采用农业保护的政策，然而这种对农业进行保护的政策却严重阻碍了农产品贸易自由化，导致世界农产品贸易摩擦不断升级，农产品贸易增长大大低于工业品贸易增长。世界贸易组织成立至今，农产品争端数约占总争端数量的40%，并且有不断上升的趋势。

1. 农产品贸易摩擦的比例居高不下

自从1995年1月1日WTO正式成立，截至2004年11月10日，WTO争端处理机构已经受理了300余起案件，其中涉及农业方面的已逾120起，超过了总案件受理数的1/3，而1995年和1997年则高达68.2%和58.7%。而从全球国际贸易的角度来讲，农产品的贸易额占所有贸易额的比重较低，以1999年为例，世界贸易总额约为57 679亿美元，而农产品贸易额在其中仅为5 479.6亿美元，仅占贸易总额的9.5%，但当年农产品争端所占比例却高达35.5%，远远超过农产品贸易的

---

① 王蓓雪：《WTO框架下的农产品贸易争端及其解决机制研究》，清华中国知网（CNKI）——中国优秀博硕学位论文全文数据库，2006年，第16页。

比例。

2. 农产品贸易大国同时也是贸易摩擦多发国

从农产品贸易所涉及的国家范围来看，世贸组织从1995年成立以来所发生的农产品贸易争端共涉及成员国包括起诉方与被起诉方超过35个，占WTO现有成员数目的20%以上。

从表5-3的相关数据可以看出，在农产品贸易中，主要的出口国为美国、欧盟、英国、加拿大、中国、巴西和阿根廷等，而主要的进口国则为美国、日本、欧盟、中国和韩国等（见表5-3），而这些国家同时也是贸易摩擦的主要国家（见表5-4）。

表5-3　　　　　　　　　　世界农产品贸易额

单位：亿美元

国家和地区	进口额			出口额		
	1990年	2002年	2003年	1990年	2002年	2003年
世　界	3 532.2	4 646.3	5 485.5	3 262.7	4 424.1	5 221.8
发达国家	2 666.5	3 276.1	3 949.4	2 366.0	3 112.0	3 687.6
中　国	97.9	161.1	234.5	102.1	144.7	168.8
中国香港	68.2	79.3	80.7	36.1	35.2	35.2
孟加拉国	7.7	14.0	18.3	1.6	1.0	1.0
印　度	10.8	40.2	49.0	30.7	55.2	65.0
印度尼西亚	15.9	41.7	44.1	28.0	62.1	69.9
伊　朗	26.8	21.1	27.7	4.6	10.9	14.6
以色列	12.0	19.0	20.1	12.9	10.2	11.8
日　本	286.6	336.3	369.9	11.7	16.2	17.0
哈萨克斯坦		5.1	6.2		5.6	7.3
朝　鲜	2.5	3.3	2.9	0.6	0.2	0.2
韩　国	64.6	89.6	96.6	11.5	16.8	19.0
马来西亚	21.4	43.0	43.3	43.6	73.7	95.8
蒙　古	0.7	1.3	1.2	1.6	0.9	0.8
缅　甸	1.2	2.9	3.3	1.9	4.7	1.8
巴基斯坦	14.0	15.6	17.7	9.9	9.9	12.3
菲律宾	13.6	26.4	30.7	12.3	15.1	18.7
新加坡	35.2	38.8	39.6	25.5	26.9	25.6
斯里兰卡	4.9	8.1	8.2	7.5	9.7	5.9
泰　国	16.0	29.8	35.3	53.9	81.7	103.6
土耳其	22.6	30.7	41.8	31.2	34.8	48.3
越　南	2.4	13.8	14.5	7.4	21.2	22.3
埃　及	30.8	34.4	26.8	4.3	7.7	9.4
尼日利亚	5.6	20.0	19.8	2.3	4.1	5.7

续表

国家和地区	进口额			出口额		
	1990年	2002年	2003年	1990年	2002年	2003年
南 非	9.9	14.9	19.2	19.0	24.0	30.5
加拿大	71.0	127.1	142.1	91.8	164.7	176.0
墨西哥	49.9	116.2	121.8	29.4	78.9	87.3
美 国	270.9	450.3	534.8	452.1	555.9	623.0
阿根廷	2.3	5.0	7.4	69.8	110.2	139.0
巴 西	22.7	32.4	36.0	87.6	167.3	209.1
委内瑞拉	8.0	15.5	17.6	3.1	2.9	2.0
白俄罗斯		9.7	10.6		6.6	8.2
保加利亚	6.5	5.0	6.4	18.2	7.3	8.0
捷 克		22.2	27.6		13.8	17.4
法 国	226.1	252.6	306.6	334.3	348.4	420.5
德 国	386.5	368.6	455.9	203.7	263.5	328.5
意大利	236.5	221.9	268.3	111.3	174.5	206.5
荷 兰	179.6	194.7	251.0	309.3	325.2	419.1
波 兰	9.9	34.7	39.2	16.3	30.0	41.6
罗马尼亚	13.7	11.9	17.6	0.9	4.6	6.0
俄罗斯联邦		93.9	110.3		18.4	23.4
西班牙	80.4	129.5	163.6	78.3	164.5	214.1
乌克兰		11.4	21.1		24.7	27.2
英 国	229.5	291.5	350.5	127.7	146.6	171.9
澳大利亚	17.2	32.3	38.9	117.5	160.2	150.0
新西兰	6.7	13.0	15.3	47.8	67.4	79.5

资料来源:《国际统计年鉴(2005)》。

表5-4　　　　世贸组织成员农产品贸易争端起诉数目　　　　单位:起

国 家	1995年	1996年	1997年	1998年	1999年	2000年	2001年	2002年	2003年	2004年	合计
美国	4	2	10	2	2	2	1	3	2	1	29
欧盟	1	1	9	2	2	1	0	0	1	3	20
加拿大	5	1	1	2	2	0	0	0	1	1	13
澳大利亚	0	0	1	0	2	0	1	1	0	0	5
菲律宾	1	1	0	0	0	0	0	2	0	0	4
秘鲁	1	0	0	0	0	0	1	0	0	0	2
智利	1	0	0	0	0	2	1	1	0	0	5
泰国	1	0	0	0	0	1	0	1	1	1	5
匈牙利	0	0	0	0	0	0	1	1	1	0	3
新西兰	0	0	2	1	1	0	0	0	0	0	4
波兰	0	0	0	0	0	0	1	0	1	0	2
阿根廷	0	0	0	0	0	1	1	2	1	1	6

续表

国　家	1995年	1996年	1997年	1998年	1999年	2000年	2001年	2002年	2003年	2004年	合计
巴西	0	0	1	0	0	1	1	4	0	0	7
巴拿马	0	0	1	0	0	0	0	0	0	0	1
瑞士	0	0	1	1	0	0	0	0	0	0	2
乌拉圭	0	1	0	0	0	0	0	0	0	0	1
印度	0	0	0	1	0	0	0	0	0	0	1
斯里兰卡	0	1	0	0	0	0	0	0	0	0	1
巴基斯坦	0	0	0	0	0	0	0	0	0	0	0
哥伦比亚	0	0	0	0	0	0	0	2	0	0	2
墨西哥	0	1	0	0	0	0	0	0	0	0	1
哥斯达黎加	0	0	0	0	1	0	0	0	0	1	2
危地马拉	0	0	0	0	0	0	0	0	0	1	1
厄瓜多尔	0	0	0	0	0	0	1	0	0	0	1
尼加拉瓜	0	0	0	0	0	0	0	0	1	0	1
洪都拉斯	0	0	0	0	0	0	0	0	2	0	2
韩国	0	0	0	0	0	0	0	0	1	0	1
多个成员国共同申诉	1	3	0	0	1	0	0	0	0	0	5
合计	15	11	27	9	11	7	12	14	14	7	127

资料来源：王蓓雪：《WTO框架下的农产品贸易争端及其解决机制研究》，清华中国知网（CNKI）——中国优秀博硕学位论文全文数据库，2006年，第74页。

1995～2004年，在由各成员方单独提出的120起案件中，发达成员美国、欧盟、加拿大、澳大利亚、新西兰、瑞士六方提出申诉72起，占60%。其中美国是最大的申诉国，作为世界农产品贸易大国，美国经常对别国违反WTO协议的行为提出申诉以保护本国农业，美国独立提出的诉讼案件共计29起，占全部案件的22%。而欧盟则紧随其后，提出近20起案件的申诉，占总申诉数的15.2%。被诉方面，同样是发达国家占主导地位，被申诉最多的是欧盟，被诉案件33起，占农产品争端案件的1/4。处于第二位的是美国，被诉案件18起，占14.5%。

3. 发展中国家正逐渐成为贸易争端的主要对象国

关贸总协定时期发生的110起农产品贸易争端中，87起是针对发达国家提起申诉的，占争端数目的近80%，其中欧盟与美国分别占总被诉案件数量的44.5%和25.5%。到世贸组织时期，欧盟与美国的被诉案件数量已经分别降至了25%与15%，而以发展中成员为被申诉对象的比重则由21%跃至44%。可见，发展中成员正逐步成为争端中的主要被申诉对象（见表5-5）。

表5-5　　　　　世贸组织时期不同经济体之间农产品贸易争端统计数

项　目	1995年	1996年	1997年	1998年	1999年	2000年	2001年	2002年	2003年	合计	比例（%）
发达诉发达	8	3	7	5	7	1	2	4	6	43	34
发达诉发展	2	1	16	3	3	2	0	1	3	31	24
发展诉发展	1	3	0	2	1	3	10	3	6	29	23
发展诉发达	4	4	3	3	0	2	1	5	3	25	19

资料来源：王恩江：《国际农产品贸易争端成因与对策研究》，清华中国知网（CNKI）——中国优秀博硕学位论文全文数据库，2004年，第31页。

4. 农产品贸易摩擦所涉及的领域和范围不断扩大

从摩擦的种类来看，农产品的摩擦已经由单一的粮食作物产品摩擦向多类别、全面的贸易摩擦发展。从摩擦的扩散效应来看，农产品贸易摩擦已经从单个出口国与进口国之间的摩擦转变为出口国与多个进口国之间的摩擦。从摩擦的参与国来看，农产品的贸易摩擦已经从发达国家之间的贸易摩擦发展成为发达国家与发展中国家、发达国家之间以及发展中国家之间全球性的摩擦①（见表5-6）。

表5-6　　　　　1995～2004年各年农产品贸易争端涉及的产品分类　　　　　单位：起

产品名称	1995年	1996年	1997年	1998年	1999年	2000年	2001年	2002年	2003年	2004年	合计	比重（%）
粮食	3	1	0	4	2	2	2	1	2	1	18	13.7
畜产品	0	2	11	4	6	1	1	1	3	2	31	23.7
水产品	5	2	1	0	0	1	1	0	4	1	15	11.5
园艺产品	2	3	2	0	1	0	2	4	0	1	15	11.5
经济作物	3	0	6	3	1	1	4	0	1	5	24	18.3
综合	1	3	6	1	0	1	1	3	2	0	18	13.7
其他	1	0	1	1	1	1	0	1	3	1	10	7.6
合计	15	11	27	13	11	7	12	14	14	7	131	100

5. 贸易摩擦方式不断变化

从工业革命至今，资本主义发达国家基本上都采取农产品贸易保护的政策，导致贸易摩擦的不断发生，农产品贸易摩擦也随着农产品贸易的不断发展经历了方式的转变。具体来说，贸易摩擦的方式转变分为三个阶段：（1）20世纪70年代以前，农业保护政策呈现以关税壁垒为主的特征，农产品贸易摩擦也主要表现为关税

---

① 王蓓雪：《WTO框架下的农产品贸易争端及其解决机制研究》，清华中国知网（CNKI）——中国优秀博硕学位论文全文数据库，2006年，第42页。

摩擦。(2) 70~80年代，世界农业保护政策由单纯的贸易政策向贸易政策与国内农业支持并存的农业保护制度演化，农产品贸易摩擦由关税摩擦向反倾销、反补贴摩擦转变，这一时期的农产品贸易摩擦主要表现为反倾销、反补贴等非关税壁垒摩擦。(3) 90年代以来，农业保护制度向复杂多样、更加隐蔽的非关税措施发展，农产品贸易摩擦也更多地以技术性贸易壁垒形式出现，农产品贸易摩擦主要表现为以各种技术性贸易壁垒为特征的贸易摩擦。整体来说，在贸易摩擦的种种表征中，高关税所产生的贸易摩擦呈逐渐降低的趋势，而以非关税贸易措施为特征的贸易摩擦则呈现上升趋势：关贸总协定成立之初，发达成员对制成品的平均关税税率为40%左右，但是目前世贸组织发达成员的平均关税水平已经降到了3%，世贸组织所有成员的平均关税水平也已经降到6%左右[①]。另一方面，各种各样的非关税壁垒则在贸易摩擦中占据主要地位。据估计，当今世界各国的非关税措施已经由20世纪60年代的800多种激增到2004年的2 000多种。这种以非关税壁垒为手段实施保护国家贸易利益的政策，会随着国际贸易竞争的加剧而在各国愈演愈烈。

5.2 农业保护政策下农产品"技术性贸易壁垒摩擦"分析

5.2.1 农业保护政策下农产品技术性贸易壁垒特征

在各国农业保护政策下，世界农产品贸易中最大的障碍是技术性贸易壁垒。由于技术性贸易壁垒具有名义上的合理性、提法上的巧妙性、形式上的合法性及手段上的隐蔽性等特点，实施起来比较容易，不像采取其他措施容易遭到报复，所以很多国家都愿意利用技术性贸易壁垒进行农产品贸易保护。特别是发达国家如美、日、欧盟等，他们凭借自身的经济和技术优势，制定了苛刻的技术标准、技术法规及动植物卫生检验检疫规则等。

农业保护政策下农产品技术性贸易壁垒主要有以下几个特征：

1. 技术性贸易壁垒已成为世界农产品贸易摩擦的最大障碍

随着全球经济的发展和区域性贸易组织的推动，国际农产品贸易迅猛发展，世

---

① 卢光明：《基于纠纷管理的我国农产品出口贸易组织治理研究》，清华中国知网（CNKI）——中国优秀博硕学位论文全文数据库，2005年，第52页。

界农产品贸易量不断增长,但与之有关的农产品贸易争端也随之变得越来越复杂。尽管与其他经济部门贸易额的增长相比,世界农产品贸易额的增长速度是缓慢的,但是由农产品贸易引发的争端的增长却是突出的,各种农产品贸易摩擦不断发生,越来越多地阻碍着世界农产品贸易的发展。在各种阻碍农产品贸易的措施中,传统的关税、配额等措施所占比例越来越小,新型的贸易壁垒如技术性贸易壁垒、反倾销、反补贴、紧急数量限制等措施在农产品贸易中被更广泛地应用,而在这些新型贸易壁垒中,技术性贸易壁垒所占比例越来越大。在今天,技术性贸易壁垒已成为阻碍农产品贸易的最大障碍。据统计,在 20 世纪 70 年代,世界农产品贸易中的技术性贸易壁垒约占非关税壁垒的 10%~30%,到 90 年代末,这个比例已达到 45% 左右,2005 年超过 50%,这充分说明技术性贸易壁垒已成为国际农产品贸易摩擦中最大的障碍(见表 5-7)。

表 5-7　　1999~2005 年 WTO 受理的农产品 TBT 争端数目统计　　单位:起

年　份	1999	2000	2001	2002	2003	2004	2005
世界农产品贸易争端总数	30	34	23	37	26	18	11
农产品 TBT 争端总数	12	8	14	13	12	7	6
发展中国家农产品 TBT 总数	2	7	8	7	4	3	5
发展中国家农产品 TBT 争端总数占世界农产品 TBT 争端数额的比重(%)	16.67	87.50	57.14	53.85	33.33	42.86	83.33

资料来源:王志芳:《农产品出口与技术性贸易壁垒问题研究》,清华中国知网(CNKI)——中国优秀博硕学位论文全文数据库,2006 年,第 33 页。

2. 发达国家成为农产品技术性贸易壁垒的主要设置者

发达国家在农产品安全、卫生、质量管理方面都有比较完善的法律法规,为农产品质量安全标准制定、产品检测检验、质量认证、信息服务等工作建立了统一的法律规范。从本质上说,严格的质量安全体系是为了保护消费者的合法利益、保证消费者的健康,但是由于发达国家在质量控制上的高度重视和技术发达,在与其他国家的农产品贸易上尤其是对进口农产品的限制上也采用类似的手段,主要目的是控制农产品的进口及其对本国农产品市场的冲击[①]。发达国家由于具有技术、经济优势,成为世界农产品技术性贸易壁垒的主要设置者。

按照产品生命周期理论,新技术、新产品往往先由经济实力雄厚、技术水平先

---

① 王志芳:《农产品出口与技术性贸易壁垒问题研究》,清华中国知网(CNKI)——中国优秀博硕学位论文全文数据库,2006 年,第 20 页。

进的发达国家首先开发和生产出来，随着时间的推移逐渐转移到经济、技术水平相对落后的发展中国家。因此，许多新的技术标准和法规由少数具有明显技术优势、资金优势和人才优势的发达国家制定，而发展中国家由于技术和资金等方面的不足而达不到发达国家制定的新的技术标准和法规水平。随着世界农产品贸易的发展，发达国家制定的技术法规和技术标准越来越多，对发展中国家也越来越苛刻，而且各国的规定也各不相同，发展中国家在日益多变的农产品技术要求面前显得无所适从。有时发达国家会出于本国利益的考虑故意设置门槛较高的农产品技术性贸易壁垒，对他国农产品产生技术歧视。从发展中国家自身来看，发展中国家由于资金和技术上的限制，产品结构和生产加工过程本身具有缺陷，根本无法达到发达国家的要求，也是发展中国家农产品贸易更易遭受发达国家技术性贸易壁垒限制的主要原因。发展中国家主要出口技术含量不高的劳动密集型农产品，在生产过程中往往消耗大量的自然资源，有时还会对环境造成严重破坏，制成品在使用过程中也可能会污染环境，因此，发达国家往往以保护环境、保护人类和动植物健康为由，利用绿色壁垒限制发展中国家的农产品进口。发展中国家由于经济和技术的落后，其农产品国内标准和欧美等发达国家相比还存在很大差距，这也会导致向发达国家的出口农产品遭拒。

3. 农产品技术性贸易壁垒的标准也越来越高

农产品技术性贸易壁垒表现形式多种多样，主要有技术标准和技术法规、合格评定程序、动植物卫生检验检疫、包装和标签、绿色壁垒、信息技术壁垒等。近年来农产品技术性贸易壁垒涉及的范围越来越广，评定程序也更加复杂。从产品范围的角度看，技术性贸易壁垒涉及的产品范围相当广泛，不仅包括初级产品，而且所有的中间产品和工业制成品都会因为对生态环境或人类健康具有负面影响而受到进口国技术性贸易壁垒的制约，其中影响最大的是终端产品。从过程角度看，技术性贸易壁垒涵盖了研究、开发、生产、加工、包装、运输、销售和消费等整个产品的生命周期。从领域角度看，技术性贸易壁垒已从有形商品扩展到金融、信息等服务贸易及环境保护等各个领域。从表现形式看，技术性贸易壁垒涉及法律、法令、规定、要求、制度等各个方面，而且许多法规和技术标准经常变化，各国之间差异较大，使出口厂商难以适应。

许多发达国家由于经济实力雄厚，具有明显的技术优势和人才优势，其农产品技术标准水平较高，法规较严，尤其是对农产品的环境标准要求很高，发展中国家的许多出口农产品往往达不到发达国家设置的水平，导致出口农产品受阻，形成贸易摩擦。如欧盟不仅有统一的农产品进口技术标准、法规，而且欧盟内各国也有各

自严格的国内标准,他们对进口商品可以随时选择对自己有利的标准。发达国家设置种类繁多的技术标准和法规,涉及各类农产品的各个领域,使许多发展中国家防不胜防。例如,美国现有55种认证体系,日本有25种认证体系,欧盟内部已有9种统一的认证体系。

4. 农产品技术性贸易壁垒与生态环境保护及消费安全的联系日益密切

WTO的主要议题涉及贸易与环境问题,其有关协议中的某些环境条款为成员国设置与环境保护有关的技术性贸易壁垒提供了法律根据。随着国际环保公约的频繁出台,全球环境的日益恶化以及消费者环保意识的不断增强,各国制定的有关环保的技术标准数量大大增加,其规定也越来越严格。例如,美国食品与药品管理局(FDA)规定,出口到美国的鱼类及其制品,必须贴上有美方证明的来自未污染水域的标签。WTO允许其成员方在遵守WTO有关规则的前提下,为达到保护某些自然资源的目的,可以采取适当的贸易限制措施。如1991年美国根据自己的国内法《海洋哺乳动物保护法令》禁止从墨西哥进口金枪鱼及其产品,理由是墨西哥渔民采用的一种金枪鱼捕捞方法可能对海豚产生危害。与生态环境保护相联系的还有《动物福利法》,发达国家在动物饲养、运输和加工方面制定了一系列的标准。比如养鸡,要求每只鸡拥有的面积不得小于750平方厘米,运输过程中要通风和得到休息,屠宰时要避免其他动物受惊吓,在宰杀之前要用电击设备击晕,使其免受宰杀时的痛苦等①。

随着科技的进步和生活水平的提高,消费者对健康和安全的意识不断增强,因此有关消费安全的技术性标准要求也越来越严格。在农产品贸易中,主要涉及食品、药物等,尤其是许多发达国家在食品安全方面设置了典型的技术性贸易壁垒。20世纪80年代初欧盟在从美国进口的牛肉中,发现了一些超量的促进生长的合成荷尔蒙,该物质可能会给人类健康带来一定的不利影响,但尚无权威的科学证据,因此,为了做到零风险,欧盟便禁止从美国进口含有该种有害物质的牛肉,从而在欧盟与美国之间引发了持久的贸易争端。

总之,随着科学技术日新月异的发展,消费者对农产品的质量、卫生和安全指标要求越来越严格,对环境保护和人类健康的要求也不断提高,世界农产品贸易中涉及的各种技术性问题也必将更加复杂,而发达国家高技术含量的测试与检验检疫技术的不断发展,也给他们利用技术性贸易壁垒进行国际农产品贸易限制甚至贸易歧视提供了更加精确的数据,这一系列因素将使技术性贸易壁垒越来越成为影响世

---

① 周娟:《TBT对我国农产品出口贸易的影响与对策研究》,清华中国知网(CNKI)——中国优秀博硕学位论文全文数据库,2006年,第13页。

界农产品贸易发展的重要因素。

5.2.2 农业保护政策下农产品技术性贸易壁垒摩擦的发生机理

农产品技术性贸易壁垒摩擦发生的根源在于各国实行各种农业保护政策，由于农业是一个国家的基础，所以各国争相对农业实行保护。但各国的农业保护政策不尽相同。发达国家主要实施正的农业保护政策，具体来说，有国内价格支持政策、国内收入补贴政策、贸易保护政策，其中，贸易保护政策主要是鼓励出口，限制进口。而发展中国家主要实施负的国内支持政策和正的边境保护政策。对农户和农产品征税，补贴城镇和工业的发展。

发达国家经济实力雄厚，技术水平先进，对农业进行大量补贴，这使各种农产品的研发有大量资金支持，研发力度较大，因此农产品的质量较高，竞争力较强。同时，国内有关农产品的各项技术标准、技术法规的提高，使发达国家农产品在世界市场上有很强的竞争力。而发展中国家由于本身经济发展落后，财力不足，对农业补贴甚少，有时还对农产品征税，剥夺农民的收入，结果导致发展中国家农产品的研发投入和研发力度远远低于发达国家，造成本国农产品质量低下，各种技术标准和技术法规相对落后。

发达国家和发展中国家间农产品技术标准之间的差异为发达国家实施农产品技术性贸易壁垒创造了条件。当今国际标准一般由经济技术发达的国家制定，因此发展中国家的农产品技术标准一般低于国际农产品技术性标准，再加上各国的农业保护政策都是鼓励农产品出口，限制农产品进口，所以，当发展中国家向发达国家出口农产品时，因达不到发达国家的技术标准而被发达国家拒之门外，形成农产品技术性贸易壁垒摩擦。同时，WTO有关协议为农产品技术性贸易壁垒的发挥提供了空间，尤其是对实施农产品技术性贸易壁垒做出的一些原则规定。这些原则具体实施时由于没有科学的衡量标准，使得农产品技术性贸易壁垒泛滥，成为阻碍国际农产品贸易正常发展的最大因素。在农业保护政策下，进口国纷纷对农产品实施技术性贸易壁垒，限制出口国农产品的出口，以达到保护本国农产品竞争力的目的。农产品技术性贸易壁垒摩擦的发生机理如图5-8所示。

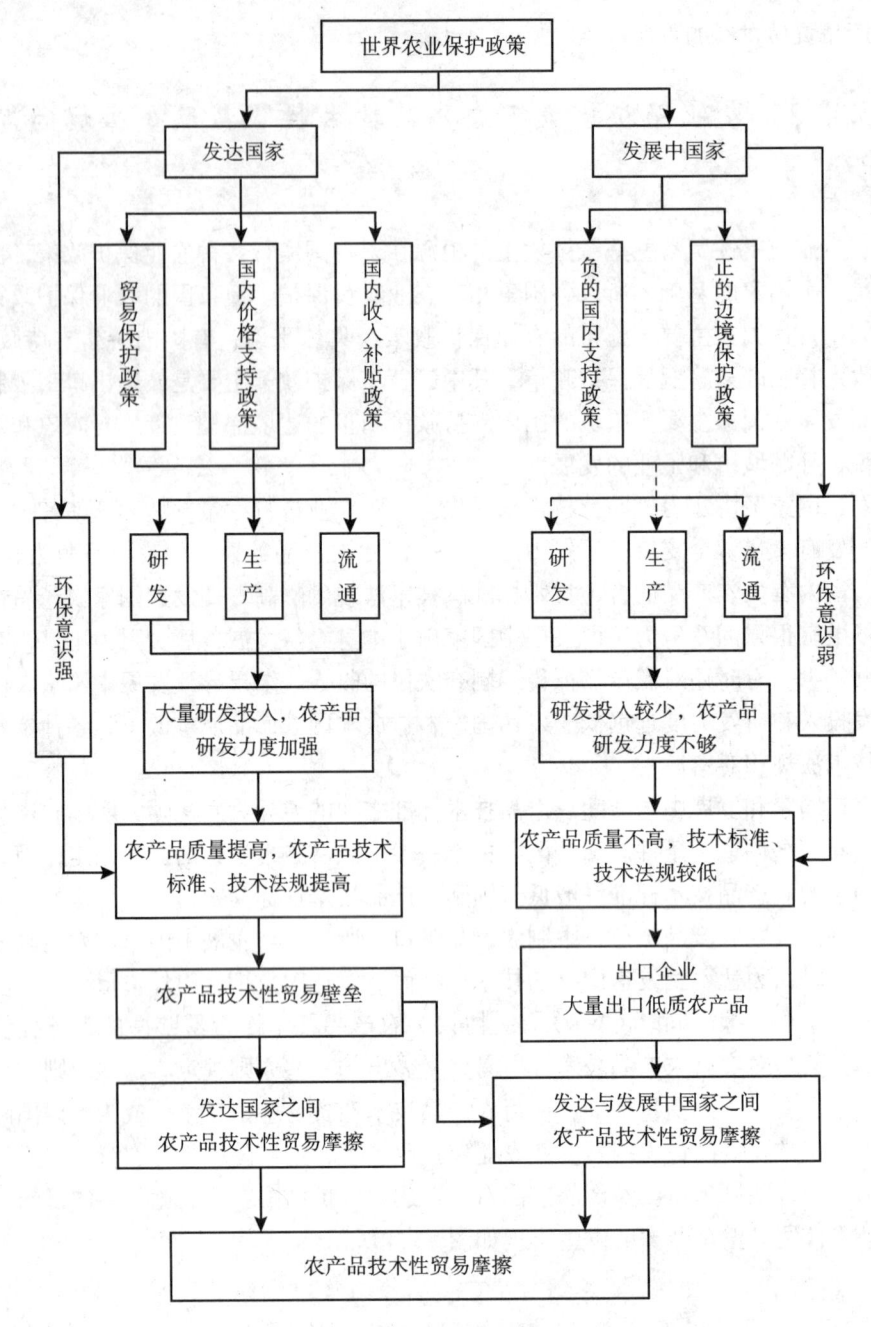

图 5-8 技术性贸易摩擦发生机理

5.3 农业保护政策下农产品"反倾销摩擦"分析

5.3.1 农业保护政策下农产品贸易中反倾销摩擦的特征

随着贸易自由化的推进,国际贸易争端不断发生,农产品国际贸易争端一直以来都在各类国际贸易纠纷中占有相当大的比重。世界贸易组织成立至今,农产品争端数约占总争端数量的40%。农业保护政策下的农产品反倾销摩擦主要有以下特征:

1. 农产品反倾销摩擦是仅次于农产品技术性壁垒的摩擦形式

由于农产品与其他商品相比本身具有价值低廉的特点,而且世界各国都把农业发展看做是社会稳定的重要基石,因此农产品就成为各国进行反倾销的重要对象之一。从20世纪50年代以来,世界各国运用反倾销措施不断趋向频繁,20世纪50~60年代国际反倾销案件每年平均30余起,70年代达到40余起,到80年代更加频繁,猛增到年均174起,90年代更是达到年均248起的高峰。另外,根据世贸组织的统计,1990~1999年,全世界反倾销案件达到2 483起,远远超过前41年的总和。2000年全球反倾销案件为251起,到2001年已经达到348起,大大高于90年代年均232起的指标(见表5-8)。

表5-8　　　　　　　世界提起反倾销调查的前11位国家　　　　　　单位:件

国　家	美国	澳大利亚	欧盟	加拿大	印度	阿根廷	墨西哥	南非	巴西	新西兰	韩国
提起反倾销数	904	822	663	490	285	235	230	173	165	75	74

资料来源:根据亚洲区域信息中心 http://www.arie.org 资料整理。

2. 进入20世纪90年代发展中国家成为西方国家反倾销的主要对象

进入90年代,反倾销虽仍在发达国家之间继续,但广大发展中国家却逐渐替代发达国家成为西方国家反倾销的主要对象。从反倾销投诉国来看,在1995~2001年间,反倾销投诉数量靠前的8个国家中,发达国家占了4个,

分别是美国、欧盟、澳大利亚和加拿大。而从反倾销被投诉国和地区来看，同时期被投诉案件数量前8位的国家和地区当中有6个是发展中国家和地区，分别是中国、韩国、中国台湾、印度尼西亚、泰国和印度。从案件数量上来看，这6个发展中国家和地区在此期间共受到反倾销起诉703起[①]，占总数的38%。在这703起反倾销起诉案件中，仅来自美国、欧盟、澳大利亚和加拿大四个发达国家的就占了301起。由此可见，广大发展中国家已经成了西方发达国家反倾销的主要对象。

3. 发展中国家越来越成为世界农产品反倾销的重要力量

随着越来越多的发展中国家参与到世界农产品贸易当中，虽然反倾销"四大国（国家联盟）"美国、欧盟、加拿大和澳大利亚在世界反倾销中仍占据相当重要的地位，但广大发展中国家也越来越积极地加入到反倾销的行列当中，已成为世界反倾销阵营中的一支新兴力量。据WTO统计数据表明，在1995~2001年间，"四大国（国家联盟）"共发起反倾销742起，占反倾销总数的40.22%。与此同时，反倾销投诉最积极的四个发展中国家印度、阿根廷、南非和巴西共发起反倾销案件666起，占反倾销案件总数的36.1%。在1996年、1998年和2000年，这四个发展中国家的反倾销数量甚至一度超过了"四大国（国家联盟）"。2001年印度的反倾销投诉达到了75起，超过美国，跃居世界反倾销第一大国。而且发展中国家的反倾销对象不仅局限于发展中国家之间，越来越多的发达国家也逐渐成为发展中国家的反倾销对象。1995~2001年，美国共遭受反倾销诉讼102起，其中来自墨西哥、巴西、印度、阿根廷和南非的反倾销起诉就达到61起（见表5-9）。

表5-9　　　　　　　　遭遇反倾销指控前十名的国家和地区

国家和地区	1981~2001年案件数	比例（%）	国家和地区	1995~2001年案件数	比例（%）
中国	422	9.43	中国	236	13.23
美国	338	7.55	韩国	137	7.68
韩国	305	6.82	美国	101	5.66
日本	292	6.53	日本	84	4.71
中国台湾	201	4.49	中国台湾	84	4.71
德国	190	4.25	俄罗斯	70	3.92
巴西	188	4.20	印度尼西亚	68	3.81

---

① 包含其他产品的反倾销案件在内。

续表

国家和地区	1981~2001年案件数	比例（%）	国家和地区	1995~2001年案件数	比例（%）
英国	118	2.64	印度	67	3.76
泰国	116	2.57	德国	66	3.70
法国	115	2.57	泰国	64	3.59

资料来源：根据 Zanardl（2002）相关数据计算，转引自齐俊妍：《中国遭遇反倾销和对外反倾销的指数比较分析》，载《财贸研究》2006年第1期。

5.3.2 世界农业保护政策下农产品反倾销摩擦的发生机理

考虑到农业在一个国家的重要地位，世界各国纷纷对农业实施保护政策，从生产到销售，武装到了每一个环节。于是，因农业保护政策而起的农产品贸易摩擦愈演愈烈，其中反倾销摩擦更是居于一个显要的位置。发达国家和发展中国家农产品反倾销摩擦的机理有所不同。

对发达国家来说，他们对农产品生产的保护使国内的农产品生产大大超过了本国的需求，农产品大量剩余，加之有农业支持政策，使农产品生产者能以低于正常价值甚至是低于生产成本的价格向其他国家进行倾销。当倾销产品进入另一进口国时，由于进口的倾销农产品的价格低廉，进口国的消费者纷纷转向消费进口农产品，使本国的农产品销量减少。本国的农产品为了和进口农产品竞争，不得不降低价格，因此，农民的利益受到侵害。为了避免这种情况发生，进口国通常会发起反倾销调查。

对于发展中国家来说，因其自身经济发展的原因，对农业的保护更多地体现在边境环节上，即对农产品出口实行出口补贴或出口奖励政策，对生产环节实施的支持政策很少。但是，农产品出口是许多发展中国家外汇的主要来源，他们的出口并非因为生产过剩。发展中国家的技术水平较低，他们出口的农产品大多是低附加值的，再加上发展中国家工人的工资水平较低，所以出口农产品的价格也相对低廉，所以容易招致反倾销诉讼。一旦倾销事实被确认，就会被征收反倾销税。反倾销的发生机理如图5-9所示。

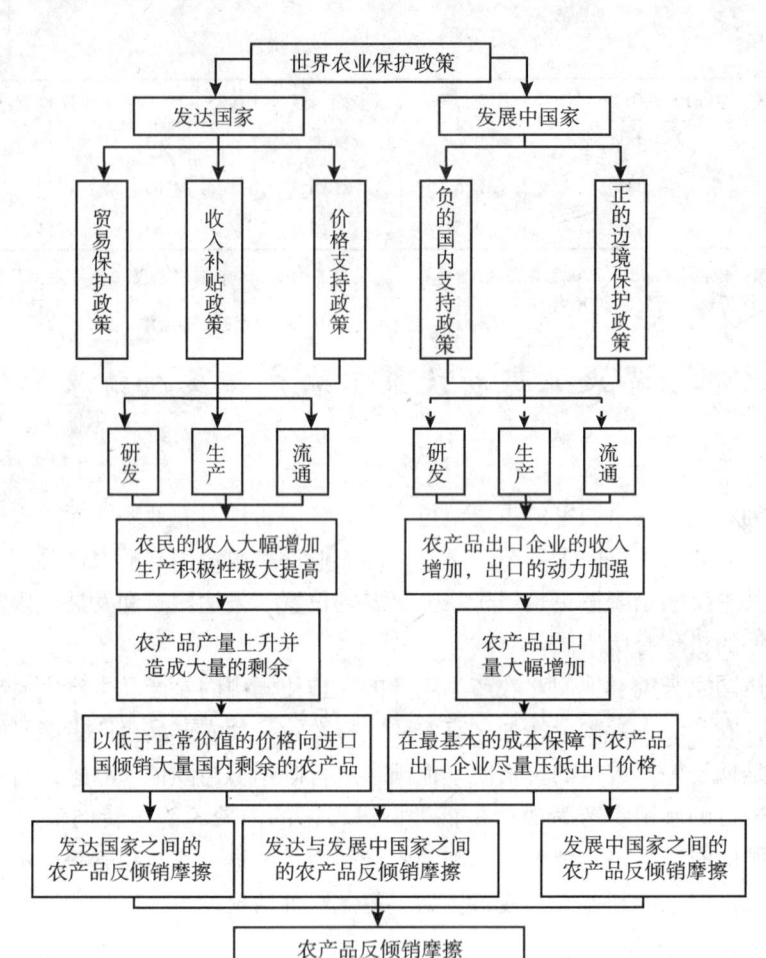

```
                    世界农业保护政策
                   ┌──────┴──────┐
                 发达国家        发展中国家
              ┌────┼────┐      ┌────┴────┐
            贸易  收入  价格   负的      正的
            保护  补贴  支持   国内      边境
            政策  政策  政策   支持      保护
                                政策      政策
           ┌──┼──┐           ┌──┼──┐
          研 生 流           研 生 流
          发 产 通           发 产 通
```

```
         农民的收入大幅增加           农产品出口企业的收入
         生产积极性极大提高           增加，出口的动力加强

         农产品产量上升并             农产品出口
         造成大量的剩余               量大幅增加

       以低于正常价值的价格向进口    在最基本的成本保障下农产品
       国倾销大量国内剩余的农产品    出口企业尽量压低出口价格

       发达国家之间的   发达与发展中国家之间   发展中国家之间的
       农产品反倾销摩擦  的农产品反倾销摩擦    农产品反倾销摩擦

                        农产品反倾销摩擦
```

图 5-9　农产品反倾销摩擦发生机理框图（虚线表示程度较弱）

5.4　农业保护政策下农产品"反补贴摩擦"分析

5.4.1　农业保护政策下农产品贸易中反补贴摩擦的特点

1. 发达国家是农产品反补贴争端的主要发起国

1995～2005 年间，在 61 起涉及农产品反补贴的案例中，发达国家发起的最

多，共45起，是反补贴争端的主要发起国，其中诉发达国家有24起，占39%，诉发展中国家21起，占34%（见表5-10）。

发达国家之间的竞相保护政策使其国内农产品支持政策有一定的相似性，因而补贴与反补贴所引发的贸易摩擦也有一定的对抗性。农产品贸易脱离GATT的轨道使世界农产品市场的动荡和不安加剧，各国壁垒高筑，贸易摩擦不断升级，竞相增加的农产品补贴使政府陷入"囚徒困境"[①]，因此发达国家之间针对彼此不断升级的政策采取的补贴措施占较高的比例。例如，20世纪80年代以来，欧共体因农业保护导致农产品全面过剩，开始通过出口补贴向国际市场倾销过剩农产品，并逐步蚕食美国的农产品市场份额。美国为夺回失去的市场份额，不惜以牙还牙，通过"出口拓展计划"与欧共体展开昂贵的"补贴大战"，其结果只能是两败俱伤的纳什均衡结果。

表5-10　　　　　　WTO成立前后农产品反补贴情况　　　　　　单位：起

国家	1995年1月~1995年6月			1995年7月~2000年6月		
	国家发起调查总数	农产品的案件数	所占比例（%）	国家发起调查总数	农产品的案件数	所占比例（%）
美国	206	24	11.7	40	5	12.5
澳大利亚	28	19	67.9	9	0	0
智利	25	7	28	10	4	40
加拿大	14	5	35.7	11	6	54.5
新西兰	7	4	57.1	3	3	100
巴西	5	3	60	0	0	0
欧盟	2	0	0	38	3	7.9
案件总数	287	62	21.6	111	21	18.9

资料来源：中国贸易救济信息网（http://www.cacs.gov.cn）。

另外，竞相的保护政策会导致保护水平和程度产生不一致，导致贸易摩擦的不断发生。美国政府对特定农产品总的支持强度最大的是奶制品和蔗糖，而欧盟的"黄箱"补贴主要用于成员国的小麦、乳制品、肉类等特定农产品。保护程度越高，涉及的利益越大，也就越容易产生摩擦。例如，世界最大的产糖国巴西以及泰国和澳大利亚联合向世贸组织指控欧盟，称其糖业产销体制不合理及过度补贴导致国际食糖价格被严重扭曲，近期世界贸易组织已经就欧盟糖类补贴案作出裁决，认定欧盟在糖类补贴和出口方面存在与世贸规则不符的行为。

[①] 苏科五：《规则与选择——WTO框架下中国农业支持政策研究》，河南大学出版社2004年版，第14页。

2. 发展中国家之间较少采取农产品反补贴措施

1995~2005年间，涉及反补贴的农产品贸易争端中，发展中国家发起的争端共有16起，而发展中国家诉发展中国家的争端更少，只有5起，仅占9%。发展中国家较少使用反补贴措施的原因是多方面的，其主要原因是发展中国家为了发展本国经济贸易而普遍对本国农业采取补贴行为，因此一般也不愿意采取反补贴措施，以免引火烧身。另外，证明补贴存在及补贴的性质往往比较困难，反补贴的技术性要求较高，证据必须确凿，程序也更加复杂。此外，由于大部分发展中国家的农业政策表现为农产品国内支持的负保护和边境贸易措施的正保护上，用于农业的补贴较少，因此，不容易产生反补贴摩擦。

3. 在农产品反补贴案件中发达国家与发展中国家地位悬殊

在世界贸易格局中，发达国家利用其经济政治优势，操纵着贸易的格局。多哈回合谈判中，美国和欧盟在减少农业补贴方面坚定支持"混合解决方案"，即对有些农产品可大幅度削减关税，对有些敏感农产品可以逐步削减关税，对另外一些农产品可以是零关税①。这一做法遭到发展中国家20国集团的反对，他们认为"混合解决方案"对市场准入没有实质性的改进，有些敏感性的农产品如糖、奶制品、牛肉和橘汁仍将受到高关税的保护。

《补贴与反补贴措施协定》在确认是否存在补贴时并不考虑补贴的成员方是否为市场经济国家。也就是说，从WTO规则层面上看，"非市场经济地位"并不能成为大多数发展中国家企业规避反补贴措施的保护伞。2005年7月27日，美国国会众议院以255:168票的绝对优势通过了《美国贸易权力执行法案》，授权美国反补贴法适用来自非市场经济体（如中国）的进口。这对于中国等许多发展中国家的农产品出口又是一个新的威胁。

4. 美国和欧盟可能面临更多农业补贴诉讼

世贸组织1994年达成的《农业协议》中有一个"和平条款"，它规定一国给予本国产业的补贴水平只要不高于该国1992年支付的实际金额，其他国家就不能提起申诉。"和平条款"于2003年底到期，而巴西状告美国的棉花补贴争端是在"和平条款"有效期之间，但依然胜诉了。如今该条款失效，发达国家面临的反补贴争端可能会越来越多。巴西的胜诉还表明，虽然谈判进程缓慢，但发展中国家还是可以通过诉讼的方式迫使发达国家削减对本国农业的高额补贴。这同时也加大了对发达国家的压力，有可能加快农业谈判的步伐。从农产品反补贴的最新发展来

---

① 《发展中成员联盟20国集团提出减少农业补贴的指导原则》，载《中国反倾销反补贴保障措施信息择要》2004年第11期，第23页。

看,美国和欧盟将来可能面临更多的农业补贴诉讼[①]。

5.4.2 世界农业保护政策下农产品反补贴摩擦的发生机理

农业部门是各国重点保护的部门,发达国家凭借其在国际经济政治格局中的优势地位,采取多种方式来保护本国弱质产业,尤其是通过一系列的农业国内支持政策以保持其在国际市场上的竞争力。发展中国家对农业的国内支持不足,大多通过边境政策来保护本国的农业。这两种保护方式都会使国内农产品在国际市场上的价格下降、出口数量增加,造成农产品贸易扭曲。这对于进口国的消费者而言是福利水平的上升,但是对于进口国的农业生产者却是一种损害。为了避免进口农产品的补贴对本国同类产业造成实质性损害或实质性损害威胁,各国相应地采取了反补贴措施,包括征收临时反补贴税、承诺、征收最终反补贴税和诉诸世界贸易组织。

农产品是一种特殊商品,并且是一种缺乏价格需求弹性的商品,需求量稍有变动就会导致价格的大幅度变化,但是价格的频繁波动会严重损害农民的利益,因此一国应对本国的农业采取保护政策。农业保护政策在不同类型的国家其实施手段是不同的。

对于发达国家而言,农业保护政策主要分为国内价格支持政策、收入补贴政策和贸易保护政策。通过保护政策,大量资金投入到研发、生产和流通环节,因此,发达国家的农业补贴表现出"绿箱"支持程度高,"黄箱"、"蓝箱"补贴空间较少,且部分"黄箱"补贴开始向"蓝箱"补贴转变的特点。对于发展中国家而言,其政策表现为掠夺农业剩余支持工业建设,所以主要的保护表现在边境政策。由于政策主要支持的是流通环节,研发和生产环节的支持相对薄弱,因此不利于直接提高农民收入。大多数发展中国家"绿箱"补贴和"黄箱"补贴还有很大的发展空间,但"蓝箱"补贴大多闲置未用。

由于补贴政策,农业生产成本降低、农民收入增加、生产积极性提高,产量增加甚至出现过剩农产品,多余的农产品出口到世界市场上压低了世界市场上同类农产品的价格。一国通过出口补贴能够带动本国农产品的出口,出口数量的增加也会在一定程度上压低国际农产品价格。国际价格的下降使得进口国的消费者因大量购买受补贴的廉价农产品获得消费上的利益,但同时会损害本国农业集团的利益。基于公共选择理论,农业利益集团会要求政府采取一定行动以维护本集团的利益不被损害,反补贴作为一种贸易救济手段开始发挥它的调节作用,反补贴摩擦也因此产

[①] 邹琪:《反补贴与中国产业安全》,上海财经大学出版社2006年版,第395页。

生。农产品反补贴贸易摩擦的发生机理如图 5-10 所示。

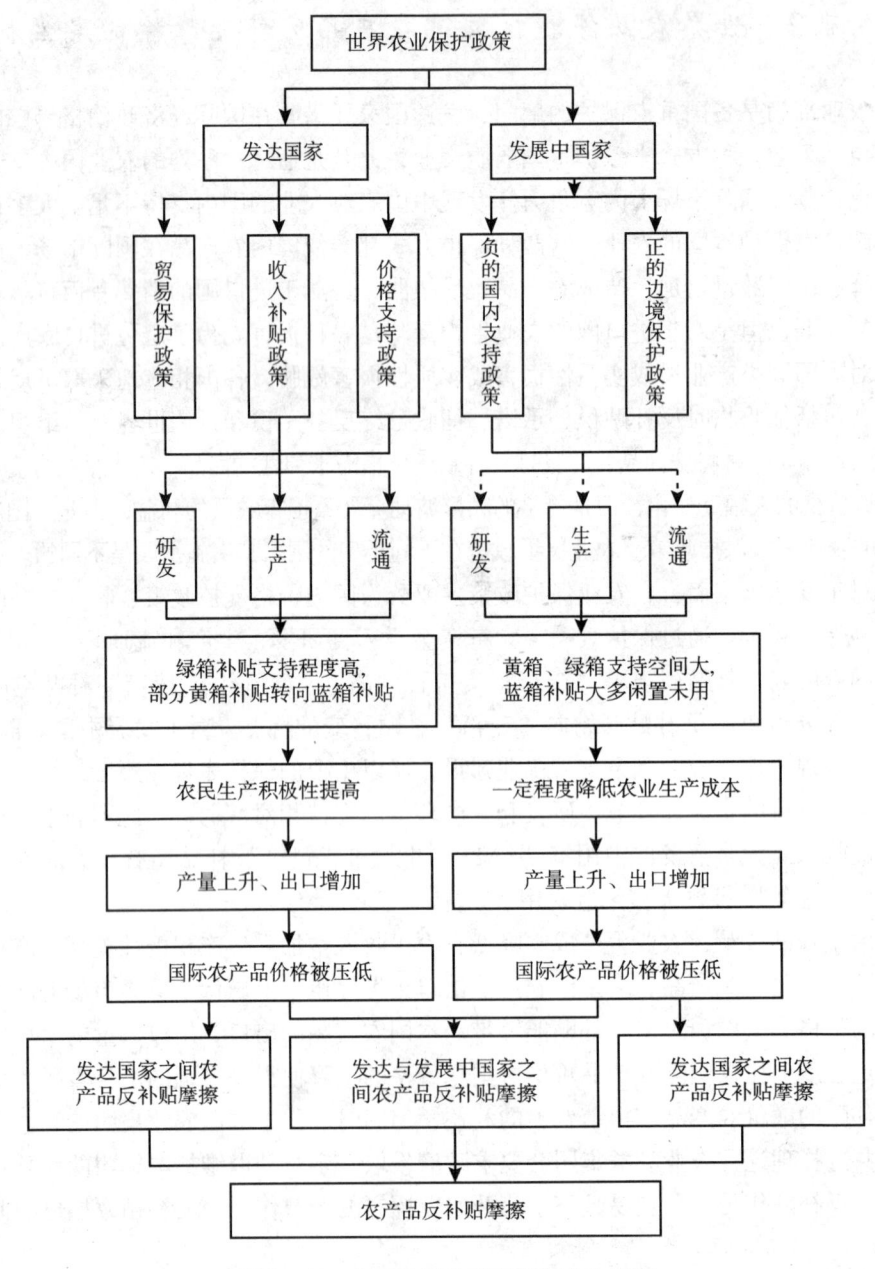

```
                        世界农业保护政策
                    ┌──────────┴──────────┐
                发达国家                发展中国家
            ┌──────┼──────┐         ┌──────┴──────┐
        贸易    收入    价格         负的国内    正的边境
        保护    补贴    支持         支持政策    保护政策
        政策    政策    政策
            ┌──────┼──────┐         ┌──────┼──────┐
          研发   生产   流通        研发   生产   流通

    绿箱补贴支持程度高,            黄箱、绿箱支持空间大,
    部分黄箱补贴转向蓝箱补贴        蓝箱补贴大多闲置未用

    农民生产积极性提高              一定程度降低农业生产成本

    产量上升、出口增加              产量上升、出口增加

    国际农产品价格被压低            国际农产品价格被压低

  发达国家之间农    发达与发展中国家之    发达国家之间农
  产品反补贴摩擦    间农产品反补贴摩擦    产品反补贴摩擦

                       农产品反补贴摩擦
```

图 5-10 农产品反补贴摩擦的发生机理

5.5 农业保护政策下农产品"数量限制摩擦"分析

5.5.1 农业保护政策下农产品数量限制摩擦的特征

WTO 旨在通过推进贸易自由化来实现全球资源的优化配置，从而提高全世界的福利。然而，由于各国发展水平的差异性，特别是各国产业发展水平的差异性，在此情况下，实行同样的贸易自由化，无论是发展中国家，还是发达国家，都将面临许多风险或损害，虽然这些风险或损害的大小可能有所不同。如果出现这种情况，该成员国可以暂时限制该产品的进口，即采取数量限制措施。具体说来，农业保护政策下农产品数量限制摩擦的特征如下：

1. 数量限制争端主要集中在生产和贸易大国

通过整理 1995～2005 年期间 WTO 受理的涉及《农业协议》或《保障措施协议》的农产品贸易争端，从国家类型进行分析，进而探讨和分析其中的特征和规律（见表 5-11）。通过对近 10 年来农产品数量限制摩擦案例的归纳分析，可以看出：首先，与数量限制有关的争端主要集中在美国、欧盟、韩国、印度、智利及阿根廷等农产品生产和出口大国；其次，发达国家是与数量限制相关争端的主要发起者，在争端启动和解决过程中占据主动和优势地位，大多数发展中国家只能处于被动和从属地位；最后，由发达国家发起的数量限制争端通常能够得以顺利和解或终结，而由发展中国家发起的争端，特别是对发达国家发起的争端，则往往以被搁置或撤回申诉而告终。

表 5-11　　　　　　　　　与数量限制相关的争端涉案国家统计

起诉方国家类型	被诉方国家类型	案件数量	所占比例（%）
发达国家	发达国家	5	24
发达国家	发展中国家	8	38
发展中国家	发达国家	1	5
发展中国家	发展中国家	7	33

资料来源：WTO 农产品贸易争端案例库，转引自王蓓雪：《WTO 框架下的农产品贸易争端及其解决机制研究》，清华中国知网（CNKI）——中国优秀博硕学位论文全文数据库，2006 年，第 58～133 页。

2. 进口国实施保障措施具有较强的产品针对性

就产品范围而言，保障措施可以针对"任何产品"，然而在具体问题中，实施保障

措施是针对造成某成员国进口损害的那种产品,而不应该针对其他进口产品。因此,保障措施协议是针对造成损害或有损害威胁的某一特定产品。另外,根据世贸组织其他相关协议,对于农产品的保障措施有特殊规定:农产品的非关税措施关税化以后,如果进口急剧增加,并对国内产业造成较严重的影响,世贸组织成员方可以援引《1994年关税与贸易总协定》保障条款、《保障措施协议》及《农业协议》规定的特殊保障措施,以维护自身的贸易利益。可见,进口国在实施保障措施的过程中具有较强的针对性。

3. 进口国使用保障措施具有较高的透明度

关贸总协定明确规定其宗旨是"大幅度地削减关税和其他贸易障碍",并规定了数量限制的一般取消等原则,故此,西方发达国家往往在降低关税的同时,寻求一些所谓的"灰色区域"措施,如"自动出口限制"、"有秩序销售协定"等。这些措施一方面限制了外国产品进入,保护了本国的工业,另一方面又不与关贸总协定的规定相抵触,具有隐蔽性。此外,从发达国家来讲,"灰色区域"措施的非法化,迫使其将注意力转向保障措施上来。"灰色区域"措施干扰和影响了保护措施的正当运用,背离了最惠国待遇原则的要求。故为防止滥用保障措施和维护其正当性,在"乌拉圭回合"中,达成了《保障措施协议》。在此情况下,发达国家便转而更青睐于"保障措施"的使用。

4. 出口国实施保障措施具有主观性

在世贸组织协议中,由于保障措施规则相对来讲较为简单,不但发达国家愿意采用,发展中国家也使用得愈加频繁。由于保障措施调查不需要证明存在"不公平"贸易行为,只需要证明进口增长给进口国相关产业带来了严重损害或损害威胁即可,而是否存在严重损害或存在严重损害威胁在判断上又有着很强的主观性,因此,颇有"欲加之罪,何患无辞"的味道。可以预料,保障措施将是未来贸易摩擦的新热点,也是建立贸易摩擦预警机制必须关注的一个重要方面[①]。

其主观性还表现在,对于数量限制的对象选择方面存在的差异。发达国家实施数量限制主要集中于来自发展中国家的,且主要集中在本国已属夕阳产业的产品进口;与之相对的,发展中国家实施数量限制的主要目的是保护在本国国民经济体系中居于主导地位的传统产业。

5. 保障措施具有灵活性和时效性

由于数量限制措施种类繁多,在实施时可以任意选择其中的一种,如进口国既可以单方面地实施进口配额,也可以通过谈判,迫使出口国实行"自动出口限制"

---

① 王厚双:《直面贸易摩擦——对外贸易摩擦预警机制的构建》,辽海出版社2004年版,第125页。

或"有秩序销售协定",等等。就是同一种措施,在实施时也有一定的伸缩性,可灵活使用。与此同时,保障措施从法律上和程序上都相对简单,发达国家和发展中国家都可以采用。由于保障措施调查不需要证明贸易过程中存在"不公平"的事实,因此其调查分析也比较直截了当,只需要证明进口的增长给本国产业带来了"严重的损害"即可[①]。与反倾销、反补贴等的相关措施相比,其自申请提交、通过,到措施的实施及效果的产生过程相对更直接,历经时间更短,因而具有较强的时效性。故此,发展中国家也可能会越来越多地使用这一手段。

5.5.2 世界农业保护政策下农产品数量限制摩擦的发生机理

根据世贸组织 1995~2002 年间受理的农产品贸易争端的数目统计显示,在货物贸易争端中,农产品贸易争端居于重要地位,约占 1/3 强。由于农产品贸易本身是贸易争端的多发地,因此,农产品贸易争端就成为国际贸易争端的重中之重。

作为一种劳动密集型产品,大宗农产品的生产及出口主要集中在发展中国家,而考虑到农业在一个国家的重要地位,世界各国纷纷实行农业保护政策。于是,因农业保护政策而起的农产品贸易摩擦愈演愈烈,其中紧急数量限制摩擦是继反倾销、反补贴及技术性贸易壁垒之后的又一重要摩擦形式,在发达与发展中国家之间应用得尤其广泛。就现有的农产品紧急数量限制案例来看,主要集中在发达国家对发展中国家的实施为主。故对于农产品紧急数量限制摩擦的机理分析应从发达国家入手。

对于发达国家来说,基于其自身利益而对农产品生产的保护使其对农产品进口数量的增加非常敏感(无论是绝对数量还是相对数量的增加)。当大量农产品进入到该国时,由于进口的农产品本身所具有的竞争优势,致使进口国的消费者纷纷转向进口农产品,使得本国的农产品销量减少,从而影响到本国生产者的利益。如果这种情况持续下去,就会造成本国农业生产的萎缩,农民大量的失业,进口国的经济安全就会受到威胁,这种情况在当进口国是发展中国家时,表现得尤为明显。因而,当一国发现别国因对其进口农产品的数量有较为显著的增加,而导致对其本国相关产业造成实质损害或损害威胁时,就会向 WTO 贸易委员会提起紧急数量限制申诉。如果经调查属实的话,就会对该国的该产品征收关税或实施关税配额,进口农产品的价格就会上升,且允许进口的数量将会有显著减少,从而使进口国农民的

---

① 这种判定具有较强的主观性。

利益受到保护，农业安全得到保护。

而对于发展中国家来说，受其自身发展程度的影响，在相当长一段时期内将继续保持其以农产品为主的劳动密集型产品的大量出口，故容易招致数量限制诉讼。一旦其对进口国相关产业的实质损害或损害威胁事实被确认，就会受到启动数量限制。就现实情况来看，由于其出口农产品种类的单一性，如果发展中国家被实施数量限制，其遭受的损失对其本国而言可以说是非常惨重的，农产品数量限制贸易摩擦的发生机理如图5–11所示。

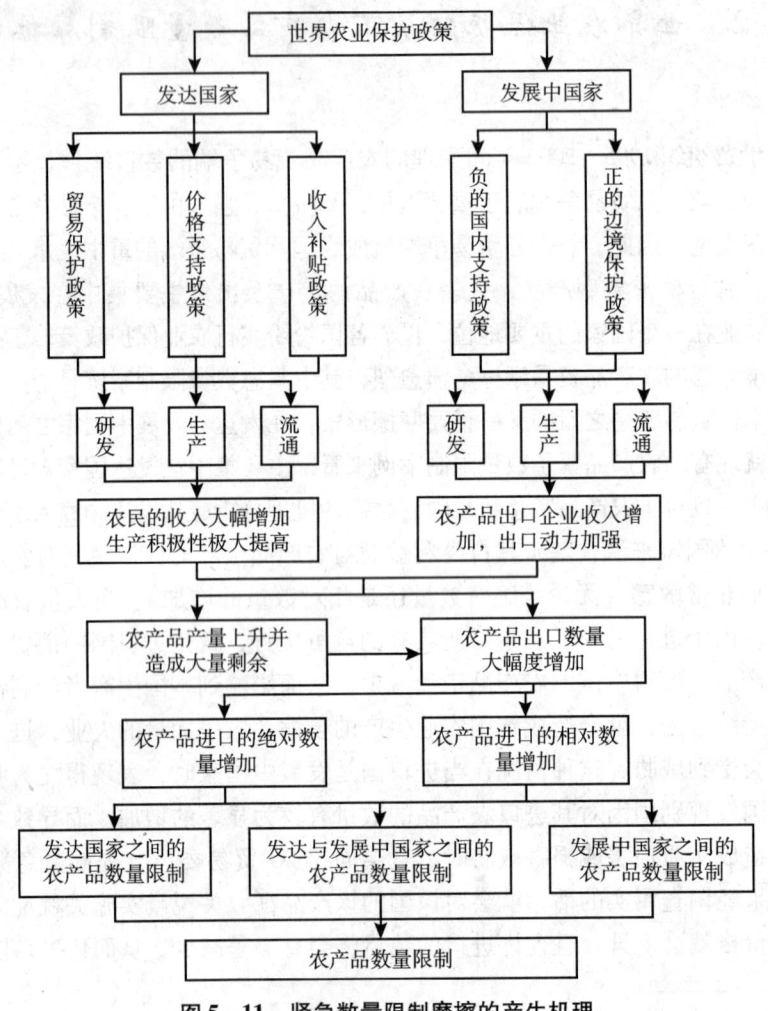

图5–11 紧急数量限制摩擦的产生机理

第6章 基于农业保护政策视角的农产品贸易摩擦解决途径

6.1 农业保护政策下农产品贸易摩擦解决的导向原则

6.1.1 目标导向原则——不以消除摩擦和贸易保护政策为目的

1. 农业保护政策和贸易摩擦的客观存在性分析

(1) 农业保护政策的客观存在性分析。首先,农业的产业属性使农业保护成为必然。农业的弱质产业属性决定了农业很难依靠本行业的力量自行向前发展,以国家安全以及食品安全为代表的非贸易关注等问题迫使政府对农业采取一定的干预政策,而农业的多功能性、正外部性等特有的性质则使政府对农业的政策倾向于保护。其次,农业保护的各种利得使农业保护得以长久存在。从利益集团的角度来看,农业的保护政策是农业政策的供需市场决定的,从政策的需求来看,农业保护政策的提出是由于农业经济体在保护政策中可以得到实际的生产、销售等方面的利益。而从供给角度,则表现为农业保护政策的提供可以使供给者得到农业经济和个体的支持,获得政治地位等。最后,从博弈的角度,农业保护是一种囚徒困境,各国无法通过个体的理性达到集体利益的结果,在这种情况下,为了避免己方的损失,各国倾向于采取更高的农业保护,以阻吓对方,各国的国家意志推动全球农业保护不断升级。

(2) 贸易摩擦的客观存在性分析。贸易摩擦作为贸易双方之间的一种矛盾,其产生和存在是必然的。只要贸易双方存在着利益上的不一致以及己方利益最大化

的倾向，则矛盾的产生不可避免。无论是在贸易保护主义的思潮下，还是在贸易自由化的进程中，贸易摩擦始终贯穿整个贸易的发展历程。作为贸易的"副产品"，贸易摩擦的数量不断扩大，领域和范围日渐广泛。作为贸易摩擦的一部分，农产品贸易摩擦也是客观存在的，不可能完全消失，只是在不同的时期有不同的类型和程度，呈现不同的特征。不同的国家进行农产品贸易，只要有利益联系，就必然存在贸易摩擦。贸易摩擦不能从根本上消除，只能在一定程度上加以控制。这里的控制并不单纯是平息贸易纠纷或者贸易冲突，而是要基于合理的分析，减少引发世界农产品贸易摩擦的各种原因，尤其是贸易保护等政策性因素。

基于上述分析可知，农业保护的存在也是农业发展的必然产物，作为一种客观必然，不可能要求农业保护完全消失，但是，实践中，可以通过种种措施使农业保护控制在合理的范围之内，如降低发达国家的农业保护程度、转变发展中国家的农业政策，等等。所以，期待消除摩擦和贸易保护政策是不现实的，农产品贸易摩擦的解决只能依靠调整世界农产品贸易格局，规范世界农产品贸易秩序等方法，推动农产品贸易竞争的公平有序发展。

2. 贸易摩擦和农业保护政策调整目标

（1）优化世界农产品贸易格局。由于农业保护特别是农产品贸易的保护政策，使农产品贸易流向及贸易格局在相当程度上被扭曲了，并引致农产品贸易摩擦，而农产品贸易格局的优化则在一定程度上可以约束或减轻这种扭曲。因此，优化农产品贸易格局也就成为了解决贸易摩擦、调整农业保护政策的首要原则。

（2）恢复世界农产品贸易秩序。由于农产品贸易长期游离于 GATT 和 WTO 之外，造成了农产品贸易未能得到来自多边协议的有效规范，而《农业协议》对农产品贸易所做出的诸多的例外条款以及协议本身所存在的灰色区域，使世界农产品贸易的秩序混乱，较易引发贸易摩擦。因此，为了减少贸易摩擦，政策的调整等应以恢复世界农产品贸易秩序为导向。

（3）建立农产品公平公正的贸易环境。贸易环境的公平公正与否直接决定了贸易摩擦的数量和程度。在不公平、不公正的贸易制度下，很难杜绝贸易的一方因为强烈的利己动机所进行的各种有违贸易关系良好发展的行为。从出口国来说，可能表现为倾销、大量补贴以促进出口，而从进口国来说，则可能表现为实施的贸易壁垒等。因此，无论是为减少摩擦所做出的努力，还是为解决摩擦而实施的行为都要以国际农产品市场的健康发展为目标，以推动世界农产品贸易的公平竞争、建立公正的贸易环境为原则进行。

（4）推进贸易摩擦解决手段正规化。目前政治力量介入摩擦解决的现象日益

严重，特别是一些大国利用自己的政治势力，通过强迫的形式解决与小国之间的贸易摩擦，这种做法本身将导致新的摩擦的产生。因此，应提倡以经济的手段解决贸易摩擦，避免贸易摩擦政治化。

6.1.2 程度导向原则——适度控制

过度的农产品贸易摩擦对世界农产品贸易发展有阻碍作用，然而农产品贸易摩擦的客观存在性，决定了我们并不能将农产品的贸易摩擦从根本上消除。因此，将农产品贸易摩擦限制在适度的程度将是解决过度农产品贸易摩擦的方法。

1. 适度的界定

所谓适度的农产品贸易摩擦是各国能接受或者说能容忍的摩擦，是不致使贸易的一方完全得不到贸易利益的摩擦。考虑到适度概念本身的模糊性，农产品贸易摩擦的适度可以从以下角度理解：（1）农产品贸易摩擦数量的适度性。农产品贸易摩擦数量的适度性涵盖了两个方面：①从纵向来看，某国一年内农产品贸易摩擦的数量与该国历年或基期的数据相比，其数量有所下降，或者增幅不超过一定的程度；②从横向来看，某国一定时期内的农产品贸易摩擦的数量在世界农产品贸易摩擦数量中的比重，比以往有所下降，或者增幅不超过一定的程度。（2）农产品贸易摩擦程度的适度性。农产品贸易摩擦程度的适度性主要是指涉案的金额控制在一定的范围之内，与数量适度性相似，从纵向来看，某国在一定时期内的涉案金额与历年同期或基期相比其增幅应该在一定程度内。而从横向来看，某国在一定时期内的涉案金额应与其在世界农产品贸易市场中所占的市场份额相对应。（3）农产品贸易摩擦影响的适度性。农产品贸易摩擦自产生后无论其解决与否都会对双方产生一定的影响，因此强调这种影响的适度性是必要的，具体来说，这种适度性表现在，对农产品贸易的阻碍作用必须限制在一定程度之内，不能破坏双方的合作关系等等。

2. 适度的范围

如图 6-1 所示，纵轴表示贸易摩擦的数量、程度以及影响等，横轴以时间为单位，记录贸易摩擦的特征值。根据农产品贸易的各项指标，规定适度贸易摩擦的上限为 M，根据前述对适度贸易摩擦的定义，当农产品贸易摩擦的程度低于 M 时，贸易双方都能获利，且利益分配相对均衡，双方都能接受，而一旦农产品贸易摩擦程度超过 M 时，由于贸易利益分配极度不均，贸易一方就只能获得很小一部分利润或根本没有利润，使贸易一方无法忍受，这就是过度的农产品贸易摩擦。事实表

明，过度的农产品贸易摩擦对世界农产品贸易的正常发展有极大的阻碍作用，所以，要将农产品贸易摩擦控制在一个适度的范围内，推动世界农产品贸易的正常发展。

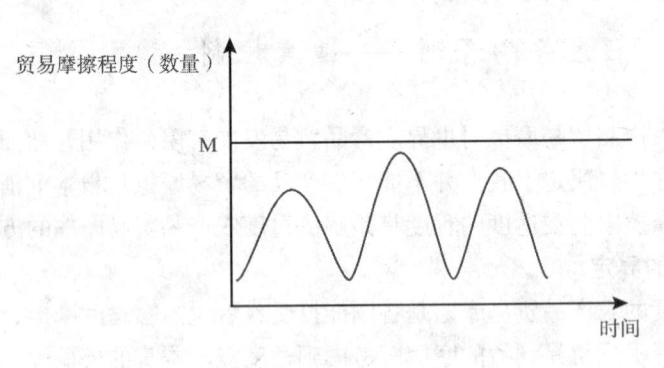

图 6-1 摩擦的适度性

3. 适度的指标

适度的农产品贸易摩擦不仅对建立和维护世界贸易秩序有积极作用，而且可以促进贸易公平化。农产品贸易摩擦是客观存在的，不可能完全消失，各国要理性和客观地认识和面对这一事实。世界贸易组织应致力于消除旧贸易体系中不合理的方面，建立公平合理的新贸易体系。各国要本着平等互利的原则进行农产品贸易，推动世界农产品贸易向着公平合理的方向发展。通常情况下，对于农产品贸易摩擦的适度性可以用以下指标加以衡量：

（1）农产品贸易摩擦数量的适度性指标。

①贸易摩擦数量的变化率＝某国本期的贸易摩擦数量/该国基期的贸易摩擦数量。当这一指标小于一定值时，则表明从本国角度参与的或遭受的农产品贸易摩擦是适度的。特别是当实际值小于 1 时，表明该国的贸易摩擦数量是绝对减少的。

②贸易摩擦数量的国际份额＝某国本期的贸易摩擦数量/同期世界市场的贸易摩擦数量。根据该国农业在世界市场中所占的比例以及历年来的指标数据，规定合理数值，当该指标的实际值小于规定值时，其贸易摩擦的数量是适度的。一般来说，该值越趋近于 0，则贸易摩擦数量越为适度。

（2）农产品贸易摩擦程度的适度性指标。

①贸易摩擦程度的变化率＝某国本期贸易摩擦的涉案金额/该国基期的贸易摩擦的涉案金额。与"贸易摩擦数量的变化率"指标类似，当实际值小于 1 时表明

该国的贸易摩擦程度的绝对下降。考虑到农产品贸易额不断增加的事实，通常将目标值定为大于 1，当这一指标小于该目标值时，则表明在本国角度其参与的或遭受的农产品贸易摩擦是适度的。

②摩擦的贸易份额＝某国本期贸易摩擦的涉案金额/该国该期的贸易量。此指标用以衡量在本国出口的农产品中将有多大比例的产品遭遇贸易摩擦。通常情况下，首先通过对历年该指标的统计以及与本国有相同市场份额的同类国家的该指标的统计确定出一目标值。当实际值低于该值时即为适度。

（3）农产品贸易摩擦影响的适度性指标。

①对目标市场国的贸易阻碍度＝贸易摩擦的涉案金额/由于该摩擦所造成的出口国在目标国市场的后续损失。后续损失是指，由于该摩擦的产生使得出口国在进口国市场上的出口额的减少。一般来说，贸易阻碍度越高，则贸易的影响越大，特别是当后续损失等于出口国在该目标市场上的总出口额时，贸易是被完全阻碍。

②贸易摩擦的关联影响程度＝贸易摩擦的涉案金额/由于该摩擦所造成的出口国在世界市场的后续损失。由于贸易的关联性以及摩擦的扩散效应等，两国的贸易摩擦很可能成为多边贸易摩擦的开始。因此，此指标从动态的角度说明贸易摩擦影响的适度与否。

6.2 基于农业保护政策视角的农产品贸易摩擦宏观层面解决途径

6.2.1 制度重构：WTO 国际农产品贸易制度调整

农产品贸易摩擦的事实表明，现有的制度无法满足农产品贸易的实际需要。在这种情况下，对农产品贸易制度的重构势在必行。仅依靠建立谈判机制和修补农业协议的方式是不足以从根本上解决农产品贸易摩擦问题的，必须通过 WTO 多边谈判重构世界农产品贸易制度。

1. 现有国际农产品贸易制度的局限性分析

（1）现有贸易制度成为维护发达国家利益的工具。从整体上来看，发达国家与发展中国家的谈判地位完全不对等，目前国际农产品的格局完全以发达国家为主导，因此在贸易制度的制定上不可避免地受大国利益的影响。以美国为例，为了使

农产品出口贸易保持4%~10%的增长率,美国政府的农业政策中心将以"价格支持为核心"调整为以"贸易自由化为基本内容"。因此,美国便利用其在国际贸易中的影响力要求发展中国家进一步实现农产品贸易自由化,使己方获得更大的利益。

(2) 现有贸易制度无法解决农产品贸易自由化和发展中国家的贫困化问题。一方面,发达国家以自由贸易能够促进发展中国家以及整个世界福利水平的增加为借口,提出"农产品贸易自由化"的论点,迫使发展中国家开放国内农产品市场,降低农业保护,然而另一方面,在现有的制度下,大多数的发展中国家并未分享到农产品贸易自由化的利益,反而出现了贫困的增长。由于发展中国家市场发育的不完善和市场体制的脆弱,在内部市场上无法应对发达国家具有"政策优势"的农产品的冲击,在外部市场上无法控制世界农产品的价格,造成了农民收入的极不稳定。从实证角度来看,现有的贸易制度显然不是农产品贸易自由化的倡导者所预期的。20世纪全球农作物产量翻了一番,农产品贸易量翻了好几倍,但整个发达国家与发展中国家的差距却越拉越大[①]。

在20世纪80年代,最富裕的国家和地区的收入是最贫困国家和地区的收入的50倍,然而这一差距在20世纪90年代已经扩大到了150倍。市场的开放程度越高,参与国际分工越深入,社会的整体福利的下降反而越大,这使发展中国家的农业发展陷入两难境地。而在现有的农产品贸易制度下,这种两难选择是不可避免的,要从根本上改变这种情况只能依赖于贸易制度的重构。

(3) 现有的农产品贸易争端解决机制存在明显缺陷。虽然WTO争端解决机制已经比GATT时期的争端解决机制有了很大的改进,但仍有不足之处。一方面,其他国家报复违约国的行动必须得到WTO的授权,而WTO争端解决机制的漫长程序和步骤使违约方有机会通过否决专家组的人选等方式影响WTO的授权行为,进而降低了其他国家报复的可行性。另一方面,争端解决机制的最终目的是要促进有关国家就争端进行谈判和磋商,只有所有的谈判和磋商都失败之后才能授权起诉方进行报复。所以,现有的争端解决机制既增加了报复的时间成本,又降低了报复行为的主动性,不利于可行性的提高,因此最终难以抑制有关国家的投机行为。因而,WTO争端解决机制的这种缺陷实际上促成了贸易摩擦的发生和加剧[②]。在这种

[①] 陈芳森:《国际农产品贸易自由化与中国农业市场竞争策略》,中国海关出版社2001年版,第156页。

[②] 唐宇:《中国面临贸易摩擦之根源分析》,载《中国社会科学院研究生院学报》2004年第5期,第251页。

情况下,缩短农产品贸易争端的解决时间和约束成本是 WTO 争端解决机制重构的关键。

(4) 现有的农产品贸易制度下发展中国家与发达国家的权利和义务存在着明显的不对等。《农业协议》签署后,发达成员利用协议的缺陷,极力规避履行协议规定的义务,继续对本国农产品实行保护①。这种保护主要表现在市场准入方面。在关税超过 30% 的农产品中,美国有 20%,欧盟有 25%,日本有 30%。发达成员规避协议规定义务的措施,增加了农产品贸易争端发生的潜在可能性。与发达国家相对,在现行的农业贸易制度下,发展中国家的义务大于收益。减少贸易摩擦的大部分义务被发达国家凭借强大的经济实力强加于发展中国家,使发展中国家得不偿失,这种不平等性必然会在长期影响贸易摩擦的解决。因此,对更为广泛的多边贸易体系来说,农产品贸易制度的重构,需要平衡发达国家与发展中国家的权利和义务。协调双方的利益,建立权利和义务相挂钩的农产品贸易体系才能从根本上促进整个世界农产品贸易制度的重构。

2. 农产品国际贸易制度重构的关键

从理论上讲,农产品贸易自由化是国际贸易发展的趋势,然而,在推进农产品贸易自由化的过程中,却遇到了种种阻碍。一方面,国际分工所依赖的自然禀赋是有限的,这制约了国际交换以及以初级农产品为代表的国际贸易;另一方面,科技的进步在促进国际分工的同时,也影响着世界贸易利益的格局。资本流向东方,利润流向西方已经成为不争的事实。因此,在 WTO 框架下,贸易体系的重构的关键是建立相对公平并能够促进一定程度上自由贸易的制度体系。从现有的贸易实践来说,这些问题集中表现在以下两方面:

(1) 发达国家取消关税高峰和关税升级。这是平衡发展中国家与发达国家之间权利和义务的主要方法。目前 OECD 国家农产品关税的平均约束水平为 45.2%,其中挪威、瑞士、冰岛等国家关税税率均在 100% 以上;低于全球平均关税约束水平的欧盟、加拿大、日本、墨西哥也分别为 22%、24%、33%、43%,只有美国较低为 12%②。而以中国为代表的发展中国家在农业关税保护方面是远远低于发达国家的(见图 6-2)。因此,必须使发达国家的关税保护逐步下降,否则,无法实现权利和义务的平等。

---

① 王恩江:《国际农产品贸易争端成因与对策研究》,清华中国知网(CNKI)——中国优秀博硕学位论文全文数据库,2004 年,第 46 页。
② 程国强:《寻求相对宽松与公平》,载《国际贸易》2003 年第 1 期。

```
    (%)
  50.00              40%
  40.00      26%  27%
  30.00  14.57%
  20.00                  11%
  10.00
   0.00
       中国  欧盟  日本  韩国  美国
```

图 6-2 中国与主要 WTO 成员国农产品关税高峰比较

资料来源：(1) 中国加入 WTO 转让表；(2) 程国强：《寻求相对宽松与公平》，载《国际贸易》2003 年第 1 期，第 26 页。

(2) 取消发达国家特殊保障条款。WTO 成员中有 36 个国家保留了使用《农业协议》中专门为经过关税化并在国家的减让表中标有 SSG 字样的产品制定了特殊保障措施的权利，该保障措施赋予进口国家当某些产品的进口数量或进口价格达到一定水平（数量触发以及价格触发）时可对这些产品征收附加关税的权利。但包括中国在内的大多数发展中国家由于没有实施关税化，所以没有实施特殊保障措施的权利，这造成了在农产品贸易实践中特殊保障措施为发达国家所专用。为了平衡发展中国家与发达国家之间的权利和义务，必须取消发达国家的特殊保障条款。另一方面，为了落实对发展中国家的差别待遇必须要求建立面向发展中国家的特殊保障机制①。

3. 农产品贸易制度重构的方向

(1) 各国根据国情决定农产品贸易自由化的程度。贸易自由化并不能保证所有国家的经济都实现充分增长的这一论点已经得到充分的证实。在许多国家特别是贫困国家，并没有从自由贸易中获得任何益处，反而遭受了严重的经济损失。与此同时，贸易的迅速自由化虽然导致进口的急剧增加，但是出口未能同步增长，发展中国家的贸易逆差普遍增大。除中国外的发展中国家，20 世纪 90 年代的平均贸易逆差与 20 世纪 70 年代相比，按国内生产总值计算，增加了 3 个百分点，而平均经济增长率则下降了 2 个百分点②。由于各个国家经济发展起点的不同，发展水平存在的差异，各国企业和农业的实力、技术资源能力等的不同，使贸易自由化的程度在不同国家也有所不同。

(2) 政府在制度的重构中发挥愈加重要的作用。作为国家的代言人，政府将

---

① 苏科五：《规则与选择——WTO 框架下中国农业支持政策研究》，河南大学出版社 2004 年版，第 24 页。
② 数据根据联合国贸发会议 1999 年报告整理。

在制度重构过程中起到特殊作用，而这种作用对于发展中国家来说至关重要。具体来说，要保护穷人的生存权利、为穷人提供起码的生存条件，则发展中国家必须在重构贸易制度的过程中据理力争。而政府正是实施这种手段的首选主体。从国际方面来看，发展中国家面临着国际贸易条件恶化、国际农产品市场向发达国家倾斜的不利因素，而从国家内部角度来看，发展中国家面临着加强耕地保护和改良、农业基础设施的建设和维护、农业生态环境的改善和治理、农业科技的开发和农业技术的推广等要求。而这些要求和问题的解决只能依靠政府在开放的环境中进行努力。

（3）平衡发达国家与发展中国家的权利和义务。由于发达国家在减少贸易摩擦后将获得更大的利益，因此发达国家必须承担相应的义务。而这种权利和义务的不对等性源于发达国家与发展中国家之间地位的不平等。因此，未来贸易制度的重构应该建立在平等的基础上，首先消除发达国家与发展中国家之间地位的不平等，在此基础上消除权利和义务的不平等，从而最终建立合理的农产品贸易制度。

4. WTO 国际农产品贸易制度重构途径

为了实现上述制度重构的方向，世界各国应结合本国的实际，充分利用 WTO 的相关规定以实现自己在贸易中的合法权益，从而实现贸易制度的平等。

（1）发展中国家结成农业谈判利益集团。一方面，发达国家应在进一步实现农产品贸易自由化的基础上，逐步承担自己在解决贸易摩擦中所应履行的义务。结合目前发达国家常作为贸易争端的一方的实际情况，考虑到发达国家在贸易摩擦中利益与义务的不对等性，发达国家加强履行义务的力度是制度重构的关键。另一方面，发展中国家应在主张己方合理利益的基础上，结成农业谈判利益集团，以改变不平等的贸易制度。贸易利益集团作为一股新生力量在农产品贸易谈判中越来越显示出重要的作用。从发展中国家自身力量来说，采取贸易利益集团的手段更容易在 WTO 的各轮谈判中争取到合法权利。国家间政府的相互协调已成为贸易制度重构的有效途径。

（2）农产品主要贸易国间多边的谈判。多边谈判可以促使发达国家与发展中国家之间进行有效的沟通，并在此基础上权衡各方的利益，从而做出对各方都较为有利的决定。在贸易不断发展、贸易关系错综复杂的今天，多边谈判比双边谈判更能有效地解决农产品贸易制度重构问题。现有的贸易制度是建立在 WTO 的《农业协议》基础之上的，《农业协议》本身就是多边谈判达成的，因此，通过多边谈判对现有贸易规则不断修正和完善，使发达国家与发展中国家间的权利和义务趋于平衡，有利于构建一个农产品贸易的国际秩序和体系。

6.2.2 从竞相保护走向合作：发达国家农业政策的调整

1. 发达国家农业竞相保护及走向合作的必要性

如前所述，农业保护政策尽管刺激了国内农业的生产，也满足了国内政治利益的需求，但却在国内外引发了一系列不良后果，如严重的财政负担、干预的低效率等。在发达国家内部，农业保护政策的改革呼声日益强烈，成为改革的内在动力，而在国际上日益激化的贸易摩擦以及长期疲软的农产品贸易市场则从外部促进了发达国家农业政策保护的降低以及农产品市场的开放。

（1）过高的农业保护使发达国家付出了沉重的代价。发达国家通过农业保护虽然实现了主要农产品（尤其是粮食）的自给自足，但整个社会却为之付出了高昂的代价。

①农业保护造成资源配置效率的损失。在自由经济中，市场中所存在的不同的生产部门通过发出正常的价格信号引导资源在各个部门的合理配置，而发达国家的竞相保护却完全摧毁了这一机制。一方面，国内的农业保护使农产品成为生产利润较高的行业，因此大量资源涌入该行业，掩盖了农业部门资源配置的不合理性；另一方面，由于发达国家之间竞相保护造成世界市场上农产品的供不应求，在持续降低的农产品市场价格下，为了维系既定的农业资源配置，政府不得不继续对农业进行保护，最终将导致政府的不堪重负。而资源的这种配置效率的丧失，在社会总资源有限的情况下，使许多原本可以创造更高收益的资源被滞留在农业部门。

②农业保护造成了社会分配的不公正。最明显的证明是农民收入的增长并非由农业经营效率提高而形成，而是从农业的各种补贴中得到。这些补贴的实质是以牺牲非农收入来维护农业生产者的利润，这必然会导致社会分配的不公。

③农业保护加重了消费者和纳税人的负担。在农业生产方面缺乏比较优势的国家实施农业保护政策，通常意味着国内农产品价格高于同类产品的国际市场价格，因而，国内消费者要付出较之在自由贸易条件下高得多的代价，才能购买到必需的农产品。例如，与自由贸易条件下相比，农业保护政策使发达国家国内的牛肉价格提高了3%～92%，小麦价格提高了13%～110%，食糖价格提高了12%～97%。

④农业保护政策导致的寻租现象造成了巨大的福利损失。根据寻租理论，市场经济条件下政府对经济活动的干预和管制必然会产生各种形式的租金以及为争夺租金而展开的各种斗争，这种现象也同样出现在农业保护中。一方面，政府的农业保护政策为农业部门带来了可观的利益，为了维护和扩大这种利益，农业利益集团往

往不惜投入大量的人力、物力、财力从事各种政治游说活动,并通过各种方式对政府施压。农业利益集团为寻租所支出的大量资源从社会角度看纯粹是一种浪费,它们不是花费在增加社会财富上,而是花费在试图改变财富分配结果上。另一方面,农业保护政策提供的大量制度租金、寻租机会和寻租行为孕育了许多靠农业保护获利的利益集团。如持有农产品进口限额许可证的进口商、获得农产品和投入品流通垄断权的农协组织,以及握有农业补贴的分配权的官员等,这些都造成了大量的损失。

(2) 农业的竞相保护使农产品贸易摩擦愈演愈烈。一方面,农业的竞相保护使农产品的国际贸易秩序混乱。由于农业的弱质属性,虽然贸易自由化的进程不断深入,但农产品的国际贸易一直游离于国际贸易自由化的体系之外。尽管经历了长期谈判,但在农产品贸易方面的进展非常有限。由于各国农产品的竞相保护,对农业的国际贸易产生了两个消极影响:①农产品关税居高不下。在过去的半个多世纪里,工业制成品的平均关税已经从40%降到了4%左右,而农产品的关税却仍然停留在40%~50%之间。②农产品贸易增长缓慢。同样对比工业来看,在同一时期,工业制成品贸易总额放大了近17倍,而农产品贸易总额增长还不到6倍。另一方面,农业保护政策使各国农产品贸易愈演愈烈。简而言之,在封闭的市场里,各国出台的农业支持政策是属于国内事务的,然而,当各国参与全球经济的时候,这些农业支持政策相互交织,则必然会产生相互制约和影响。农业政策使高成本的农产品得以保护,破坏了市场秩序,从而引发了农产品贸易的摩擦。

(3) 农业的竞相保护承受着来自WTO的压力。WTO规则和反倾销反补贴已经成为各国农业政策最直接的压力。而其中的《农业协议》直接对成员国的农业政策具有约束力。《农业协议》的制定减少了国家间进行农业竞相保护的空间。例如,发达国家的AMS[①]在6年内削减了20%,发展中国家在10年内削减了13.33%。美国、加拿大、澳大利亚、日本和欧盟等迫于《农业协议》的约束已逐步转变了农业政策。

2. 发达国家农业竞相保护及走向合作博弈的途径

由于经济全球化的不断发展,发达国家的农业补贴必将遭到来自他国的同样的待遇,而农业贸易保护主义泛滥的不良后果促使发达国家的农业政策向减少政府保护和开放方面调整。然而,农业的弱质产业属性决定了对农业进行支持和保护在全球范围内是普遍的现象。而政治经济学的理论则说明发达国家农业保护的必要

---

① AMS:农产品国内支持总量,即黄色补贴、蓝色补贴和绿色补贴之和。

性，因此发达国家的农业补贴削减不可能由单一的国家开始发起，而要在多国同时发起削减则必须有一个很好的信息传递机制，这些传递机制就成为发达国家农业竞相保护及走向合作博弈的途径。

（1）开展发达国家间定期的多边谈判。谈判作为一种信号传递机制在当今的贸易中发挥着越来越重要的作用，而多边谈判正是针对当前普遍存在的多边贸易状况产生出来的。与传统的谈判相比，多边谈判有着无可比拟的优越性。

①多边贸易谈判可以协调各个贸易国之间的利益。由于各国存在着不同的利益集团，而各国又有出于自身政治、安全等方面的考虑，因此，各国对农业有着不同的态度。发达国家特别是贸易大国虽然可以通过农产品贸易的限制措施，来促进本国政府和各个利益集团利益的提高，但是这种方式会遭到来自同样的贸易大国的同种方式的限制并最终导致全体福利的降低。而多边贸易谈判可以避免这种博弈的困境，通过协议各国之间可以找到一个平衡点来降低农业保护的力度，从而减少贸易摩擦和增进各集团的福利。而对于发达国家中的农产品贸易小国来讲，更需要通过多边的谈判来得到额外利益。对于贸易小国而言，无论是对市场价格的控制能力还是对贸易摩擦的应对能力，都处于弱势地位，因此，其贸易利益更应该通过促进多边的贸易谈判来实现。

②多边谈判可以平衡各个集团之间的利益。在发达国家中农业利益集团和工业利益集团对贸易保护有着截然不同的态度。农业利益集团要求有效率的国内农业支持政策，而工业利益集团则倾向于实施自由贸易，在竞相博弈中这对矛盾是不可调和的。而多边谈判可以有效地平衡这一矛盾，即通过减少贸易保护政策使两大集团都得到利益。一方面，农业利益集团通过双方农业支持的减免而使本国的农业政策相对"更有效率"；另一方面，农业支持的减免往往伴随贸易壁垒的减少，从一定角度满足了工业利益集团的要求。

③多边谈判更易达成合作博弈的结局。首先，从谈判参与方来说，参与方越多，谈判越容易达成减免协议。这是因为在此情况下，各协议方因削减保护所受到的损害越来越小。其次，从谈判的议题来说，谈判的议题越多，双方走向合作博弈的可能性越大。这是因为任何一方终止多边谈判所要面对的损失都是巨大的，因此，谈判的参与方即使在某些方面不满意也不会中止谈判。最后，从谈判的时间来说，多边谈判常常旷日持久，由此积累的巨大的时间成本也使各谈判方不愿终止谈判。

（2）深化各国在农业技术上的合作与交流。农业技术上的合作与交流通过一种间接的信号传递机制使发达国家的农业由竞相保护转变为合作，其作用机理在

于,技术合作与技术交流能够加深两国间产业的关联性,从而使两国的农业产生更为紧密的联系。在这种前提下,双方更容易在农业保护问题上进行协调。而不断深化的农业技术合作使各国对他国的农业利益的限制难度增大,无论采取何种限制方式,他国总是可以通过技术合作的方式降低或减轻这种限制,从而使各国的竞相博弈得不偿失,从侧面敦促发达国家的农业向合作方向发展。

6.2.3 从负保护走向适度保护:发展中国家农业政策的调整

1. 发展中国家农业由负保护过渡到适度正保护的必要性

(1) 农业利益集团的兴起促使发展中国家农业保护政策出现调整。利益集团的兴起和壮大促进了发展中国家农业政策的调整。这种政策的变化过程如图6-3所示。

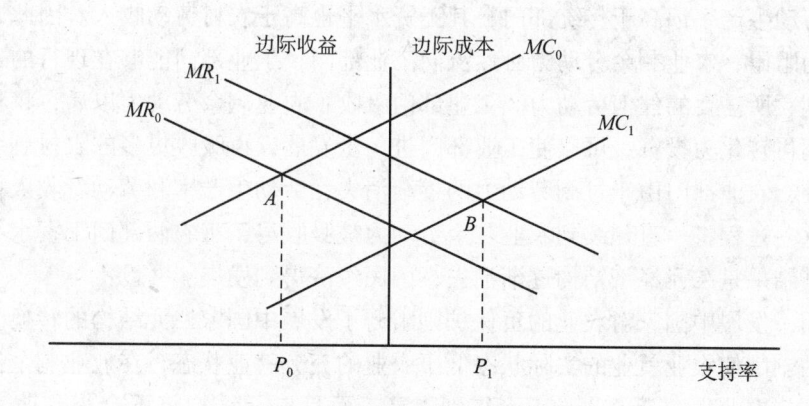

图6-3 由利益集团引起的政策变化

资料来源:金晓雯:《中国绿色农产品贸易发展和农业支持政策研究》,清华中国知网(CNKI)——中国优秀博硕学位论文全文数据库,2005年,第28页。

农业支持是由政府政策的预期收入和成本的均衡水平决定的。在这种情况下,当政策的边际成本与边际利益处于交点时,政府的预期收入最大。在经济发展的早期阶段,农业生产者由于自身处于弱势,政府从农业保护政策中所得到的收益非常低。另外,政府为支持农产品而付出的机会成本是巨大的,这是因为与薄弱的农产品生产者相比,工业生产者组成相对集中的利益集团,对政府的游说能力比较强,使政府从工业保护中得到更高的收益,而在既定的财政预算下,对农业保护的机会成本相当于放弃了由工业保护所带来的收益。在经济发展初期,这种农业支持的成

本是巨大的，因此，农业保护税率会很低，甚至为负值。随着经济的发展，各种政治力量的相对实力发生改变。农民在政治活动中势力加强，对农业支持的需求提高了，与此相应的，农业支持的边际效益曲线向右移动（即从 MR_0 移到 MR_1）。而在这种情况下，农业支持的阻力是不断降低的，其边际成本也由 MC_0 转移到 MC_1。在上述两个因素的影响下，农业的支持率由 P_0 变为 P_1。发展中国家的农业保护逐渐由负保护转为正保护。

（2）二元经济结构一元化的需要。"二元经济"是指发展中国家内存在两大部门：以现代方式组织并运用先进技术进行生产的工业部门和以传统方式组织并使用落后技术进行生产的农业部门，发展中国家的这两大部门之间的相关组织和生产有其不对称性，因而经济相互割裂，产生了"二元经济"。

发展中国家所存在的二元经济结构将随着经济的发展而逐渐消除。在二元经济结构中，农业部门中存在着大量边际生产率为零或负数的"过剩劳动力"，而工业部门的劳动生产率远高于传统部门，其工资水平也高于农村劳动收入。因此，只要没有人为阻碍，农业剩余劳动力必然流向工业部门，工业部门能够在现行的工资水平上得到它所需要的任何劳动力。工业部门吸收了农业剩余劳动力以后，将积累起来的利润再转化为投资，可以使工业部门进一步发展，再吸收更多的农村剩余劳动力。另外，农业部门由于过剩劳动力的逐渐消失，劳动生产率和劳动者收入将逐渐提高，这一过程将一直延续到农业剩余劳动力被吸收尽，工农两部门工资水平相当为止。其结果是二元经济结构逐渐消失，国民经济得到发展。

然而，发展中国家对农业的负保护则阻碍了发展中国家二元结构的转换。对农业剩余的剥削使农业就业的实际状态低于农业的充分就业状态，在农业剩余被剥削的情况下，农业生产者的收入不会得到提高，而且二元结构将不会得到改善，且二元经济结构将长期不利于整个发展中国家经济的发展。在这种情况下，为了产业平衡，要消除二元经济结构必须改变发展中国家的负的农业保护政策。结合发展中国家的农业现状来看，目前所实行的农业负保护政策将大量的农业剩余劳动力束缚在农业生产中，因此应侧重于消除对农业剩余的剥削，提高农产品生产者的收入，使农业中存在的剩余劳动力可以毫无阻碍地进入工业部门中，最终实现产业平衡。

2. 发展中国家农业由负保护过渡到适度正保护的途径

由负的农业保护政策转为正的农业保护政策是一种必然，然而不加节制的农业正保护政策必将导致类似于农业竞相保护的后果，因此，农业的适度保护将是农业发展的关键。

第6章 基于农业保护政策视角的农产品贸易摩擦解决途径

(1) 实现国内支持的途径。

①推进城市化进程,以便实现过剩农业劳动力的自由流动,通过农业劳动力的减少,实现农业劳动生产率的提高和农产品生产成本的下降,增强农业的竞争实力。

②增加政府用于农田、水利、生态等农业基础设施建设方面的支出,改善农业生产的基础条件。这不仅是从根本上提高农业生产的要素生产率的有效措施,也是实现农业现代化的根本途径之一。

③建立农业保险制度。农业生产的特点决定了农业是一个风险较大的产业。为保证农业生产的稳定,保护农民的利益,建立并完善农业保险制度是实现农业正保护的重要途径之一。在发达国家,农业保险早已成为政府保护和支持农业发展的一个重要手段。以美国为例,政府为所有参加保险的农作物提供30%的保险费补贴,投保农民的作物减产35%以上,可以取得联邦保险公司很高的赔偿金额。

(2) 实现边境政策适度保护的途径。

①发展中国家要协调与发达国家的利益。在过去的半个多世纪里,发达国家利用不合理的多边农业规则大力推行双重标准:一方面,以改善发展中国家的资源配置为借口强迫发展中国家开放其农产品的进口,造成了发展中国家农民的失业和收入下降;另一方面,发达国家千方百计地加强对国内农业部门的保护。据估计,美国的农产品贸易保护政策使发展中国家的农产品出口每年损失约110亿美元。仅美国对棉农的补贴一项,就相当于美国对非洲援助总额的3倍,使西非国家棉花种植户每年的收入减少2.5亿美元[①]。可以说发展中国家农业是深受发达国家影响的,发展中国家农业政策的调整必须在与发达国家的协调中才能取得实质性的利益,而这种普遍性的协调只有在多边谈判中才能得以实现,因此,与发达国家的协调成为发展中国家实现利益最大化的有效途径。

②协调与发展中国家的利益。随着经济的不断发展,越来越多的发展中国家将面临农业政策转变的问题,与之相应,发展中国家参加多边贸易谈判的程度也逐渐加强。就单个发展中国家而言,其农业政策的实施必定受到其他发展中国家的制约和影响,因此要加强利益的协调。从实力对比而言,贸易大国往往主导多边贸易谈判的进程和结果,多边贸易体制的利益格局实质上反映了国际政治经济力量的对比。为了维护己方的利益,处在农业政策调整时期的发展中国家必须寻找相同利益的国家组成共同利益集团,而发展中国家的共同利益集团比单个发展中国家更有影

---

① 该数据根据2003年9月5日世界银行"2004年全球经济展望:兑现多哈议程的发展承诺"整理。

响力,以此来对抗发达国家,可以取得利益最大化。

6.3 基于农业保护政策视角的农产品贸易摩擦中观层面解决途径

农业行业协会是某一地区或某一行业的农业经济主体,在自愿的基础上为维护共同的经济利益和社会利益而组成的非营利性、自律性的经济组织。在市场成熟、机制健全的国家,行业协会与政府、企业并称为现代社会的"三大支柱"。农业行业协会的参加者包括该类农产品的生产者、农户和企业、加工者、销售者、相关政府部门、科研人员或单位等,其职能主要是为会员提供服务、协调和维护会员的合法权益、协助政府部门加强行业管理。农产品行业协会作为一种民间自治性非营利组织,既不同于营利性的企业,也不同于行使行政管理职权的政府部门,因此在农业贸易的促进以及农产品贸易摩擦的解决上都有极其重要的作用。

6.3.1 发达国家农业行业协会在贸易摩擦解决中的作用和经验

与发展中国家相比,发达国家农业行业协会发展历史和组织结构都更加成熟。长期以来,发达国家的农业从业人数的比重已有很大下降,农业产值在国民生产总值中也只占很小的份额,但农业行业协会却成为各行业协会中最有势力的集团,在农产品贸易摩擦解决中发挥着举足轻重的作用,因此,发达国家的农业行业协会在解决贸易摩擦中的作用值得发展中国家借鉴。

1. 提供全方位的信息咨询服务

农业行业协会为会员提供以下几种服务:(1)信息服务。通过定期出版的报纸或通过网络等提供与农业有关的各类信息。(2)安全生产教育。为会员进行如农机作业的安全操作、化学农药的安全使用等各类安全生产教育。(3)法律援助。研究政策和法律,为会员提供法律帮助,解释农场主关心的政策和问题。(4)技术培训。与大学合作,联系相关大学的研究人员到基层对会员进行技术培训和技术指导服务等。(5)金融服务。与银行合作,进行网上电话银行服务。(6)保险服务。与保险公司合作,为会员和家庭成员提供各类保险服务。通过这些服务,农业生产者更容易了解国内外政策,从而为有效避免贸易摩擦做出贡献。从发达国家农

业行业协会的各主要工作来看,行业协会在生产、流通等领域都起到了重要的作用。例如,日本长野县内町平稳农业协同组合拥有自己的选果加工厂,对农民送来的苹果,用机械化、现代化的手段进行选果、包装,而使产品大大增值,然后送到批发市场委托销售,不仅方便了农民,而且提高了农产品的竞争力,为避免摩擦起到了一定的积极作用。而其地方农协以及"经济联"、"信用联"、"共济联"、"厚生联"等则将服务延伸到农村的每个领域,为农民提供了从生产到生活的全方位服务。通过各种生产及信息服务,发达国家的农业竞争力提高,出口的整体格局得到优化,因此对摩擦的产生起到了较好的预防作用。

2. 开拓出口市场以避免出口集中现象

在这一方面,农产品行业协会的主要工作有组织农产品国际贸易展示会、派遣海外贸易代表团、接待国外贸易代表团、开展农产品出口教育和培训、开展国内调查研究、在外国进行针对性的定点推销活动等。如欧盟各国,农业协会一般都负责带领农业生产者从事国外市场的开拓。一方面,通过在国外举办国际大型展销会等手段促进产品的出口。另一方面,有专门人员负责向农民提供市场信息,进行市场巩固和开拓,以避免出口过度集中而对出口国相应产业造成冲击和损害,在一定程度上减少了贸易摩擦的隐患。

3. 提供金融服务

农户在进行农产品生产过程中往往因自身经济实力的制约而发生资金短缺,为帮助农民克服资金周转的困难,作为农民贷款主要来源的农协在组织农业生产资金方面担负着重任。在面向农村的贷款中,农协系统各金融机构在各类金融机构中所占比例一直处于领先地位,超过了贷款总额的50%以上。从贷款的来源上来看,农协信用系统通常以略高于私人银行利率的优惠利率吸引农户存款并以此为资金以优惠条件面向农户发放贷款。农协的金融服务为农户相互融资提供了一个金融平台,从而促进了生产的发展。正是在这种互相的金融融资过程中,使闲置的资本能够得以有效利用,从而增进了农业的发展,提高了农产品整体竞争力。

4. 通过严密组织使行业在应对摩擦中步调一致

发达国家行业协会无论从规模还是结构上都是比较成熟的。其组织构架与现代企业的法人治理结构十分相似,按职能一般分为四个层次:(1)决策层。理事会或常务理事会,负责重大事务的解决与农业行业协会的发展等事务的决策。(2)职能层。专业咨询委员会,按不同职能进行分工,负责专业问题的解决。(3)执行层。日常办事机构,负责具体解决问题和实施工作目标。(4)基层。即会员,是农业行业协会的基础。以欧洲饲料生产者协会为例,其内部组织结构非常

清楚地表明了各个层面的关系。决策层,由理事会与常务理事会构成,其中常务理事会由会长、副会长和各委员会主任组成,主要通过一个领导委员会会议的形式研究协会所面临的各项重大问题,确保理事会决议的有效实施。理事会由 26 人组成,每年召开 3~4 次会议,负责理事会成员的任免、协会章程和有关规章制度的修订等。职能层,由科技与法律委员会、经济与环境事务委员会、牛奶制品委员会、主任会议及公共关系委员会等构成,对各项专业性问题提供解决和咨询手段。执行层,即分会和国外办事结构等,负责决策的执行。基层,即农户和企业,允许一个农户或企业可以同时加入若干个协会,构成了一个纵横交错的网络体系。这种分层的方式使协会职能明确,更能代表农业生产者的利益,并能够很好地组织各被调查企业联合应诉,步调一致,共同渔利。

6.3.2 发展中国家行业协会在贸易摩擦解决中的作用分析

1. 发展中国家行业协会在贸易摩擦解决中的作用缺失分析

(1) 行业协会不能代表广大农业经济个体的利益。由于发展中国家长期对农业的剥夺使农业经济个体既不主张己方利益,又不参加以实现农业经济个体利益为目标的团体——农业行业协会。这使农业行业协会的覆盖面和代表性窄,普及率不高。据不完全统计,大多数发展中国家行业协会的成员数量只占整个行业从业人员数量的 40%,而农业行业协会的普及率则更低。就这一层面来说,现有的行业协会无法真正了解农业经济个体的利益。

(2) 自治程度低导致行为不规范。由于发展水平和二元化结构的限制,发展中国家的农业行业协会的发展长期受到抑制,没有形成一个独立的组织结构,行业协会的主要领导者大都由政府任命,政策倾向性很强,自制性不足。另一部分由民间组织自发形成的农业行业协会,往往为少数行业内企业所操纵,沦落为少数企业谋求不公平竞争、获取垄断利润的工具和手段,其日常运转仍反映出自治不足的问题。

自治性低必然导致行为不规范。由于行政干预过强,协会习惯于依靠政府行政命令开展工作,主管部门也通过协会对农业过分控制,这使得发展中国家的农业长期受政府的过度干预。这种格局违背了农业行业协会"互利"的特性和自身的发展规律。作为大多数农业经济个体广泛利益的代表,行业协会若为单个企业或企业的小集团操纵,则必然会出现不公平、不公正的现象。最常见的现象在于操纵者往往打着协会的招牌举办各种展览会等,成为为会员自身获取利益的载体。在这种情况下,很难保证行为的规范性。

(3) 立法滞后导致职责定位不清。立法滞后主要表现在目前大部分发展中国家并没有出台有关行业协会的性质、功能、实现方式、组织机制和结构以及政府对协会的授权范围等问题的专门法律。从发达国家的经验来看，较早、较系统的以法律形式确立行业协会的合法性及相关问题的国家，其行业协会都得到了较快的发展。而行业协会的立法滞后不仅导致对其违法行为的处理缺乏充分的法律依据，而且也影响了行业协会的健康发展。

立法滞后导致职责定位不清的根本原因在于多方领导。由于国家缺乏对于行业协会的基本界定，目前大部分发展中国家的行业协会都处于一种多方领导的模式之下，这种混合的多重管理结构不利于行业协会的发展，使政府、行业协会和企业都处于两难困境。多方管理一方面导致了民政部门对行业协会的过多干预，影响行业协会工作的独立性，另一方面使行业协会沦为行政管理部门的附庸。在这种情况下，行业协会的职能定位不仅无法清晰，还很可能是自相矛盾的。

而立法滞后导致农业行业协会职责不清的直接原因则在于行业协会地位的不明确。一方面，由于缺乏法律依据，政府过多地参与了行业协会的自身建设，导致权力在政府手中过分集中，而行业协会的权威性略显不足；而另一方面，许多行业协会仍在充当政府的角色，行政色彩较浓，受政府干预较多，而不是企业的代表，不能成为企业的服务者。因此，政策的定位常常出现偏差。

(4) 体制障碍导致农业行业协会应变能力不足。发达国家的经验表明，农业行业协会应该是非营利、非政府性的民间组织，代表农业经济个体的利益，处理个体之间以及个体和政府之间的关系。这种行业协会的基本界定要求农业行业协会在体制上自行管理。但在发展中国家，农业行业协会对政府的依赖性造成了农业行业协会的体制障碍。首先，农业行业协会对政府的依赖表现在政府对行业协会日常运转的监管过于严厉，这导致行业协会失去了自身的快速反应能力。与政府相比，农业行业协会的优势主要表现在对专业信息的收集和分析上，而收集和分析的优势则必须通过决策实施的快速性来体现。而政府对行业协会日常运转的监管，使行业协会的大多数决策都要经过政府部门的反复论证，从而丧失了农业行业协会的迅速反应能力。其次，政府委任行业协会的主管人员。这些由政府委任的主管人员，往往成为政府的代言人，不能从行业协会自身或者农业经济个体的利益角度进行考虑，使农业行业协会对于政府政策关注有余，而对突发事件的应变不足。最后，行业协会不是由农业经济个体在市场活动中自发组建，而是由政府参与组建的。这就使发展中国家的农业行业协会缺乏专业性，在这种前提下，行业协会对于专业问题的解决自然会受自身条件的限制，起不到行业协会应有的作用。

2. 改善发展中国家行业协会在贸易摩擦解决中的作用的路径

独立性、自治性与社会合法性是行业协会存在、发展并充分发挥其功能和作用的基础和前提。为此，发展中国家行业协会必须通过各方面的共同努力，有效地促进行业协会的健康发展，发挥其在解决农产品贸易摩擦中的优势作用。具体来说，改善发展中国家行业协会在贸易摩擦解决中的作用应从转变职能和改变地位两方面入手。

（1）转变农业行业协会的职能。受发展中国家农业行业协会发展现状以及经济能力的局限，行业协会的职能定位的整体思路应该是首先解决基本的和敏感的问题，然后，随着行业协会的不断完善，再进一步提高服务的意识和价值。

①努力为农业经济个体开拓国际市场提供服务。以开拓海外市场为主要任务，是由发展中国家农业行业协会的现状决定的。从具体措施来看，行业协会对国际市场的开拓可借鉴发达国家的先进做法。如通过举办国际展览和交流，组织国际市场考察调研，为农业经济个体介绍贸易伙伴，发挥熟悉国外行业情况的优势，为农业经济个体提供相关企业的信息和资信调查；参与同行业国际组织的经济活动，开展国际贸易中介服务等。

②努力提升本国农产品国际竞争力。国际竞争力的提高，可以使农业经济个体在参与国际竞争中更具优势，并增加贸易收益。同时，国际竞争力的提升还可以减少因技术性贸易壁垒等所导致的贸易摩擦。提高本国的农产品国际竞争力主要有以下途径：联合农业经济个体成立研发中心，进行联合技术开发；组织国内外同行进行技术交流活动，充当攻关、技术合作的中介；组织农业经济个体制定与国际接轨的行业标准，探索实行行业认证制度，由行业协会进行检测发证等。

③对农产品贸易摩擦进行研究并采取有效的行动。对已经发生的贸易摩擦，行业协会应利用自身的信息优势加以研究，及时组织抗辩。对于他国实施的较为合理的农业技术标准或政策，要加强对农业经济个体的信息传递，避免因信息的不完全导致贸易摩擦的产生。为了减少贸易摩擦，农业行业协会应积极参与本国国内的农业有关政策、法规和标准的制定，争取以较高的标准越过他国的贸易障碍。发展中国家对于减少贸易摩擦的其他有效手段应立足于行业协会的专业性和信息全面的优越性。例如，为农业经济个体提供市场、技术和社会等方面的信息；加强行业内各经济个体之间、个体与政府之间的交流与沟通，帮助个体提前制定应对策略；防止或延迟国内外政府对本行业发展有重大不利影响的相关政策、法规和标准的出台，将损失降到最低限度等。

④在农产品贸易摩擦中起到组织农业经济个体的作用。作为农业经济个体整体

利益的代表，农业行业协会在贸易摩擦的司法程序阶段应起到组织和协调农业经济个体一致行动的作用。农产品贸易摩擦的实践证明，在司法程序阶段，积极的应诉将起到关键性作用。而行业协会则是农业经济个体联合应诉的最佳组织者。发展中国家的农业协会应当在借鉴发达国家农业行业协会在应诉中的经验的同时，在各项活动中克服农业经济个体的保守、积极性不高等问题，从而发挥更大的作用。同时，行业协会组织还应协助和推动政府研究农业产业保护的对策，加强贸易秩序的管理，完善农业产业保护机制，建立农业产业损害预警体系，制定保护农业产业安全的政策法规，积极应对各国采取的贸易保护手段，维护自己的合法权益[1]。

（2）改变农业行业协会的地位。行业协会的地位决定了行业协会运转的效率。一般来说，发展中国家农业行业协会的运转严重依赖于政府而背离农业经济个体，因此，重新定位农业协会与政府及农业经济个体之间的关系成为行业协会高效运转的关键。

①重新定位与政府的关系。对于由政府组建的农业行业协会，应尽快促使其与政府组织的脱钩和分离，加速政府职能与行业协会职能的归位，使行业组织真正独立于政府，成为民间组织。对仍承担一部分政府职能的行业协会，应逐步将两方面的职能分离，实现行业协会的独立性运转。对于尚未拥有农业行业协会的国家来说，应尽快成立农业行业协会，并在政府的支持下实现其自身的合法化。建议先按产品、区域建立基层行业协会，再由下而上成立全国性的专业组织和全国性的综合组织，以便沟通农业经济个体之间的信息，增强农业经济个体与政府间的谈判能力。

需要说明的是，在实现与政府组织的脱离后，农业行业协会应保持与政府的密切联系，积极参政议政，发挥桥梁、纽带的作用，为政府提供相关的数据、资料，在政府制定有关贸易政策或做出决策时提供建议和意见，积极参与政府部门组织的检查、验收、认证资质审查以及市场秩序整顿等活动[2]。

②改善与农民经济个体的关系。农业行业协会的服务对象和基础是农业经济个体，行业协会必须将农业经济个体的利益放在首位。为此，行业协会应当健全行业协会的内部治理结构，使其能真正代表行业企业的利益，将自身定位在农业经济个体利益的维护者上以便得到其广泛认同。提高其服务能力、完善农业行业协会的综合服务功能。例如，在职能定位中所涉及的，为国内农业经济个体开拓国际市场、制定本行业标准、限制无序市场竞争等。在本专业领域利用自身优势，保障农业经济个体利益。

---

[1] 郝然：《行业协会应担当国际贸易中的重要角色》，载《江苏建材》2006年第1期，第64页。
[2] 戴佩华：《发挥行业协会解决国际贸易争端作用的研究》，载《重庆工商大学学报》（社会科学版）2005年第12期，第57页。

6.4 基于农业保护政策视角的农产品贸易摩擦微观层面解决途径

作为农产品贸易摩擦的微观层面，农业经济个体对农产品的贸易摩擦的作用表现得更为直接。农业经济个体是指小规模农业生产者、农场主、农业生产加工企业、农产品国际贸易企业。

6.4.1 农业经济个体在农产品贸易摩擦中的作用分析

1. 农业经济个体的不当经济行为是农产品贸易摩擦的直接原因

从农产品生产者的角度来看，个体农民经营规模狭小，经营这种"超小型"生产规模的农户通常缺乏吸纳现代科技的内在动力，也不具备采用现代技术的能力和条件，不利于先进管理方法的应用和组织化、社会化程度的提高，从而使现代管理效应和规模效益难以实现。而且，小生产者市场预测能力较差，不够理性，产品供给价格弹性较大，生产上往往彼此模仿，形成"扩散形蛛网"①。这会导致产品产量大量增加，但质量、科技含量不能同时跟上，导致面临进口国技术壁垒限制或反倾销的指控。

2. 农业经济个体是农产品贸易摩擦司法解决阶段的主要力量

农产品贸易摩擦的解决主要靠政府、行业协会、农业经济个体中的联合行动，其中，农业经济个体是最主要的力量。因为，申诉的发起者和应诉的立案者都需农业经济个体联合行动。在调查过程中农业经济个体的配合也至关重要，能否积极配合调查、提供相关调查数据和据理申辩或抗辩都直接影响贸易摩擦的进程和结果。

3. 农业经济个体是农产品贸易摩擦的直接利益方

农产品贸易摩擦涉及的范围越来越广泛，涉及的利益越来越多，几乎可以涵盖每一种农产品的生产者、生产加工企业和出口企业。农业经济个体无论遭遇国外进口国的反倾销、反补贴、技术性贸易壁垒或是数量限制，都会导致出口数量的减少、出口农产品收入下降，影响该产品的生产、加工产量、市场占有率和利润，最

---

① 咸春龙：《论农业产业化经营与农民组织化问题》，载《农业经济问题》2002 年第 2 期。

终受影响的就是农业经济个体的利益。因此,农业经济个体成为农产品贸易摩擦的直接利益方。

6.4.2 加强农业经济个体在农产品贸易摩擦解决中的作用和途径

1. 自觉提高文化素质和知识水平

根据舒尔茨的理论,一项新技术被采用的可能性,与农业经济个体的文化素质和知识水平密切相关。随着农业技术的不断进步,农业生产将由传统的劳动力密集型转变为人力资本密集型的产业,劳动力要素的素质将成为农业竞争力的发展源泉。这一理论对解决农产品贸易摩擦同样适用,提高农业经济个体的文化素质和知识水平,可以从根本上解决由劳动力密集所可能导致的低价竞争,从而减少贸易摩擦发生的可能性。农业经济个体必须具备一定的提高掌握信息的能力。在贸易摩擦的避免和解决中,农业经济个体需要有对情报的搜集以及初步分析能力。具体来说,对于本国和他国的经济政策应当有初步的了解,能够辨别农业政策的变化对自身的影响,了解出口产品遭遇贸易摩擦的情况等,这些都需要农业经济个体具有起码的阅读和理解能力及一定的分析和判断能力。这些能力的培养,需要农业经济个体自觉进行人力资本的投资,同时,政府和行业协会也负有培训和教育的责任。

2. 注重提高产品质量和环境标准

农业技术创新是实现农业可持续发展的必由之路,通过应用新技术、新方法,满足农业生产多样化的需要,实现农业生产的高产、高质和高效。农产品生产者应积极采用清洁生产技术、合理使用化肥、农药,强化农产品生产基础及生产安全管理,创建具有环保特色的无公害、高质量农产品示范基地及品牌。农业经济个体应该从生产阶段加大科技投入,提高产品质量,在保证产品基本功能的前提条件下,尽量多地运用品牌、包装等多种非价格竞争手段,注重产品差异化,在提高产品附加值上下工夫,不断提高产品的竞争力。不再沿用传统的"以价取胜"的营销方式,而是"以质取胜",避免恶性的低价竞争,走出反倾销的摩擦困扰。

3. 积极参加农业行业协会组织

农业行业协会能够通过对农业经济个体市场行为的监督,促进市场机制的规范化、秩序化。行业协会在规范市场机制方面所起的作用远远大于政府部门。行业协

会通过调节本行业出口产品的价格、数量及分布情况来规避反倾销、反补贴等。不少国家的行业协会通过收集和监督本行业出口产品的价格、数量及分布的信息，管理和协调行业产品价格，确定最低限价，以引导和保护本国产品在国际市场上的合理价格，同时协调产品在不同市场上的分布，避免在同一市场上产品数量激增或绝对数量过大，降低遭受反倾销的可能，减少国际贸易中的摩擦。一些规模较小的农业经济个体自身不可能充分掌握相关农产品市场的信息，在市场竞争中往往处于弱势地位。参加农业行业协会，就能够享受到农产品行业协会由于其组织优势、完善的信息渠道为会员提供的充分有效的市场信息、技术信息、社会信息，提高会员应对和解决贸易摩擦的能力。

4. 调整农产品出口结构和方向

近年来，农产品贸易摩擦有较为明显的产品针对性。在关贸总协定时期，畜产品、园艺作物和经济作物是引起贸易争端的主要农产品，分别占所有农产品贸易争端的 31.82%、26.36% 和 21.82%。而在世贸组织时期，居前三位的争端产品为畜产品、经济作物和全部农产品，分别占同期农产品贸易争端的 29.21%、22.47% 和 14.5%[①]。其中，畜产品主要集中在肉类和奶制品，经济作物主要集于酒类和糖类作物，水产品主要集中在鱼类，园艺作物主要集中于水果类。农产品出口企业应该了解争端频发的产品种类、原因等信息，在出口产品种类上规避易遭受诉讼的农产品，注重出口农产品的差异化。同时，还应注意尽量避免出口地区过于集中，通过国际博览会、展销会等平台全面掌握国际农产品市场动向和容量，制定出口计划，合理调整出口方向，减少贸易摩擦发生的可能。

5. 积极参与贸易摩擦的诉讼和应诉

农产品生产、加工企业和农产品出口企业在生产经营过程中应注意有关市场、价格等方面的信息收集和保存。当遭遇贸易摩擦时，应在政府和行业协会的组织下团结合作，积极应战。

WTO 争端解决机制与国际法院等国际司法解决制度不同，其作用不在于裁判谁是谁非，也不在于惩罚谁，而是为争端双方提供圆满的解决，以维护 WTO 多边贸易体制的安全性和可预见性[②]。因此，一旦一国与其他成员方发生农产品贸易争端，应真诚善意地参与 WTO 争端解决机制的程序，以便与争端方达成一项相互接受且符合有关协定的解决办法，为维护各成员方在 WTO 协定下的权利和义务服

---

① 张汉林、张冲：《世贸组织农产品贸易争端综述》，载《国际贸易问题》2002 年第 1 期。
② 王洪会、尚欣：《我国企业解决外经贸争端过程中存在的问题及对策》，载《技术经济》2003 年第 9 期。

务。当然，对于对方恶意或滥用争端解决程序的行为必须及时揭露，勇于维护本国的正当权益。

农产品生产、加工及贸易企业必须认识到，WTO争端解决机制是一套较为完善的准司法体制，WTO各成员国之间因适用有关协定而产生的贸易争端，应该而且只能通过WTO争端解决机制予以解决。并且遭遇摩擦时，只有一国政府才能代表本国参加WTO的谈判和讨论。因此，当国内企业在国际市场遇到违反WTO规则的竞争行为或不公平贸易措施时，企业应向政府主管部门投诉，并要求政府在适当的场合主动向DSB提出申诉，通过WTO争端解决机制维护本国农业利益集团的合法权益。

6.5 基于主要农产品贸易摩擦类型的解决途径分析

6.5.1 农业保护政策下农产品技术性贸易壁垒摩擦的解决途径分析

1. 利用WTO有关规则加大谈判力度

据估计，近几年的贸易争端有80%是在WTO的协调之下或者通过双方自行协商解决的，15%以上则是通过WTO争端解决机制解决的。所以要充分利用WTO的有关规则，充分发挥WTO的各项职能，解决农产品技术性贸易壁垒争端。由于发达国家设置的许多限制他国农产品进口的技术性贸易壁垒具有歧视性、不合理性，而且有许多没有科学依据，所以各国要仔细研读WTO各项规则，积极参与国际规则的制定，积极参与WTO新一轮多边贸易谈判，消除规则中不合理的地方，要求主要进口国取消不合理、不科学的农产品技术性贸易壁垒，建立公平合理的技术标准、技术法规、动植物卫生检验检疫制度，约束发达国家越来越泛滥的技术性限制，为全球农产品贸易创造良好的国际环境。

由于技术性贸易壁垒一般是发达国家制定，限制发展中国家的农产品出口，因此发展中国家要充分利用WTO现有机制，要求主要进口国取消不合理的技术性贸易壁垒限制措施。例如，要充分利用对发展中国家的特殊条款，《TBT协议》第12条第3款规定：各成员国在制定和实施技术法规、标准和合格评定程序时，应考虑个别发展中国家成员特殊的发展、财政和贸易需要，以保证此类技

术法规、标准和合格评定程序不对发展中国家成员的出口造成不必要的障碍①。根据这一规定，发展中国家在农产品出口遇到发达国家不合理的技术性贸易壁垒时可以要求发达国家放宽对农产品的限制。还要积极利用 WTO 原则中的合理性原则、非歧视原则、发展中成员特殊和差别待遇原则，所以发展中国家要积极研读 WTO 规则，积极利用对自己有利的各项规则，消除农产品贸易中不合理的技术性贸易壁垒。当国家间发生农产品技术性贸易壁垒摩擦时，可以提交 WTO 争端解决机构，由争端解决机构查明技术性贸易壁垒的设置是否合理，维护有关国家正当的合法权益。

另外，各国都要积极参与 WTO 新一轮多边贸易谈判，建立严格、公平合理的农产品技术性标准、法规和动植物卫生检验检疫新规则，约束发达国家越来越泛滥的农产品技术性限制措施，为世界农产品贸易营造公平竞争的国际环境。

2. 建立农产品技术性贸易壁垒预警机制

由于农产品技术性贸易壁垒是世界农产品贸易摩擦的最大障碍，稍有不慎，将引起全球性的扩散和连锁反应，造成重大损失。许多事实都表明，技术性贸易壁垒之所以能够起着障碍作用，主要是由于出口企业对进口国的技术法规、标准和合格评定程序了解不多造成的，所以，应当细心借鉴发达国家的做法，组成专门的机构，建立预警机制和快速反应机制。政府方面应加强宏观指导，设立专门的农产品技术性贸易壁垒信息收集和咨询机构，建立农产品技术性贸易壁垒数据库，跟踪、收集、整理、发布国外农产品技术性贸易壁垒的最新动态，研究主要农产品贸易对象国（地区）技术性贸易壁垒对本国出口贸易的影响；加强技术标准与技术法规体系的建设和完善。而行业协会方面应充分发挥行业组织的作用，积极与政府沟通，将贸易伙伴国及出口企业的最新动态向政府汇报，督促政府采取外交途径，与技术性贸易壁垒实施国进行谈判，将带有明显歧视性色彩的农产品技术性贸易壁垒取消或降低壁垒水平②。

3. 建立本国农产品技术性贸易标准体系

由于大部分的国际农产品技术性贸易壁垒都由发达国家美、欧、日制定，发展中国家的农产品出口受到限制，处于被动地位，所以发展中国家的政府要根据国际贸易中农产品技术性贸易壁垒的特征和类型，有计划、有针对性地建立农产品国际

---

① 参考《技术性贸易壁垒协议》第 12 条第 3 款。
② 陈湘霞：《技术性贸易壁垒（TBT）对我国农产品出口的影响及法律对策》，清华中国知网（CNKI）——中国优秀博硕学位论文全文数据库，2005 年，第 34 页。

贸易的技术性贸易壁垒防范体系,寻求合理的贸易保护①。为了国家安全,为了保护人类健康,保护动植物的生命安全,保护人类赖以生存的环境,以及合理有效地保护国内的幼稚产业,应参考国际规范适当地建立自己的技术性贸易壁垒体系。这样,一方面可以促使国内企业加强对农产品技术性贸易壁垒的认识,改进生产以适应各种先进标准;另一方面,也可以构筑本国的农产品技术性贸易壁垒体系,防止某些发达国家利用加工贸易和投资转移高污染产业。同时,建立本国农产品技术性贸易壁垒也可使外国慑于报复的可能,减少歧视性的技术规定②。

4. 重视发挥中介组织的作用

在WTO体系中,政府的职能受到严格的约束,许多过去由政府承担的管理和产业扶持职能转由行业协会等中介组织来履行,否则政府将被视为设置贸易壁垒、歧视行为或行业保护,受到其他国家的控告或者贸易报复。而行业协会作为非政府性组织却可以免于上述问题,可以直接代表国内企业同国外企业、组织,乃至政府交涉,进行自我辩护和保护,承担起政府难以承担的职责,因而显示出越来越重要的作用③。所以现行体制下的一些政府管理职能要取消或弱化,部分政府职能要转给商会或行业协会等中介组织,需要强化商会及行业协会在政府与企业之间的桥梁作用。加快建立健全农产品行业协会等市场中介机构,行业协会应参与制定和执行农产品行业标准、认证以及检验检疫,参与国际农产品贸易争端的索赔与交涉,要引导行业协会和商会承担起保护行业的职责。

当今发达国家都十分重视本国农产品商会、行业协会的作用,并且建立了完善的行业协会组织和进出口商会等,行业协会和进出口商会组织制定和执行行业标准、认证以及检验检疫规则等,参与解决国际农产品贸易争端,有效地保护了本国农产品的发展和农产品生产加工销售企业的利益,在竞争日益激烈的国际市场竞争中充分发挥了作用。而且这些商会和行业协会比较规范,能够有组织、有纪律,一切以本国整体利益为重,保护国内整个农业的发展,很少是出于营利目的的。在农业商会和协会的影响和推动下,各种农产品技术标准和法规能够统一制定,保证了农产品市场的稳定。若本国企业受到外国不合理的技术性贸易壁垒限制时,整个农业商会和协会会联合起来积极应诉,解决农产品贸易争端。面对越来越多的农产品贸易壁垒的限制和国际农产品贸易争端,各国尤其是发展中国家,应该充分借鉴发

---

① 李志军:《怎样打造"技术壁垒"的矛与盾》,经济日报出版社2002年版。
② 周娟:《TBT对我国农产品出口贸易的影响与对策研究》,清华中国知网(CNKI)——中国优秀博硕学位论文全文数据库,2006年,第51页。
③ 于增成:《当前国际贸易保护和贸易争端现状及我国的对策分析》,清华中国知网(CNKI)——中国优秀博硕学位论文全文数据库,2005年,第41页。

达国家的经验，重视农产品行业协会在国际农产品贸易中的积极作用，积极建立和完善农产品行业协会和商会组织，引导他们承担起保护国内企业的职责，一旦本国企业受到外国不合理的农产品技术性贸易壁垒限制时，要迅速做出反应，积极向有关部门反映，联合起来，采取各种相应措施，形成一个应对贸易壁垒、解决贸易争端、进行行业和产品保护的快速反应机制。

同时通过发展农产品商会、进出口协会等中介组织可以收集和反映国内企业的问题和要求，组织制定行业标准规范，协调行业内企业之间的关系，避免国内同行业企业的恶性竞争。同时，可以以民间组织的角色同国外有关部门组织协商，开展有关贸易问题的对策研究，为政府和有关部门提供决策依据。通过行业协会收集国际市场的信息，可以提高企业获得信息的效率，降低企业的信息采集成本，从而赢得价格优势，规避因信息不完全造成的潜在的贸易风险[1]。

5. 以技术引进和创新提升出口农产品的技术标准适应性

国家之间的技术差距是世界农产品技术性贸易壁垒产生的根本原因，各国农产品的技术水平普遍存在着较大的差距，因此提高农产品技术水平，缩小与发达国家之间的技术差距是跨越农产品技术性贸易壁垒的根本出路。因此，要引导农民生产科技含量高的农产品，引导企业加工出口高附加值的农产品，提高本国出口农产品的竞争力。

农产品生产技术落后的国家要通过引进先进的生产技术，引导农户提升本国农产品的竞争力。购买并使用外国的先进设备，通过贸易联系学习先进生产国的生产、组织方式，引导本国农业个体使用先进的生产方式生产出高质量的农产品，使利用先进技术生产的农产品不仅能满足本国市场要求，而且能跨越进口国的技术性贸易壁垒限制。各国在引进先进生产技术的同时还要重视技术创新，加强本国的自主开发能力，从而提升本国农产品的国际竞争力。此外，农业个体还要及时了解世界农产品市场的最新动态，及时收集农产品的信息，随时关注世界农产品贸易争端及其解决的途径。

要有效地解决农业保护政策下的农产品技术性贸易壁垒摩擦，就要充分发挥WTO、各国政府、行业企业以及农业经济个体的力量，图6-4简要地反映了农产品技术性贸易壁垒摩擦的解决机制。

---

[1] 周娟：《TBT对我国农产品出口贸易的影响与对策研究》，清华中国知网（CNKI）——中国优秀博硕学位论文全文数据库，2006年，第48页。

第 6 章　基于农业保护政策视角的农产品贸易摩擦解决途径

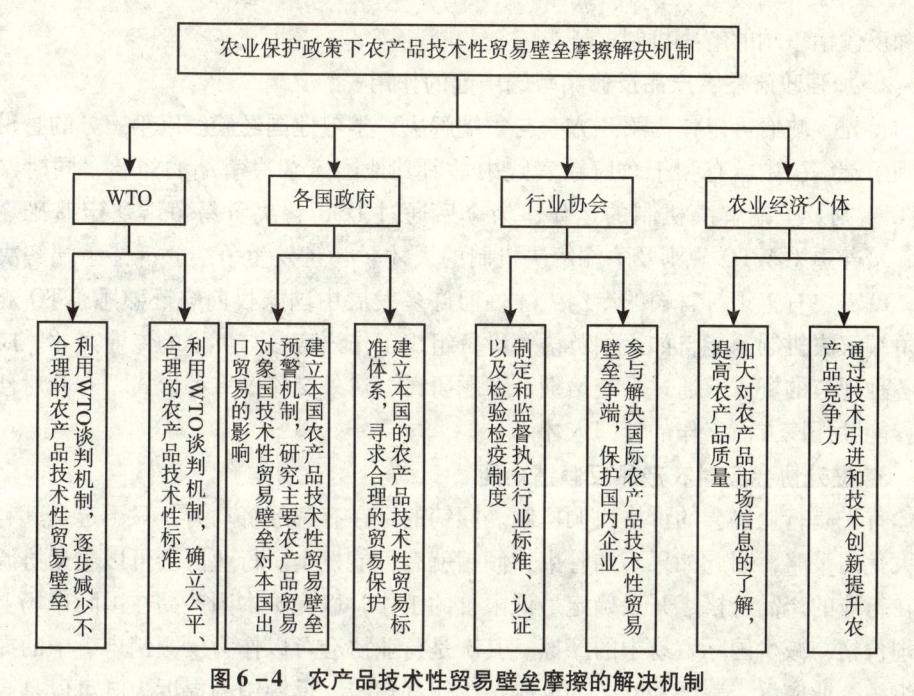

```
                农业保护政策下农产品技术性贸易壁垒摩擦解决机制
        ┌──────────────┬──────────────┬──────────────┐
       WTO          各国政府         行业协会       农业经济个体
```

| 利用WTO谈判机制，逐步减少不合理的农产品技术性贸易壁垒 | 利用WTO谈判机制，确立公平、合理的农产品技术性标准 | 建立本国农产品技术性贸易壁垒预警机制，研究主要农产品贸易壁垒对本国出口贸易的影响 | 建立本国的农产品技术性标准体系，寻求合理的贸易保护 | 制定和监督执行行业标准、认证以及检验检疫制度 | 参与解决国际农产品壁垒争端，保护国内企业 | 加大对农产品市场信息的了解，提高农产品质量 | 通过技术引进和技术创新提升农产品竞争力 |

图 6-4　农产品技术性贸易壁垒摩擦的解决机制

6.5.2　世界农业保护政策下农产品反倾销摩擦的解决途径分析

由于发起农产品倾销的一国向受倾销国倾销大量廉价的农产品，致使国内与之竞争的农产品价格不得不降低价格销售或者退出市场，这无疑会给受倾销国的农民和农业带来致命的威胁，如若任之发展必将威胁到本国的农业经济安全。所以受倾销国不得不向贸易争端解决机构提起反倾销诉讼，阻止倾销国倾销行为的继续进行。在解决争端的过程中，各有关方面应当协调起来共同应对。

1. 发挥 WTO 争端解决机制的利用

世贸组织的各项协议及其自身的争端解决机制为解决农产品贸易反倾销争端提供了法律依据和解决途径，并且随着时间的推移，世贸组织的解决机制和处理争端的程序等也在不断地完善和改进。伴随更多的国家加入到世贸组织中来，世贸组织的各种法律和规则也越来越能体现出不同国家的利益诉求，而不再是少数大国意志的体现。在解决各种反倾销争端的同时，世贸组织也在不断地促成新的多边谈判的开始，为各国解决反倾销争端提供更多的机会和场所，形成更加健全完备的法律体系和反倾销争端的解决机制。

2. 加强政府在农产品反倾销争端中起的作用

首先，政府可以作为第三方参与争端解决，学习他国经验。以第三方的身份参与到争端解决中，有利于政府在实践中学习其他国家解决争端的经验，同时熟悉WTO规则及争端解决机制的运作，为今后通过DSB解决贸易争端奠定基础。其次，培养熟悉WTO规则及争端解决机制的人才。一旦发生争端，诉诸争端解决机构，就需要有善于打官司的专门人才。而许多发展中国家目前缺乏熟悉WTO规则和争端解决机制，能自如运用英语等世贸组织工作语言参与诉讼的专业人才。应动用各种现有的资源，通过系统培训、专题研讨、对外交流等多种形式，有针对性地培养能胜任该方面工作的专门人才。

3. 提升协会应对农产品反倾销功能

首先是行业协会的价格协调机制。倾销的存在有其经济动力，只不过是其利润最大化的策略，因此如果不加管束，倾销就有可能发生。行业协会可以主动协调其所在行业的产品价格，开展确定最低限价的工作，以保护本国产品在国际市场上的合理价格，减少国际贸易中的摩擦。其次是行业协会可以作为反倾销申诉中的提诉人组织企业应诉。美国和欧盟的反倾销法律都规定，反倾销的提诉人既可以是政府反倾销机构和相关制造商、批发商，也可以是商会、行业协会等非企业法人组织。反倾销申诉书包括存在倾销和由此对本国产业造成实质损害的充分证据，提供这些资料费时费力，对单个企业来说能力有限，经济效益上也不划算，而通过行业协会组织有关企业协作努力完成，既省时又省钱。最后行业协会可以充分利用商会信息优势，获取政府支持。反倾销案不仅仅是简单的贸易纠纷，同时也涉及众多的政治问题，因此要想取得反倾销案的胜诉，一方面要取得本国政府的支持，另一方面要给对方政府施加压力，为本国应诉企业取得公正的待遇。而协会与单个企业相比更能与政府沟通，因此由协会出面能达到事半功倍的效果。

4. 加强企业维权意识

首先，企业作为贸易争端的主体在整个争端解决的过程中都起着极为重要的作用，所以，企业能够充分利用国际规则和法律手段来进行诉讼或者应诉也就显得尤为重要。其次，企业与企业之间要规范出口秩序，避免盲目的价格战招致的反倾销诉讼。企业应该依托行业协会及主管部门，尽快建立重要农产品的数量、价格监测系统，争取产业保护的主动权，发现有削价销售和对某一市场出口大幅增加时，要发出"警报"。最后，企业要加大产品的科技含量，提升农产品的竞争力，加强运用非价格竞争手段。企业要在激烈的国际竞争中立于不败之地，就要注意提升自身

产品的科技含量,只有这样才可以保持长期的贸易利益。

农产品反倾销摩擦的解决机制如图6-5所示。

```
                      农产品反倾销摩擦的解决机制
     ┌──────────────┬──────────────┬──────────────┬──────────────┐
       WTO            政府           行业协会        农业经济个体
```

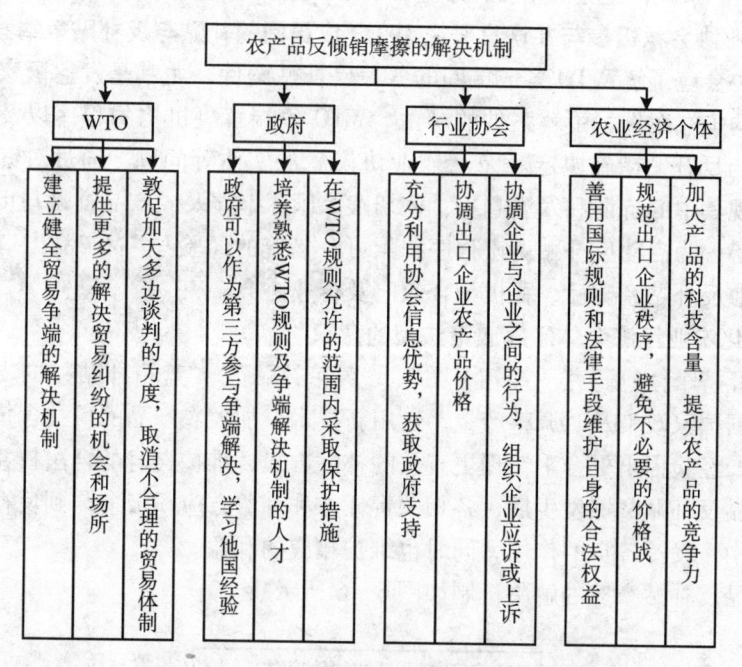

- WTO
  - 建立健全贸易争端的解决机制
  - 提供更多的解决贸易纠纷的机会和场所
  - 敦促加大多边谈判的力度,取消不合理的贸易体制
- 政府
  - 政府可以作为第三方参与争端解决,学习他国经验
  - 培养熟悉WTO规则及争端解决机制的人才
  - 在WTO规则允许的范围内采取保护措施
- 行业协会
  - 充分利用协会信息优势,获取政府支持
  - 协调出口企业农产品价格
  - 协调企业与企业之间的行为,组织企业应诉或上诉
- 农业经济个体
  - 善用国际规则和法律手段维护自身的合法权益
  - 规范出口企业秩序,避免不必要的价格战
  - 加大产品的科技含量,提升农产品的竞争力

图6-5 农产品反倾销摩擦的解决机制

6.5.3 世界农业保护政策下农产品反补贴摩擦的解决途径

1. 完善WTO在反补贴解决中的作用

WTO争端解决机制并不是十全十美的,它也存在着本身固有的缺陷,如程序繁杂冗长、开支庞大,制度由于发达国家的操控缺乏有效性等。在应对频繁发起的摩擦争端的同时,WTO应该积极探索和发现更好的途径或机制,修正和完善反补贴的相关法律制度,建立一个更完善的平台,合理解决成员国提交的农产品反补贴摩擦。另外,应积极促进新一轮谈判中对农业补贴的削减,协调各国的利益和矛盾,带动农产品贸易自由化的发展,使贸易秩序恢复公平、合理。

2. 加强政府在反补贴中的作用

政府在应对反补贴的贸易争端中发挥着更为积极的作用。在近期,应该建立一

个统一的机构负责处理反补贴法律事务。而从长期来看，政府更应具有双重作用：对内合理规范本国农业补贴，严格执行 WTO 削减承诺。对外争取修改反补贴协议中不利于本国的条款，建立健全反补贴应诉机制，全力做好反补贴准备及应诉工作。

3. 行业协会积极参与并认真研究 WTO 成员间的补贴与反补贴争端案件

行业协会应了解 WTO 各成员间的各种反补贴案件，尤其是发达国家与发展中国家之间的争端案件，了解案件的缘由、WTO 争端解决机构的程序以及案件涉及的《补贴与反补贴措施协定》及《农业协议》的实体等问题，通过对案例的分析掌握和发现其中的特征和发展趋势，密切跟踪国际上涉及农产品补贴与反补贴斗争的发展态势，为启动反补贴诉讼程序积累可资借鉴的经验①。农产品出口企业及生产者在遭遇反补贴摩擦后，积极配合政府及行业协会。

4. 强化农业经济个体了解政策法规的意识

农业经济个体应研究"绿箱补贴"、"黄箱补贴"、"蓝箱补贴"的支持范围和方式，根据国家政策及时调整产量、运用新技术，加大农产品的科技含量，并且根据实际生产经验提出更合乎情理更有效的补贴方式，维护自身的合法权益。

农产品反补贴摩擦发生后，各相关责任方和利益方应积极参与到反补贴摩擦的解决过程中，发挥各自的作用，同时也维护相应的利益。

农产品反补贴摩擦的解决机制如图 6-6 所示。

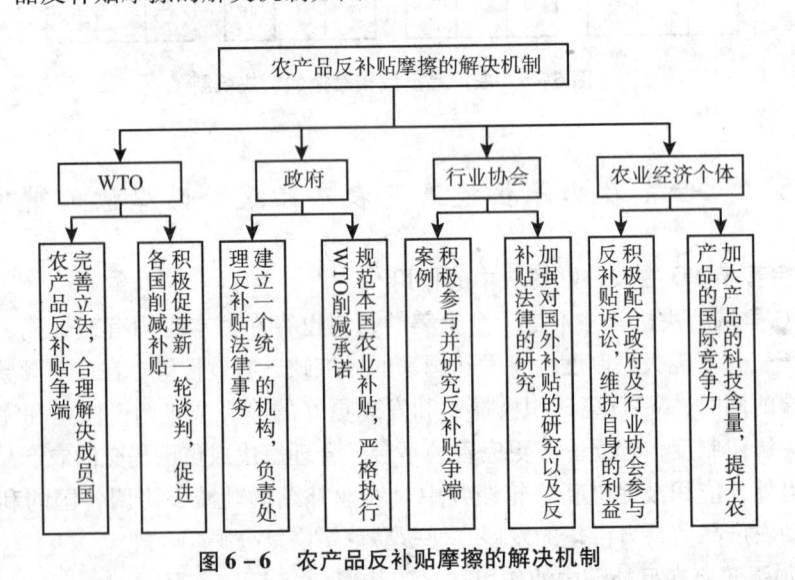

图 6-6 农产品反补贴摩擦的解决机制

---

① 《美国反补贴法律制度与实践及启示》，载《中国反倾销反补贴保障措施信息择要》2004 年第 6 期。

6.5.4 世界农业保护政策下农产品数量限制摩擦的解决途径分析

伴随着 WTO 和对外贸易的迅速发展,国家之间的贸易关系将日趋紧密,在享受贸易利益的同时,必然伴随着摩擦和争端。为此,必须形成一整套行之有效的应对措施,以维护国家及个人的利益。建议解决措施如下:

(1) 政府应利用 WTO 有关规则,加大谈判力度。由于在应用 WTO 保障措施条款实施数量限制的规定中存在一定的模糊性,所以一方面,各国要仔细研读 WTO 各项规则,积极参与 WTO 新一轮多边贸易谈判,消除规则中不合理的地方,要求主要进口国消除不合理的农产品数量限制壁垒,争取更多的贸易机会。另一方面,各国应在 WTO 新一轮多边贸易谈判中据理力争,建立严格、公平合理的保障措施新规则,约束发达国家的限制行为,为世界农产品贸易营造公平竞争的国际环境。

(2) WTO 应积极引导各成员国开创区域经贸合作新局面,加快区域经济一体化进程。以自由贸易区为主要形式的区域经济一体化,在一定程度上可以减少"保障"机制的启动。首先,由于自由贸易区内的成员从法律制度上消除了贸易保护主义,因此作为贸易保护手段之一的"保障"机制在这些成员之间就不再适用,这些成员也就不会成为启动"保障"机制的主体;其次,由于自由贸易一定程度上减少了对别国市场的依赖,因此,出口国产品在非自由贸易区成员的国家内"进口大量增加"的概率就相应降低,进而也就降低了"保障"机制的启动概率。

(3) 行业协会应加强与政府及民间行业组织的协调与合作,共同应对出现的问题。在产生贸易争端的情况下,应当通过多种渠道和共同的努力解决问题,争取将损失减少到最低限度。首先,应充分通过政府间的磋商与谈判机制,加强与贸易伙伴的沟通与理解,申明贸易限制对双方贸易带来的不利影响;其次,产业部门应通过行业协会对涉及的企业进行协调与组织,及时组织企业应诉,并规范出口秩序;最后,作为企业,除了积极与行业协会联系,参加应诉之外,还应通过与进口商的联络,争取国外企业的支持。

(4) 农业经济个体应力争实现出口市场多元化,分散贸易风险。由于保障措施是针对贸易激增而采取的保护性措施,因此出口国对外贸易应摒弃"出口至上"的战略思路,应该取消政府对出口的过度鼓励政策,避免出口的过速增长和对他国市场的严重冲击。与此同时,政府应通过整顿市场秩序和根治地方保护等手段来提

高国内市场的容量,使国内相关产业摆脱对国际市场的过分依赖。总结1999年至今的数量限制摩擦案例,可以看出,数量限制摩擦的多发国家,其农产品出口的品种通常相对较少,而且目标市场比较集中,品种单一的市场结构难以抵御市场风险。因此,应积极开拓更多市场,建立国际性的运销网络,并且加大储运技术攻关,扩大农产品的运销距离和范围,实现农产品的国际化和多元化经营。首先,应通过多种渠道发展更为广泛的潜在市场和非重点市场,并逐步使潜在市场变为现实市场,非重点市场变为重点市场;其次,依靠科技进步来提高农产品附加价值,从而提升农产品国际市场竞争力,实现农产品出口市场的多元化[①]。

农产品数量限制摩擦的解决机制如图6-7所示。

```
           农业保护政策下农产品数量
             限制摩擦的解决机制
    ┌─────────┬──────────┬──────────┐
   政府        WTO       行业协会    企业及农户
```

- 政府:利用WTO现有机制,积极上诉,直面不合理的农产品数量限制壁垒;促进WTO新一轮谈判,建立公平、合理的农产品数量限制贸易壁垒
- WTO:开创区域经贸合作的新局面,加快区域经济一体化进程,建立自由贸易区;摒弃"出口至上"的过度鼓励政策,取消对出口的过度鼓励政策
- 行业协会:加强同政府及民间行业组织的协调与合作,共同应对出现的问题
- 企业及农户:积极配合政府及行业协会,以维护自身利益;实现出口市场多元化,分散贸易风险

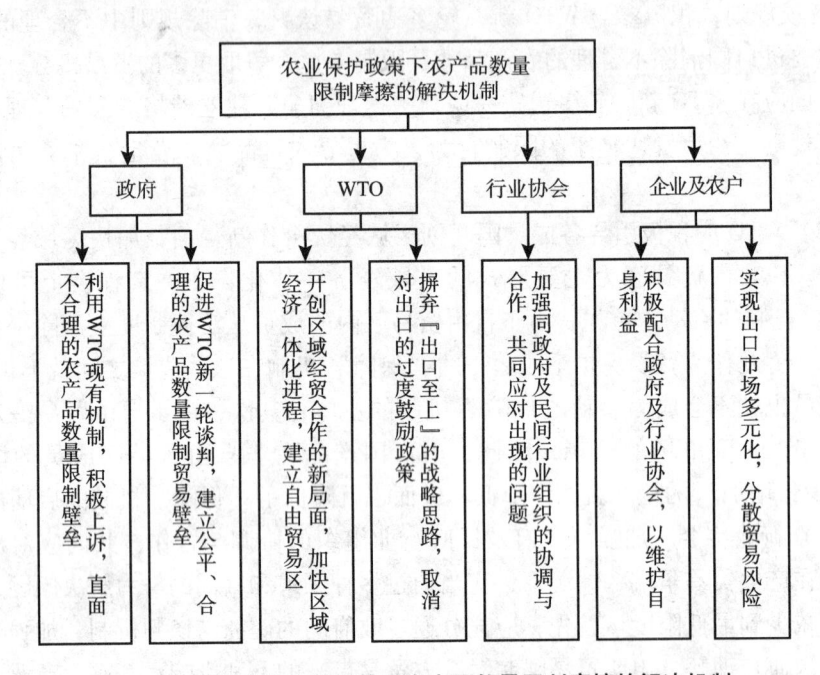

图6-7 世界农业保护政策下农产品数量限制摩擦的解决机制

---

① 薛燕:《中日农产品贸易:经济全球化下的曲折发展与战略调整》,载《经济理论研究》2006年第3期。

第7章 中国农业政策调整及应对农产品贸易摩擦对策

7.1 中国农业保护政策的沿革

7.1.1 中国农业保护政策的沿革

新中国成立以来,我国农业国内支持政策的演变大体上经历了四个阶段。

1. 新中国成立初期至改革开放前的农业政策

从新中国成立初期到十一届三中全会以前,我国理论界普遍认为对外贸易只是调剂余缺的辅助经济手段。一方面,中国传统的文化中自给自足的思想根深蒂固,并且,几千年来的小农思想严重禁锢了人们的头脑。在封建残余思想的影响和束缚下,片面理解"自力更生"的建设方针,不与国际市场进行经济交流。另一方面,新中国成立初期,帝国主义国家对新中国实施"禁运"、"封锁",歧视性的国际环境也迫使我国处于世界贸易分工之外。1949年,巴统委员会开列了一个包括数千种商品和750种设备在内的禁运单,严禁出口到社会主义国家,1950年,美国、日本、加拿大、菲律宾等国冻结了中国的资产和资金,迫使中国停止了对这些国家的外汇输出。同年,美国及其盟国操纵"联大"通过禁运案,对中国实行全面的经济封锁,尤其禁止向中国出口先进技术设备[①]。帝国主义的封锁和禁运将新中国的农产品对外贸易限制在极其有限的空间之中,当时新中国的主要贸易伙伴主要是苏联和东欧的一些社会主义国家,并且基本采取政府间贸易的形式,依靠出口农副

---

① 吴莉芳:《贸易保护研究》,清华中国知网(CNKI)——中国优秀博硕学位论文全文数据库,2003年,第49页。

产品支撑进口。

改革开放以前,我国实行计划经济体制,农产品作为关系国计民生的重要产品,自然受到国家的特别关注与严格管理。从 1954 年开始,我国对农产品实行统购派购政策,其范围包括 100 多种,国家统一制定这些产品价格,并禁止自由流通。为了加快工业化发展,积累所需资金,国家长期把农产品价格定在价值之下,与工业品实行不等价交换,使农业利益流向工业。总的来说,从新中国成立直到 1978 年间,中国执行的是国家管制的、中央政府高度集权的封闭型的农产品贸易保护政策。这一政策的主要特征是通过国家专门机构管理全国的对外贸易活动,例如,成立少数国家外贸专业总公司行使对外贸易经营管理权。通过法规限定对外贸易组织的经营活动范围,由国家制定计划控制进出口农产品的品种和数量,采用进出口许可证调控对外贸易活动。主要强调政府对对外贸易活动的干预,比如靠计划和划分经营范围等行政手段对贸易进行宏观调控,关税、汇率以及国际市场行情等都无法起到调节贸易的作用。

2. 1978 年改革开放至 20 世纪 90 年代初的农业政策

改革开放以后,历史上遗留下来的工农业产品"剪刀差"不可能立即彻底消除。由于农产品是关系国计民生的特殊商品,因此,国家必须对价格等方面进行必要的管理。既然农产品价格是由国家制定的,而国家制定的价格又严重低于价值,因此提高国家的农产品收购价格,自然就成为提高农民收入和促进农业发展的重要因素。从 1979 年夏粮上市开始,我国较大幅度地提高了粮食收购价格,以后进一步按照市场化方向对农产品流通体制和价格管理体制进行改革,由以调为主向调放结合转变。1984 年我国农产品长期存在的供不应求格局发生反方向变化,于是在 1985 年,国家改粮食统购派购政策为合同定购,适当减少合同定购数量,扩大市场议价收购比重,同时大幅度放开其他农产品的价格。1979 年以后,对农业支持政策的一系列措施调整,使严重扭曲的工农产品比价关系得到了一定的矫正,农业生产也以 1984 年粮食总产量创历史新高为标志而跃上了一个新的台阶。但以后对农业形势的盲目乐观导致国家对农业投入的锐减,从而使城乡居民平均收入水平的差距逐渐拉大,严重打击了农民的生产积极性,农业生产重新陷入了波动和徘徊的境地。这期间农业保护的方法过于简单化,主要局限于对农产品的价格支持,而由于我国财力不足,即使是对农产品的价格支持也明显力不从心,效果难尽如人意。

3. 1992～2001 年期间的农业政策

1992 年我国确立市场经济体制以后,进一步加快了农产品流通和价格体制的

第7章　中国农业政策调整及应对农产品贸易摩擦对策

改革步伐。1992 年，国家在 1991 年提高城市粮食销价的基础上，实行购销同价，1993 年，国家宣布放开粮食经营和粮食价格，并准备从 1994 年起实行"保量放价"的粮食收购政策①。1994 年，国家宣布再次启动粮食定购制度，但定购价大幅度提高，比 1993 年的保护价提高了 40%。1996 年，国家再次把粮食定购价提高到 42%。但是从 1995 年起，粮食市场供求关系再次发生反方向变化，市场价低于国家定购价，国家为了保护农民利益，维持粮价不降，要求各地增加粮食储备，制定粮食保护价。1997 年我国夏粮再次丰收，全国各地再次出现售粮难，市场粮价下降。鉴于此，国家专门召开全国粮食购销工作会议，制定全国统一的保护价。回顾这一时期我国粮食流通体制和价格管理体制保护政策的调整，可以发现，市场经济条件下，农产品价格是要由市场调节，这一趋势是必然的。在市场经济体制下，农产品价格从根本上讲，要在市场中由供求关系决定，而不是由国家决定，即使国家用行政手段直接调控农产品价格，往往也是收效甚微。

同时，在这一时期，中国通过采用较高的进口关税、复杂的非关税措施和国营贸易公司专营等保护措施，限制国外农产品进入国内市场，以使中国农业免受国外优势农业的冲击。加入 WTO 之前，中国对农产品进口所实施的高关税普遍高于世界贸易组织中发展中国家成员国的关税。这一时期中国实施的非关税措施种类较多，主要有进口许可证、进口配额、动植物检疫、食品卫生检疫等，在 1999 年 35 类实行进口许可证限制的产品中，农产品就占了 8 类，具体为粮食、植物油、酒、棉花、烟草、食糖、羊毛和天然橡胶②。尽管中国在农产品的对外贸易上设置了诸多关税和非关税壁垒来限制国外农产品的进口，但在对农业的国内支持上，却长期实行负保护。20 世纪 90 年代以来，尽管政府增加了对农业的投入，并在一定程度上提高了农产品的收购价，但由于农产品购销体制改革进展缓慢，政府农产品收购价和市场价的差距依然较大，同时，农业生产资料价格不断上涨，这在一定程度上抵消了政府对农产品提价的积极作用。这种对农业的负保护政策，使投资过度流向工业，农业部门投资严重不足，农田水利等基础配套设施不完善，农业抗灾能力小，农业基础地位脆弱，使农民收入降低，农业投入能力削弱。最终影响了农民生活水平和农业生产能力的提高，加剧了中国农业的弱质程度（见图 7-1）。

---

①　国有粮站代表国家与农民签订 5000 万吨粮食交售合同，但价格由市场决定，议购部分仅有收购合同，但无数量与价格上的约束关系，但 1993 年年底粮食市场情况发生逆转，粮食价格大幅度上涨，暂时打乱了这一改革设想。

②　朴香兰：《中韩加入 WTO 后农业保护政策比较研究》，清华中国知网（CNKI）——中国优秀博硕学位论文全文数据库，2004 年，第 4 页。

收入（元）

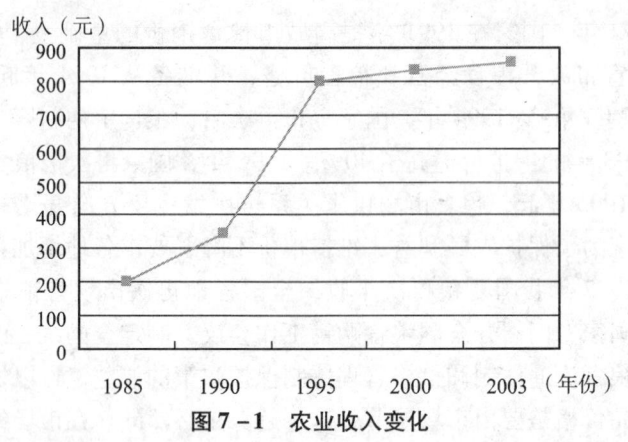

图 7-1　农业收入变化

资料来源：刘晓昀、毛学峰、辛贤：《农产品贸易自由化对中国农村贫困的影响》，中国农业出版社 2006 年版，第 27 页。

从图 7-1 中可以看到，1990~1995 年农业收入经过高速增长后，1995 年至今农业收入步入了缓慢的增长阶段，而变化率更表现出明显的下降趋势，可见我国农业负保护给农民带来了沉重的负担。

4. 入世后的农业政策

入世后，中国承诺对所有农产品的关税均实行上限约束，并且将算术平均关税率由当时的 21% 降低到 2004 年的 17%。关税削减采取在执行期内每年按相等比例的方式，到执行期末，中国的农产品关税率将保持在 0~65% 的范围之间，同时承诺放弃使用农产品出口补贴政策。入世后，对于过去实行外贸计划管理的农产品，采取关税配额制度进行管理，涉及粮食、植物油、棉花、羊毛、食糖和橡胶等商品。中国政府承诺对配额内的进口将继续实行低关税。入世后，中国还放弃了在执行期内使用特殊保障措施的权利，这意味着，当遇到农产品过度进口的情况时，中国只能根据 WTO 协议的一般保障条款对本国市场进行保护，或启动反补贴、反倾销措施。与特殊保障条款相比，WTO 规则对上述措施的实施制定了更为严格的纪律约束，对农产品应用反补贴措施做出了限制。

加入 WTO 后成为焦点的是中国入世后的 AMS 允许幅度，美国谈判方要求中国接受适用于发达国家的微量允许标准，即农业总产值的 5%，中国政府则坚持要求获得适用于发展中国家的 10% 这一微量允许标准。在随后的谈判中，双方都做出了某些让步。根据最后达成的入世议定书，中国做出如下承诺：（1）中国在基期中的 AMS 水平为零。（2）中国用于整个农业的一般性支持和用于特定商品的支持均采用 8.5% 这一微量允许标准，这一幅度介于适用于 WTO 发展中国家成员和发

达国家成员的一般标准之间。(3) 计算中国的 AMS 指标时，将包括按照农业协定第 6 条第 2 款给予发展中国家特殊豁免的三项措施开支，即为了鼓励农业和农村发展，给予所有农民的一般性投资补贴、给予资源贫乏地区农户的投入补贴和引导农民停种非法麻醉作物的补贴。(4) 中国的 AMS 按每年的实际产值比例计算，而不是固定在某一特定基期时的水平①。

从上述农业政策演变的分析中我们可以看出，我国长期以来对农业实施的是负的保护农业政策。20 世纪 80 年代以来，我国调整和完善了农业国内支持政策，在增加农业投入和调整支出结构等方面做出了努力。这些年农产品供应丰年有余，我国农产品的净出口由 1980 年的 18.5 亿美元增加到 2000 年的 52.60 亿美元，农产品贸易规模不断扩大，这与国家加强对农业的支持是分不开的（见表 7-1）。同时我们看到，新中国成立到 20 世纪 80 年代初期我国主要是通过关税措施来实行对农产品的贸易保护，进入 90 年代，因为高关税常常容易引起贸易争端，农产品的进口关税开始大幅度降低，国家开始着重加强价格支持手段，加入 WTO 以后，面对《农业协议》等法律规则的约束以及国际农产品竞争的新形势，国家进一步加强了对农产品技术、服务及基础设施等方面的支持力度，这也是未来应对农产品贸易摩擦的政策方向所在。

表 7-1　　　　　　　　　　中国农产品贸易阶段规模

贸易规模	时　间	年均增长（%）
<50 亿美元	1950~1972	7.73
50 亿~100 亿美元	1973~1978	7.76
100 亿~200 亿美元	1979~1988	7.18
>200 亿美元	1989~1999	-0.96

7.1.2 中国现行农业政策分析

中国现行的农业政策分为农业国内政策和边境政策两大部分，现就两方面分别进行分析。

1. 农业生产支持政策

在农业生产支持政策方面：（1）对投入品的支持。中国政府虽然对农业生产

---

① 朴香兰：《中韩加入 WTO 后农业保护政策比较研究》，清华中国知网（CNKI）——中国优秀博硕学位论文全文数据库，2004 年，第 7 页。

投入品并没有补贴以及价格方面的限制,但是政府在育种研究、良种生产和种子经营设施上都投入了相当数量的资金①。(2)对农业基本建设的投资。政府主要通过对农业基本建设、商品生产基地建设、农业综合开发等各个方面的投资来实现对农业发展的支持。虽然政府一直致力于对农业进行扶持,但总的来说情况并未达到预期的目的。目前,中国农业支持和补贴还存在如下问题:(1)支持水平力度较弱。中国目前的农业补贴水平不高,大约相当于农业总产值的2%左右,大大低于发达国家的农业支持水平。(2)支持涉及面过广,作用分散,效果不尽如人意。财政对农业的补贴几乎涉及生产和流通的全过程,重点不够合理、明确。(3)支持政策实施流于形式。由于管理体制运行不畅,政府的支持政策在实施中遭遇各种困难,致使补贴资金流失严重,补贴效率差。

2. 中国农业税收政策

政府虽然也采取过一些优惠的农业税收政策,如除土地使用税之外,种植业不再征收其他税种;对农林等产品征收特产税,并规定必须"用之于农"等,但是由于体制的不完善和其他一些不良因素,农业税很多已变成农民的负担,加之各种变相收费,对农业的支持和保护实际上已变成负保护。从现状来看,中国是发展中国家中剥夺农业最严重的国家之一,20世纪80年代期间,我国以农业负保护政策每年平均从农业部门净转移出财政性资金1 400亿元人民币,中国的农业税是"明轻暗重"②。对农业负保护政策的后果是社会投资过分向工业倾斜,农业现代化进程和农村经济的发展受到极大的阻碍,农业生产效益低下,农产品在国内国际市场的竞争力弱,农民收入增长缓慢。

7.2 中国农业保护政策的调整

7.2.1 中国农业保护政策调整的必要性

在本书的分析中,我们可以看到农业保护政策是影响农产品贸易摩擦的根本原因,那么人们会质疑中国加强农业保护力度是不是和本书的观点自相矛盾的问题。其实并不矛盾,本书阐述的观点是过度的农业保护会造成资源的浪费并引发贸易摩

---

① 陈良彪:《中国的农业政策概要》,载《经济研究参考》1997年第11期,第5页。
② 杨慧芳:《阿根廷农业税收制度及其对中国的启示》,载《拉丁美洲研究》2003年第2期,第23页。

擦,但目前中国对农业的保护仍然是处于负保护状态,许多保护指标低于WTO所规定的标准,使我国农产品的竞争力远远低于发达国家的水平,这将更容易引起贸易争端的发生。

我们通过几项数据的分析来测度我国实施农业保护的效用性,数据选取四个经济变量,分别是:农业名义保护率、农民人均收入总值、粮食作物总产量和农产品进口额占进口总额的比重(见表7-2)。

表7-2　　　　　　　　中国实施农业保护的效用性数据

年　份	中国农产品名义保护率	农民人均总收入	粮食作物总产量	农产品进口额占进口总额的比重
1985	-37.05	547.00	33 911.00	12.10
1986	-23.54	593.00	39 151.00	12.00
1987	-12.84	654.00	40 298.00	14.80
1988	-17.02	785.00	39 408.00	16.80
1989	-21.34	875.00	40 755.00	17.10
1990	-24.00	990.00	44 624.00	16.10
1991	-16.73	1 046.00	43 529.00	13.70
1992	-24.77	1 155.00	44 266.00	12.00
1993	-8.97	1 334.00	45 649.00	8.10
1994	-18.66	1 789.00	44 510.00	10.80
1995	-7.81	2 338.00	46 662.00	9.30
1996	-15.00	2 807.00	50 454.00	7.10
1997	-3.61	2 999.00	49 417.00	7.00
1998	-6.59	2 996.00	51 230.00	7.00
1999	-11.96	2 987.00	50 839.00	5.00
2000		3 146.00	46 218.00	5.00
2001		3 307.00	45 264.00	4.90
2002		3 449.00	45 706.00	4.20

资料来源:叶堂林:《世界贸易组织规则下我国农业保护政策研究》,清华中国知网(CNKI)——中国优秀博硕论文全文数据库,2004年。

我们用SPSS对四个经济变量作相关性分析,结果如表7-3所示。

表 7-3　　　　　　　　　　　　相关性分析

		中国农产品的名义保护率	农村居民家庭人均总收入	粮食作物总产量	农产品进口额占总进口的比重
中国农产品的名义保护率	皮尔逊相关系数 显著性水平（P值） 样本数	1 . 15	.695（**） .004 15	.686（**） .005 15	-.536（*） .039 15
农村居民家庭人均总收入	皮尔逊相关系数 显著性水平（P值） 样本数	.695（**） .004 15	1 . 18	.815（**） .000 18	-.897（**） .000 18
粮食作物总产量	皮尔逊相关系数 显著性水平（P值） 样本数	.686（**） .005 15	.815（**） .000 18	1 . 18	-.715（**） .001 18
农产品进口额占总进口的比重	皮尔逊相关系数 显著性水平（P值） 样本数	-.536（*） .039 15	-.897（**） .000 18	-.715（**） .001 18	1 . 18

表 7-3 中列出了四个变量两两之间的 Pearson 相关系数、显著性检验概率 P 值和数据组数 N，脚注内容显示相关分析结果在 0.01 和 0.05 的水平上显著。表中除了中国农产品的名义保护率和农产品进口额占总进口比重的显著性概率大于 0.01 外，其他双侧检验的显著性概率均小于 0.01，因此否定零假设，认为相关系数不为零，变量之间具有相关性，而中国农产品的名义保护率和农产品进口额占总进口的比重的分析结果在 0.05 的水平上也是可以通过检验的。

表 7-3 中正相关程度最高的是农民收入与粮食产量，相关程度达 0.815，其原因是自 20 世纪 80 年代以来农民收入的增加主要依靠农产品产量的增加。而农业保护水平与农民收入及农业保护水平与粮食产量之间的相关系数差不多，分别是 0.695 和 0.686，呈现中度相关，这说明国家提高农业保护水平对农民收入的提高和粮食安全都是有好处的。同时我们应该看到农业保护是一个系统工程，不应该片面强调如何增加农民收入或强调如何实现粮食安全或强调农业保护水平的某一方面的提高，我们要用系统的、长远的眼光看待农业发展的问题。

表 7-3 中中国农产品的名义保护率和农产品进口额占总进口的比重呈现负相关，相关系数为 -0.536，这说明农产品进口额的多少将严重影响我国农业保护水平，所以这要求我们在加入 WTO 的同时必须加强农业支持和保护力度，否则就会导致农业保护力度的下降，进而影响农民收入和粮食安全。

7.2.2 中国农业保护政策调整的方向和内容

在新中国成立以后的几十年间,我国的农业支持政策的导向一直呈现索取强于投入的负支持特征,片面强调农业对工业的积累源泉功能,忽视了农业自身可持续发展能力的积累[1]。现阶段我国农业支持和保护总体水平不断提高,但仍不能满足农业发展的要求。我国目前的国内支持与世贸组织规则和建立市场经济体制不相适应,具体表现为,农业国内支持结构不合理,支持农业的分类和范围与 WTO 不相适应,农业管理体制不适应世贸组织的规则要求,农业支持的法律不健全[2],因此,必须进行调整。

1. 改革农村行政管理体制和税费征管制度

长期以来,我国农业生产者的补贴值一直为负值,1982 年为 -12.7%,1990 年为 -26.1%,1992 年为 -8.5%。整个 20 世纪 80 年代,我国从农业部门发生的净资源转出年均 1 400 亿元,是同期政府对农业部门财政转移支出的 10 倍,这与发达国家形成鲜明反向对比。我国农业支持总量(简称 AMS)长期处于负支持水平,1993~1995 年低至 -1 287.17 亿元、-1 132.63 亿元和 -591.39 亿元,年均 -1 050.97 亿元。其中,主要农产品玉米、稻谷、棉花、小麦、甘蔗、油菜子、甜菜和大豆的年均 AMS 分别为 -492.97 亿元、-21 127 亿元、-126.12 亿元、-41.63 亿元、-33.61 亿元、-10.94 亿元、-2.1 亿元和 -1.37 亿元,均为负值[3]。究其原因,由于长期存在巨额的剪刀差和税费,农业补贴的受益者是国有农产品收储机构,农民受益较少。加入 WTO 后,农产品国际竞争压力不容我们继续实行农业的负支持。当务之急是扭转农业的负支持的局面,首要的是加快农村管理体制改革的步伐,降低基层政府行政管理费用,减少农民不必要的支出。其次是改革和规范农村税费制度,从根本上减轻农民的负担。

2. 建立以"绿箱"政策为主导的农业财政支持体系

我国的农业"绿箱"支持措施与 WTO 成员国相比,主要存在两个问题:一是支持结构不合理,有些支持措施占的比例过高,有些措施却还没有使用;二是支持总量相对较低,管理体制也不完善。因此要合理设计农业支持政策结构,充分利用

---

[1] 苏科五:《WTO 框架下中国农业支持政策研究》,河南大学出版社 2004 年版,第 120 页;王珍:《WTO 与农产品国际竞争力》,中国经济出版社 2004 年版,第 86 页。
[2] 章政:《中国农业政策前沿问题研究》,中国经济出版社 2004 年版,第 53~55 页。
[3] 张仲芳:《我国 1993~1995 年的农业国内支持水平》,载《中国农村经济》1997 年第 6 期。

WTO"绿箱"政策,来加强对农业的支持。即把"绿箱"措施作为我国实施农业支持的主要手段,在遵守WTO的基本规则、逐步放开国内市场、有步骤减少和消除农产品国际贸易中的关税和非关税壁垒的同时,加大农业支持力度,努力提高我国农产品的国际竞争力,增加农民收入。

关于"绿箱"政策支持的建议,我们赞成程国强先生提出的方案①:一是继续加大农业基础设施建设、农业科研教育和技术推广、质量标准和市场信息等服务体系建设的支持力度。二是建立农业收入支持体系。首先成立政策性农业保险机构,其次逐步扩大农业保险范围,然后建立农民收入保险制度。三是建立农业结构调整支持体系。主导产品调优并增加名、特、优、稀产品的比重,加强农畜产品的品种改良和品质提高,按比较优势合理布局农业空间结构,设立"结构调整引导不规范专项资金",加大信贷支持力度,通过贴息贷款,支持乡镇企业和小城镇发展。四是建立农业可持续发展体系。提供土地资源休耕补贴和改善农业生产环境的基础设施建设补贴,建立土地合理流转机制和开发机制,完善农业可持续发展的法律约束机制。

3. 加大利用"黄箱"支持政策剩余空间

加大利用"黄箱"支持政策,主要从两方面入手:一是在允许标准范围内加大价格支持力度,资金支持转向重要农产品的出口上。目前我国"黄箱"政策的预留百分比还很大,要充分利用"黄箱"政策中保留的政策支持空间,首先,要在"微量允许标准"范围内,尽量增大对农产品生产者的价格支持力度,做到农民增收与农产品贸易稳定二者兼顾。其次,与农业生产者签订粮棉等农产品期货合同,按照市场价分时间段收购。这种期货合同,有利于强化农民的销售预期,推动市场价格上升,同时通过政府购买介入高价收购,双重式的提高保护价,而又不违背WTO农业规则。二是对处于战略性地位的重要出口农产品的生产者实施农业投入品补贴。放开化肥、农药、农膜等生产资料的价格,低收入或耕地面积小的农业生产者,在种植粮棉油等重要农产品时,可凭借相关证明到指定地点,按固定比例领取投入品补贴。或者将投入品补贴折抵为农业生产者上缴的税费,如果补贴额高于上缴税费,仅补发余额部分;如果补贴额低于上缴税费,农业生产者只上缴差额税费②。

4. 逐步利用"蓝箱"支持政策

目前国内很少使用到"蓝箱"支持政策,很多人认为这类政策只适合发达

---

① 程国强:《加入WTO与中国农业国内支持政策改革》,载《开放导报》2001年第5期。
② 蓝海涛:《国际农业贸易制度与中国农业政策调整》,清华中国知网(CNKI)——中国优秀博硕学位论文全文数据库,2005年,第154页。

国家利用,其实并非如此。1995年,除了欧盟和美国之外,挪威和斯洛伐克共和国也使用了"蓝箱"政策。我国以往因财力有限,微量允许标准尚留有较大的"黄箱"支持空间,"绿箱"支持的空间更大,对农业补贴的约束主要来自资金不足,而非WTO规则的限制,故无暇顾及"蓝箱"补贴政策。但随着目前财力状况的不断改善,农业生产正面临进口产品冲击的背景下,再闲置"蓝箱"补贴政策,就会自缚手足。目前应该关注该类政策的利用,以争取更大的支持农业发展的空间:一是在不引起大多数WTO成员强烈反应的条件下,尽可能按更大的固定面积和牲畜头数,设定补贴农业生产者的上限指标。目的是留出尽可能大的政策支持空间,但实际执行却可以在该范围内机动掌握。二是按基期播种面积或牲畜饲养头数85%的水平设定补贴下限。每单位播种面积或饲养头数的补贴,依当时的财政支付能力来确定[1]。虽然说实施"蓝箱"政策目前还缺少很多条件,但是,它可以在国家财政实力增强以后,"黄箱"政策支持空间受限,而"绿箱"政策对农业生产作用又不直接的条件下,作为支持国内农业的一种辅助手段。

5. 完善农业金融信贷制度

完善农业金融信贷制度应抓好如下三点:第一,增加农业信贷资金投入。因为农业生产的自然风险大,收益较低,所以应该对农业贷款实行优惠利率,特别是对于从事重要农产品生产的生产者,提供必要的中长期低息贷款。同时调整信贷结构,增加信贷品种,加大对高产优质农产品以及农产品加工企业的信贷资金,充分发挥信贷对农业发展的促进作用。第二,改革现行的农村金融体制,引入竞争机制,扩展金融服务范围,进行金融创新,加快农村保险市场、证券市场、租赁市场的发展,为农民提供更多的金融工具和金融选择,进一步推进我国金融市场的完善。第三,促进小额信贷等扶贫信贷的发展。小额信贷直接面向贫困农民,为贫困农民提供信贷资金,具有贷款额度小、期限短、手续简单、方便易行等特点。虽然小额信贷在我国起步较晚,但在一些地区取得了很好的效果,今后应逐步扩大小额信贷,不断在全国各地推广普及,充分发挥各种类型小额信贷的优势,建立起真正为贫困农民提供信贷服务的金融机构。

6. 调整和优化农业结构

调整结构,关键在于如下两点:一是重视发挥比较优势。出口农产品原则上要按比较优势组织生产,大力发展具有比较优势的农产品,有计划、有重点地开拓

---

[1] 蓝海涛:《国际农业贸易制度与中国农业政策调整》,清华中国知网(CNKI)——中国优秀博硕学位论文全文数据库,2005年,第156页。

国际农产品市场。同时，应充分利用劳动力充裕的优势，继续发展劳动密集型农产品生产，逐步实现由生产资源密集型产品向生产劳动密集型和劳动—资金—技术密集型产品的转变。二是按照品种、品质、产量、效益相统一的原则组织生产、加工和销售，实现区域间的适度分工与协作，推进农业的区域化、专业化和产业化进程。

7. 转变农业保护方式

建立健全符合 WTO 规则的有利于农业持续发展的农业产业保护法律体系。国外农业产业保护已经由边境保护和价格支持转向合乎 WTO 规则的、技术性的、隐蔽型的保护，因此，我国亦应放弃传统的直接对农业生产和出口的补贴，转向以全面提高农业产业整体竞争力为重点的农业支持。深入研究和充分利用《1994 年反倾销协定》、《补贴与反补贴措施协定》、《保障措施协定》、《农业协议》第 5 条特殊保障条款、卫生与植物卫生措施和 WTO 的环境规则，建立健全中国的农业保护体系。

8. 完善技术管理制度和强化动植物卫生检疫制度

完善技术管理制度和强化动植物卫生检疫制度的关键是加快农产品检验检测体制的改革。为此，应做如下准备：第一，努力提高我国的技术标准。加大对动植物产品的科技投入力度，不断提高我国的技术水平，按需要及时修订进口产品的技术标准。第二，储备好技术壁垒的报复性措施。要在科学研究的基础上储备一些技术标准，当国外有意刁难我国农产品进口，适用苛刻技术壁垒时，我们可以随时采取应急性技术壁垒措施，予以合理报复。第三，加快对农产品检验检测体制改革。重新界定各部门检验检测职能，适当提高动植物卫生检疫标准。只要是国际上通行的，甚至是部分先进国家的标准，都可作为我国的检疫标准。同时，对国外基于科学的，运行比较可靠的检疫标准与技术要加快认可，以换取对我国出口检疫标准与手段的认可。最后，通过权威刊物和网络等媒体及时用中英文等多种语言，公布变更的检疫标准及相关政策安排。

综上所述，与传统的以价格和补贴为主要手段的农业保护方式相比，中国农业保护政策取向将发生较显著的转变，即充分利用 WTO 的规则和协议，制定保护国内农业的正向措施，力争转变负保护的局面，同时努力推动农业技术进步与创新，为农业科技进步创造良好的政策与法律环境，调动各种因素参与农业科技创新。这种转向不仅反映了中国农业有机构成逐步提高的趋势，而且体现了世界农业发展的基本方向。

7.3 农业保护政策下中国农产品贸易摩擦特点及原因

7.3.1 农业保护政策下中国农产品贸易摩擦的特点

加入 WTO 后，除长期困扰我国出口农产品的反倾销、保障措施调查以外，各种技术性贸易壁垒也接踵而至，此外，特别保障措施、紧急数量限制等，也给我国出口农产品造成了很大障碍。

1. 技术性贸易壁垒是阻碍我国农产品出口的最大障碍

我国是发展中国家，总体经济发展水平不高，农产品技术含量不高，出口的农产品在安全和质量等方面确实存在较多问题。另外，由于没有与之相适应的安全生产、检测检验手段、质量控制体系，必然导致产品质量不稳定，企业缺少标准生产意识，很少也很难获得国际质量认证和卫生检疫认证。调查表明，技术贸易壁垒已成为阻碍我国农产品出口的首要的非关税壁垒。随着国际环境压力的增加以及一些国际公约的实施，技术贸易壁垒将更广泛地冲击我国农产品出口。与其他贸易限制措施不同，技术性贸易壁垒最大的特点就是具有隐蔽性，一旦出现限制，影响巨大，而且损失很难避免。主要体现在：（1）影响范围广。从水产品、禽肉等动物源性农产品，到茶叶、花生、蔬菜等植物产品、加工产品，几乎所有具有比较优势的劳动密集型产品，均面临技术性贸易壁垒的限制，由此严重影响中国农业产业结构的调整以及农产品竞争力的提高。（2）标准越来越严格。为了削弱我国农产品的竞争力，一些发达国家不仅设置了技术性贸易壁垒，而且它的指标也越来越高，甚至达到了苛刻的程度，对我国农产品出口构成的阻力也相应增大。（3）扩散效应显著。一个发达国家或几个发达国家对我国实施技术性贸易壁垒，往往会引起其他一些国家对我国也实行技术性贸易壁垒。2002 年 1 月，欧盟宣布全面禁止我国动物源性产品进口后，瑞士、日本、韩国等国家相继采取措施，加强对我国动物源性产品的检测，德国、荷兰等国提出了更高、更严的要求，沙特阿拉伯也暂停了对我国此类产品的进口。（4）具有歧视性。一些国家采取的措施往往高出国际标准，有的以设备能检出的最低限度为准，有的专门针对中国产品。如日本在农药、兽药残留方面对中国肉鸡产品实施歧视，检测克球粉时，要求中国产品达到 0.01ppm，而对美国等其他国家的产品只要求达到世界卫生组织 0.05ppm 的标准。（5）使用频率高。有些发达国家经常找借口先实施暂时禁令，使中国企业失去市场，经中国艰苦努力后才同意开放市场，但不久又设法寻找新的理由，重新关闭市场。

2. 反倾销和反补贴呈现"一增一显"

近年来，我国农产品出口遭遇的反倾销诉讼越来越多，随着我国所占世界贸易份额的上升，这类摩擦将更加激烈。反倾销已成为阻碍我国农产品出口的主要非关税壁垒之一。据统计，国外对我国农产品提起的反倾销诉讼主要涉及蜂蜜、大蒜、大葱、小龙虾、浓缩苹果汁、香豆素、食品罐头、猪鬃漆刷、松香、塑编袋、木夹、烟花、蜡烛等多种商品，部分商品还遭到多国起诉。

农产品反倾销给我国出口造成了巨大的损失。我国出口产品在遭受反倾销调查后被征收的反倾销税税率较高，从百分之十几到百分之几百，有的商品被征反倾销税超过10年，还有的商品如大蒜，则一而再、再而三地被反倾销，国际市场份额严重萎缩，一些产品在美国、巴西、加拿大、墨西哥等国的市场份额被迫丢失。例如，1996年3月19日美国商务部初步裁定中国出口小龙虾有倾销倾向，倾销幅度平均为350.5%。倾销带来的后果是致命的，有关调查资料表明，由于受到反倾销起诉导致中国国内相似产品的产量急剧萎缩，国内相似产品的销售量和销售收入下降，价格被迫大幅度下调，库存剧增，国内产业的开工率严重不足，产业利润下降，处于严重亏损状态。

目前对我国农产品实施反倾销的国家不断增多，其中发展中国家增长迅速。20世纪80年代对我国农产品实施反倾销主要集中在美国、欧盟等发达国家，进入90年代，一些发展中国家，比如巴西、韩国，也对我国农产品实施反倾销，而且国外对中国的反倾销具有连锁反应。一方面，我国某一出口农产品在国外遭到反倾销指控后，其他国家担心这一商品会大量涌向其他国家，因而也采用反倾销指控进行预防，我国出口的猪鬃毛刷和大蒜都遭到过如此对待；另一方面，某一农产品受到反倾销指控后，会助长对我国其他农产品的反倾销。比如，美国对我国大蒜的反倾销，起诉方的律师看到中国企业不愿应诉，又鼓动蜂蜜行业对中国提起反倾销诉讼，在蜂蜜案件进行过程中，又说服美国蘑菇罐头行业对中国提起反倾销诉讼（见表7-4）。

表7-4　　　　　　　　国外对华农产品反倾销一览

国家	商品名称	立案时间	终裁时间	裁决结果
美国	薄荷醇	1980.07.02	—	无损害结果
	蘑菇罐头	1982.11.16	1983.10.16	无损害结果
	香豆素	1984.01.27	1994.10.28	征税15.04%~16.08%
	大蒜	1994.02.28	1994.09.26	未应诉征43.54%~50.43%

续表

国家	商品名称	立案时间	终裁时间	裁决结果
美国	蜂蜜	1994.10.31	1995.08	终止协议
	小龙虾	1996.10.13	1997.08	征税 90%~198%
	蘑菇罐头	1998.02.02	1998.12.31	征税 154%~198%
	浓缩苹果汁	1999.07.06	—	
	柠檬酸	1999.12		
欧盟	糖水梨	1982.10.19	1983.07.20	价格承诺
	猪鬃毛刷	1992.01.31	1993.05.31	价格承诺
	香豆素	1994.05.23	1996.04.04	3 749 元/吨
澳大利亚	猪鬃毛刷	1988.06	1990.03	无税结案
	梨罐头	1991.02.27		无税结案
	桃罐头	1991.02.27		
	西红柿罐头	1991.08.27		确认倾销
	花生仁	1991.09	1997.03	无税结案
巴西	大蒜	1994.12.08	1996.01.08	0.4 元/公斤 5 年
	蘑菇罐头	1996.09.02	1998.06.02	征税 1.37 美元/公斤
韩国	大蒜	1999.10.16	1999.11.08	加征 28.5%的临时关税
加拿大	大蒜	1996.08.02	1997.02.19	征税 70%

资料来源：黄军、李岳云：《对中国农产品遭受反倾销的思考》，载《农村经济导刊》2002 年第 1 期，第 59 页。

此外，我国应诉国外农产品反倾销的意识不强。由于我国暂时还没有步入贸易强国的行列，在世界贸易中的地位不够高，因此产生贸易纠纷时，我们的企业显得缺乏信心，应诉的意识不够强烈，这样，使得国外企业认为对我裁定反倾销非常容易。

尽管反补贴和反倾销一样，是传统的贸易救济措施，但在加入 WTO 前中国企业很少遭遇反补贴调查，在农产品贸易中，中国还没有遭遇过反补贴调查，原因是很多发达国家将中国视为"非市场经济国家"，认为中国的原材料和劳动力以及制成品的价格本来就包含大量的政府补贴，并非完全由市场决定，因此难以判定补贴的程度，也就很难适用于反补贴法。中国的农产品贸易伙伴主要是美国、欧盟、日本，这些国家都不承认中国的市场经济地位，所以它们尚未在农产品贸易领域实施反补贴。然而，近几年来，欧美等国采用反补贴措施对我国相关农产品出口实施限制的意图已经十分明显。随着入世以来有越来越多的国家承认我国的完全"市场经济地位"，反补贴正成为我国出口产品所面临的一种新的贸易壁垒措施，这将引起更多的农产品贸易摩擦。

3. 紧急数量限制性贸易摩擦急剧上升

近年来，我国农产品贸易在迅速发展的过程中，不时遭遇到一些国家对我国实施紧急进口限制措施（包括紧急数量限制），而且这种摩擦有上升趋势。根据《中华人民共和国加入 WTO 议定书》，中国入世后的 12 年内（2001 年 12 月 11 日到

2013 年 12 月 11 日期间），原产于中国的产品在出口至任何 WTO 成员国时，如果数量增加幅度过大，对这些成员的相关产业造成"严重损害"或构成"严重损害威胁"时，WTO 成员可单独地针对中国产品采取保障措施。以日本为例，1995年，日本政府就中国出口的大蒜和生姜实施紧急进口限制措施，所谓紧急进口限制措施是指对超过一定数量的进口产品征收高关税。日本此前对大葱、鲜香菇和蔺草席征收的进口关税分别是 3%、4.3% 和 6%。日本政府以 1997～1999 年 3 年进口数量的平均数制定基数，大葱、鲜香菇和蔺草席的基数分别为 5 383 吨、8 003 吨和 7 949 吨。临时性紧急进口限制措施启动以后，进口数量超过上述基数时，日本将分别对其征收 256%、266% 和 106% 的关税，以使进口产品价格与日本国内产品价格持平。在谈判过程中中国做出让步，同意对这些产品实施出口配额制，也就是主动限制出口量。但 2001 年 4 月，日本又决定对中国出口的大葱、生蘑菇和灯芯草实施紧急进口限制措施，为期 200 天，直到 11 月 8 日结束。两国虽就此问题进行了谈判，但结果不欢而散。中国在 6 月末宣布采取报复措施，对日本的汽车、移动电话和空调设备征收 100% 特别关税，中日双方为了避免贸易摩擦扩大化，最终通过签订"民间协议"的方式暂时解决了争端。我国作为发展中国家，受自身发展程度的影响，在相当长一段时期内将继续保持其以农产品为主的劳动密集型产品的大量出口，随着贸易量的不断扩大，故很容易招致紧急数量限制控制，所以此类紧急数量限制性的贸易摩擦未来将会不断增加。

7.3.2 农业保护政策下中国农产品贸易摩擦的原因

1. 进口国的贸易保护诱发农产品的贸易摩擦

如前所述，基于农业的基础产业地位、弱质产业属性、外部性以及为贸易关注等因素的考虑，各国政府都有保护农产品贸易的需要。政府倾向于对某些特殊的农产品实行种种明显的或者隐蔽的贸易限制，来抑制进口的数量以避免对进口的过度依赖。因此，贸易对象国政府对农业的保护本身已成为中国出口农产品的障碍。另外，世界经济大环境的不振以及国际农产品市场的持续低迷也使各国将农产品的贸易保护作为各国改善经济地位、维护政治势力的一种手段。特别是发达国家，对进口农产品所实施的种种倾销调查、技术性贸易壁垒往往成为该国政府转移公众注意力的一种手段。在这一背景下，中国成为最大的受害国之一，加之进口国对我国运用一些歧视性的手段也加剧了我国农产品出口贸易摩擦。

2. 我国农产品的自身状况诱发农产品贸易摩擦

由于我国劳动力供给充裕，人力成本优势明显，所以我国生产及出口的农产品

多以劳动密集型产品为主。由于劳动密集型产品具有科技含量低、附加值不高等特点，所以在竞争中常常采用以价格优势为主要的竞争手段，这种策略在农产品国际市场疲软的大形势下更具有诱发贸易摩擦的可能。

3. 行业协会的不作为导致贸易摩擦

由于中国农业行业协会与政府管制联系过于密切等固有原因，很多协会形同虚设，没有发挥应有的职能。行业协会的不作为主要表现在制定、执行行业规范，协调出口企业利益，实行行业价格自律等方面力度不够，未能有效地限制企业间的价格竞争等。而这些往往是诱发贸易摩擦的重要因素之一。从国外经验可以看出，行业协会在纠正个别农业相关利益者的不当行为方面有着不可替代的作用，而发达国家的行业协会也正是基于此而运作的，因此，可以说，中国农业行业协会的不作为是诱发农产品贸易摩擦的主要因素之一。

4. 质检标准的滞后导致了贸易摩擦

（1）质检标准落后。在 2001 年新实施的国家标准中，有近 10 项国际上检疫敏感的药物没做规定，如克球酚、盐酸克伦特罗、氯霉素等。此外，许多药物的药残检测标准与主要发达国家的差距十分明显，如左旋咪唑，中国为 0.1 毫克/千克，日本为 0.01 毫克/千克；思诺沙星，中国为 0.2 毫克/千克，欧盟为 0.01 毫克/千克等。

（2）质检手段落后。由于技术环节薄弱，质检设备落后，对发达国家要求的一些质量标准，中国缺乏检测的设备，特别是在药物残留方面，中国与发达国家的质检差距甚远。

（3）质检标准更新滞后。一般来说，发达国家的农产品标准每隔 2 年或 5 年修订一次，并且有越来越密集的趋势，而我国 1985 年颁布的《兽药管理条例》只在 2004 年修改过一次。长期习惯于中国质检标准的企业很难达到国外日新月异的质量规定，因此容易成为贸易摩擦的受害国。

7.4 农业保护政策下中国农产品贸易摩擦分析及解决对策

7.4.1 农业保护政策下中国农产品贸易摩擦政府层面的解决对策

在当前贸易保护主义盛行，国际农产品市场竞争日趋激烈的形势下，我国现行

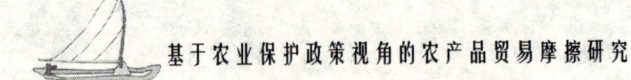

分散分段的农业管理体制、农业政策法规体系、农业科研与推广体系以及农产品贸易体制很难适应新阶段农业发展的客观要求,中国农产品很难避免遭遇贸易摩擦。为了有效地应对贸易摩擦,政府部门应该加快农业制度的调整和创新,促进我国农产品市场与国际接轨,以期为出口贸易创造良好的环境。

1. 完善农产品贸易管理体制

(1) 健全对外信息管理系统。信息不对称是发展中国家存在的普遍问题,我国出口企业历年来遭遇的很多贸易摩擦就是由于事先的信息不灵通或是得不到有针对性的咨询服务造成的。政府和有关部门必须建立信息管理系统,提醒企业对各种贸易壁垒保持应有的警惕来有效地规避和解决贸易摩擦。首先,我国应该及时了解主要贸易伙伴新出台的法律、法规,为企业提供信息咨询和预警服务。日本官方资助的"日本贸易振兴会",不仅代表日本国家承担 WTO/TBT 咨询点任务,同时还向海外派出大量人员广泛收集进口国贸易壁垒信息,经研究后及时向日本出口企业和海外日资企业提供这方面的有效咨询服务。这种做法很值得我们学习效仿。其次,政府和企业都需要对我国的贸易伙伴制定和实施的各类影响贸易的措施保持高度警觉,因为尽管从一项贸易措施相对于某个企业、某个行业或政府某个部门的角度看,可能对我国的对外贸易没有产生影响或影响不大,但如从我国经济发展全局及我国对外贸易的长远发展角度看,该项措施极可能构成一个贸易壁垒,对我国产业和对外贸易的未来发展产生负面影响。最后,政府和企业应加强相互间的信息沟通,提高鉴别和分析能力,形成合力,共同应对,快速应对,这是冲破国外贸易壁垒的重要前提①。

(2) 加快我国标准化建设和发展。按照《TBT 协定》规定,国家有权在安全、健康、环境保护等方面制定相应的技术法规。此类技术性法规经常会成为我国农产品出口的技术性壁垒,原因即在于我国标准化建设相对滞后。这也是我国加入 WTO 后应对国外技术性贸易壁垒的"硬伤"所在。据国家有关部门统计,我国的各类标准化文本中农业标准文本不足 0.5%。在部分农产品重点产区,我国已部署了 189 个农业标准化示范项目,建立了农业标准化示范区 313 个。以标龄为例,我国农业标准标龄过长,5~10 年的国家标准占 33.4%,10 年以上的国家标准占 37.7%。按照规定,我国国家标准一般 5 年为一复审期,以此推算,我国国家农业标准中,70% 以上超过复审期②。我国在标准化建设和发展方面的相对滞后,使我国出口产品在遭遇技术性贸易壁垒时,缺乏普遍适用国家标准的应对基础。然而同

---

① 严晓霞:《中外贸易摩擦的发展趋势及其应对策略研究》,清华中国知网(CNKI)——中国优秀博硕学位论文全文数据库,2005 年,第 33 页。
② 赵红梅:《农业标准化——农业经济发展的需要》,载《广西大学学报》2001 年第 1 期。

时，部分发达国家已将其标准建立在国际标准之上，所以我国面对更为苛刻的贸易伙伴国的国内标准时，只能处于被动挨打的状态。因此，加快我国标准化建设和发展已经刻不容缓。

(3) 加强出口农产品质量检测体系建设。目前，我国各地的检验检疫水平较发达国家落后，主要表现为缺乏先进的检测技术和设备、基层检测人员水平低下等，这就使农产品的检测结果难以达到国外的要求，因此为确保我国农产品的顺利出口，必须尽快建立健全出口农产品检测体系。首先，加入 WTO 后，中国作为 WTO 的正式成员，应当遵守《实施卫生与植物卫生措施协定》的规则。而我国现行的《出入境动植物检疫法》的规定和国际通行的标准、准则有一定的差距，应尽快修改完善《出入境动植物检疫法》，使之和国际通行的《实施卫生与植物卫生措施协定》的规则相协调。其次，建立和完善我国动植物卫生和食品安全的法律法规，从法律层面来规定农产品的质量标准，同时规定质量检测人员的责任。最后，加大对动植物检验检测基础设施建设的投入和国内生物科研的投入，及时更新我国的检测设备，尽快赶上发达国家水平。加强对质量检测人员的培训，尤其是那些基层分析测试人员，应着重于职业道德的提高，做好把关工作。通过这些措施的实施，不仅可以提高我国农产品在世界市场上的竞争力，而且在一定程度上有利于保护我国的农业产业，促进我国农业现代化水平的发展。

2. 加强国内农产品生产的支持和管理

(1) 改革我国农产品生产管理体制。我国已进行了多次行政管理体制改革，但农产品生产、加工、流通分段管理体制方面并没有得到根本改观。政府农业部门管理农业生产，政府工业部门管理农业生产资料和农产品加工，农产品流通则由政府商业部门管理。这种分段管理方式必然导致了农业生产资料供应、农产品生产、加工、流通等环节利益的冲突难以协调与衔接，不利于甚至在一定程度上阻碍了农业产业化的发展，因此，必须改革现行的农业分段管理体制。改革的具体目标是适应经营一体化的要求，建立一体化的农业行政管理体制，就是将农业生产资料供应、农产品生产、加工和流通等环节的职能划归一个政府职能部门管理，或将现有这些管理部门合并，形成一个能协调各环节和各经济主体利益的管理机制，消除职能交叉、职能划分不清和利益分割的现象，促进农业产业化的快速发展和农村经济的稳定发展①。

(2) 完善社会化服务体系。首先，政府应加大农业和农村的基础设施建设投

---

① 田曙曦：《农业产业化发展机理研究》，清华中国知网（CNKI）——中国优秀博硕学位论文全文数据库，2005 年，第 87 页。

入，确保农业综合生产能力的不断提高。要大比重增加对农业基础设施建设的投入，包括道路交通、邮电通讯、水利设施、市场流通设施等方面的建设。对于我国这样农业基础设施薄弱的国家来说，改善农业基础设施将会间接地降低农民的生产成本从而极大地激发农业发展的潜力。其次，政府要加大农业科研和技术推广的投入。要集中支持农业基础研究，比如动植物品种资源、农业技术等，增加科技储备。同时加大对农业科技推广项目及服务体系建设的支持力度，扶持建设发达的农业教学、科研、推广"三位一体"的农业科教体制，把一部分科研、管理人员从行政机构中分离出来，兴办服务性经济实体，同乡村社区性服务组织连接起来，形成服务网络，指导农户制定生产计划，改进生产技术。再其次，要建立完善的农业信息网，通过网络、电台、电视、报刊等多种传媒渠道定期发布信息，并组织信息咨询站，及时准确地向农民提供农产品生产形势、市场供求趋势及价格变动走势等方面的信息，以期降低农民进入市场的成本和风险。最后，要建立法律服务系统。伴随市场经济的不断发展以及法制的健全，农业生产与经营对有关法律服务的要求也将越来越多。为此，政府部门需要向农民普及有关法律知识，进行法律咨询、契约更正、合同仲裁和提供诉讼方便，有效保护广大农民这一弱势群体的合法权益。

（3）完善国内支持法律法规。政府应该将其支持行为法制化，采取立法形式制定农业保护政策。对于如何完善农业支持的法律法规，提出以下建议：第一，健全农业信贷制度。政府应逐年增加对农业信贷资金的投入，对农业贷款实行优惠利率，增加农业资金中长期贷款的比重，同时要改革农村金融管理体制，信贷资金的来源和流向要受到法律的监督和约束，用立法的手段明确信用社的性质——农民社员自己的合作金融组织，同时应给农村合作基金会一个明确的定性，使其具有合法的地位。第二，完善农产品价格保护制度。尽管《农业协议》对国内农产品的价格保护作了具体限制，但这并不意味着对农产品价格可以听之任之。根据中国入世时作出的具体承诺，中国对农业的综合支持量不超过农产品总产值的 8.5%（参见《中国加入工作组报告书》总第 235 项），我们仍然可以对重要的农产品进行适当的必要保护，但是必须注意，WTO 规则要求政府提供的价格支持对象是农产品生产者而非流通部门，因此我们需在支持结构和补贴目标上作较大的改革。在深化农产品流通体制改革的同时，调整农产品价格支持方式，逐步减少流通环节的补贴，把补贴重点有步骤地转向生产环节和农业生产者。第三，完善农产品风险基金制度。随着中央财力的增强，应相应提高中央财政在农产品风险基金中的投入比重。对于风险基金的改革：一是要按照国务院的规定，确保各级财政预算内安排的粮食

第7章 中国农业政策调整及应对农产品贸易摩擦对策

风险基金足额到位；二是要建立一个统一的市场基金，统筹安排，合理使用，提高资金的使用效率。

3. 健全贸易救济和贸易摩擦争端解决机制

我们可以学习借鉴国外成熟的贸易救济机制，进一步完善我国实施反倾销、反补贴、保障措施、技术壁垒等的法规体系，建立健全符合国际惯例的贸易救济体系。

（1）充分利用 WTO 面向发展中国家的特殊条款。《TBT 协议》第 12 条第 3 款规定：各成员在制定和实施技术法规、标准和合格的评定程序时，应考虑各发展中国家成员特殊的发展、财政和贸易需要，以保证此类技术法规、标准和合格评定程序不对发展中国家成员的出口造成不利影响。根据这一条款，发展中成员可以在农产品出口遇到不合理的技术性贸易壁垒时，要求发达国家放宽对产品的限制。因为这一条款规定发达国家应保证其实施技术法规、标准和合格的评定程序不对发展中国家成员的出口造成不必要的障碍。

（2）利用世贸组织技术性贸易壁垒咨询点的窗口作用收集相关的信息。按世贸组织的要求，各成员必须设立负责技术法规、标准和合格评定方面的通报和咨询工作的世贸组织技术性贸易壁垒咨询点。各国的世贸组织技术性贸易壁垒咨询点，既要向世贸组织总部进行通报，同时，又可从总部获取来自其他国家相应的通报供本国使用。我国应充分利用这个窗口，了解各成员的政府、工商、经贸团体采取的技术壁垒的细节，为国内企业提供服务，特别是可通过互联网进行咨询，及早得到其他成员制定的技术法规和合格评定的信息，来采取相应的措施。

（3）要积极利用 WTO 的争端解决机构。争端解决机制保障了多边贸易体制有效实施其自由化承诺。它不仅为 WTO 各成员提供了一个公平公正的解决经贸纠纷的场所，而且通过其裁决的执行，减少了国际经贸领域中爆发贸易战的可能性，维护了多边贸易体制的稳定性。我国应学会通过争端解决机构解决贸易争端问题。在组织机构方面，WTO 所确定的争端解决机制是一种滚动式的争端解决程序，其中当事人之间的协商解决争端是首要的方法，如若协商未果，可自愿选择斡旋、调停、调解或仲裁程序。如果这些方法仍不能解决有关争端，当事人一方提出请求，有关争端就应提交给专家组。专家组报告一经争端解决机构通过，即成为该机构的建议或裁决，如果争端一方对专家组报告中的法律问题及专家组的法律解释存在疑虑，还可提交上诉机构，上诉机构的报告无论是维持还是修改或推翻该报告，一经争端解决机构通过，各争端当事国必须无条件通过。如果有关当事国未在规定的合理期限内加以改正，未能使有关措施符合有关协定的规定和执行争端解决机构的建

议或裁定,争端解决机构可以授权申请国采取中止或减让其他义务的措施①。

7.4.2 农业保护政策下中国农产品贸易摩擦行业协会层面的解决对策

1. 农产品行业协会发展的阶段性分析

随着我国对外开放和经济体制改革的深入,特别是我国加入WTO后,农业专业化、规模化、商品化的进程有所加快,同时也使农产品在国内市场的卖难买难问题以及在国际出口贸易中屡屡受阻问题越来越突出。这不仅引起了包括农民在内的广大农产品生产经营者的强烈关注,也引起了各级政府的高度重视。人们在寻求对策的过程中,发现我国工商领域行业协会以及国外农产品行业协会的成功做法,完全可以应用在农产品生产经营中。农产品生产经营者唯有在政府的支持下,通过发展自己的行业协会,提高组织化程度,才能有效地克服许多贸易摩擦问题,降低国际国内两个市场的风险。农产品行业协会是众多行业协会中的一种,农业的弱势地位和我国农业的特点使我国农产品行业协会的发展晚于工商类行业协会。随着我国农业生产力的快速发展,经济体制改革的稳步推进,农产品市场化的程度不断提高,为我国发展农产品行业协会创造了有利条件,并为解决贸易争端问题提供了良好的平台。我国农产品行业协会至今只有几十年的历史,其发展可分为以下几个阶段:

第一阶段:农产品行业协会"徒有虚名"阶段。从新中国成立到20世纪50年代初期,我国农产品领域出现了一些名为"某某协会"的组织,但并不是真正意义上的农产品行业协会,仅仅是农民为了维护自身利益自发成立的,成员多数是作为自然人的农民,还不具备农产品行业协会应有的各种要素和功能,属于农业合作组织的性质。例如,1954年成立的中国渔业协会,这是新中国成立以来我国最早成立的农产品行业协会,当时主要是为了解决国际海事纠纷。直至1978年我国建立了许多这种名义上的农产品行业协会,新中国成立后,整个社会从政治到经济、文化都发生了根本性的转变,在计划经济占主流的形势下,我国农业行业协会在解决贸易摩擦上的作用消亡或名存实亡。首先,这一时期我国建立以高度集中和一元化为主的社会主义政治制度。整个国家的社会、经济、文化生活都被高度融合

---

① 于慧芳:《农产品出口中的技术性贸易壁垒理论分析及其对策研究》,清华中国知网(CNKI)——中国优秀博硕学位论文全文数据库,2005年,第34页。

第7章 中国农业政策调整及应对农产品贸易摩擦对策

在政治活动之中,各级经济与社会组织同时又是政治组织,反之,各级行政机构也就是经济与社会的组织形式。国家垄断着绝大部分既有的农产品资源,并且利用国家的强制性权力,将其置于自己的直接控制之下;其次,我国实行的是高度集中的计划经济体制,在我国传统的社会主义计划经济模式中,企业不再是拥有独立经济实力的市场竞争主体,而是行政和计划手段成为调节和管理经济的基本手段和方式,因而农业行业组织的经济和组织基础已不复存在,社会组织架构简化为"国家(政府)—单位"的二元模型。在这样的社会经济条件和制度环境下,原有的农业行业协会附属于政府或准政府部门,没有独立性,在贸易磋商中无法发挥其应有的作用,更无法去应对贸易摩擦问题。所以在计划经济时期,我国的行业协会在贸易摩擦问题上"徒有虚名"。

第二阶段:农产品行业协会重生与发展阶段。20世纪80年代初,我国由计划经济向市场经济逐步转轨,这种转轨不是单项或局部的调整和转变,而是整体的体制和制度的变迁,它涉及政治、行政、文化、法律、经济等各个方面,并且由此重塑了整个社会的组织架构。由此,我国农业行业协会也得以重生发展,并且在组织、职能等方面不断得到创新和发展。在20世纪80年代我国改革重建了一些农业协会,如中国食品工业协会、中国饲料工业协会等行业组织。这一时期的行业协会已经政企分开,开始发挥管理经济的职能,可以独立的制定行业发展规划,组织信息交流,研究行业内重大经济技术政策,规范了农产品企业的行业秩序,维护了行业正常的经营,避免了一些贸易摩擦的发生,在对外贸易方面发挥了积极作用。这期间各地还出现过一批农业专业协会,尽管会员中既有农户,也有涉农企事业单位,但主要功能还是交流和推广农业生产技术,因此是属于科普性质的专业协会,一直归于各级科协部门管理,在应对贸易争端上的职能上仍然受到限制。

第三阶段:农产品行业协会受到重视并发挥作用阶段。进入20世纪90年代,农业协会迅速发展,据农业部有关数据统计,到2000年年底,全国共有农民专业协会150万个。其中,围绕"菜篮子"兴办的协会占总数的25%,从行业分布情况来看,主要分布在蔬菜、水果、家禽、生猪、养蚕等商品化程度较高的行业。另据有关资料统计,从纵向层次上看,目前国家级的协会有48家,省一级的有400多家,县一级的有1万多家。农产品行业协会发展较好的浙江省截至2002年年底已建立农产品行业协会500多家,其中在18家省级农产品行业协会中,有13家是在2002年一年的时间中组建起来的。农产品行业协会在应对生产经营国际化的过程中也初步显现了重要作用,部分实力强、影响力大的农产品行业协会已在国际农产品竞争舞台上一试身手。例如,中国食品土畜进出口商会通过发挥组织协调作

用，成功地解决了美国苹果汁协会的反倾销诉讼；浙江省柑橘协会通过多方努力，顺利化解了西班牙政府意欲提请欧盟对我国橘子罐头实施"限制性特殊保障措施"的诉讼，维护了我国广大农业生产经营者的利益[①]。可见农产品行业协会在应对我国农业对外贸易摩擦环节中发挥着越来越重要的作用，且效果十分显著。

第四阶段：农业行业协会走向成熟阶段。我国加入 WTO 后，世界上各农产品生产国也加紧了对中国的防范。它们一方面，加强对本国农产品贸易的保护，频繁发起针对中国农产品的反倾销；另一方面，以各种农产品行业协会及相关组织作为载体，将本国农产品销往中国的同时又对中国市场进行窥视，对中国农产品形成严重威胁。虽然我国的农业协会在 20 世纪 90 年代以后得到了快速发展，但由于我国的农产品行业协会组织比较薄弱，缺乏统一的对外联合作战能力，甚至对 WTO 在农业方面的有关规定缺乏了解，致使我国农产品在国外不断遭遇反倾销、技术性贸易壁垒以及绿色贸易壁垒等各种形式的阻击，农产品出口屡屡受阻。有的农产品由于不能再享受国家有关政策的保护，又缺乏行业协会的指导，甚至丧失了国内市场，严重影响到农民的生产生活。因此，从当前农产品对外贸易摩擦角度来看，农业协会迅速成长完善并走向成熟是对应对贸易摩擦是非常重要的。

2. 提高农产品行业协会在解决农产品贸易摩擦中的作用的途径

根据我国农产品行业协会发展的实践历程以及国外发展农产品行业协会的经验，我们可以概括得出我国农产品行业协会应该发挥的职能：一是行业协会应该积极地搜索国际市场信息，及时准确地向企业、农户发布，以便于农产品生产者根据国际市场的变化来调整生产计划。二是行业协会应该根据会员的实际需求提供联合开拓市场的促销服务，进行项目投资的咨询服务、生产经营的技术与培训服务，扩大再生产和行业影响的宣传服务，积极开展对外经济技术交流和合作的外联服务等。三是行业协会应该加强与政府的联系，代表会员提出涉及会员集体利益的意见，争取政府的支持，为行业发展争取一个良好的外部环境，起到交流桥梁的作用。四是根据国家法律法规制定行业的行规和行业内争议处理的规则和程序，集中控制出口总量和出口价格，防止不正当竞争，对于违反行业协会章程和行规，损害行业整体利益和形象的会员采取相应的惩罚自律措施。对行业内违法经营和不正当竞争的企业予以曝光，并提请有关部门查处。五是行业协会应该做好企业和政府之间、企业和企业之间、企业和农民之间的利益协调工作，加强相互之间的协调性，避免冲突的发生。六是行业协会应该通过组织会员企业应诉国外反倾销，代表行业

---

① 黄懋：《发展中国家农业行业协会的现实与理论探讨》，清华中国知网（CNKI）——中国优秀博硕学位论文全文数据库，2005 年，第 14 页。

第 7 章 中国农业政策调整及应对农产品贸易摩擦对策

提起反倾销调查等集体活动,利用对外的整体一致行动,维护行业的整体利益。

依据这些功能,我国应尽快培育符合国际惯例和运作模式的农产品行业协会。针对我国目前农产品行业协会存在的问题,借鉴国外行业协会的运行模式,建立适应国际经济运行规则,同时又具有中国特色的农产品行业协会组织,应从以下几方面着手:

(1) 保证行业协会的独立性。建立规范的行业协会,改变"官办"的旧传统,将行业协会的生存与行业中独立企业的生存与发展紧密联系在一起。行业协会需要解决两个问题:一是行业协会的经费问题。在这方面行业协会不能过分地依赖政府的支持,而要发展多渠道筹集经费,包括会费收入、服务性收入和政府的资助形式,要把行业协会发展成为财政独立、盈亏自负、依靠会员支持和会费保证的独立法人组织。二是协会工作人员的"官方"身份要打破。倘若行业协会的领导大多由政府部门人员或是协会内企业的领导来担任,难以保证协会运行过程中的公平性和客观性。所以协会应该实行公开选择、社会招聘,把一些具有较高文化素质、懂得了解本行业特点和国际经济运行规则、工作能力强的管理、研究、策划等方面的优秀人才,吸纳到协会中来,同时保证协会领导在职期间必须与原所属企业经营、管理脱钩,不兼任以营利为目的的企业、单位、团体的负责人,防止以权谋私[1]。

(2) 完善行业协会管理体制。合理转变政府职能,支持行业协会自主办会,具体包括正确定位政府部门职能,将属于社会层面的行业管理职能转交给行业协会,政府部门侧重宏观调控,比如制定产业政策,规范市场秩序,提供公共服务等;改革双层管理体制,在涉及行业协会组织发展问题上,由登记管理机关负责监管;在涉及行业发展问题上,实行对口管理或多头管理。此外,政府部门可以通过项目招标或重点扶持等形式,支持有发展潜质或已发挥重要作用的农产品行业协会。但是,我们同时也必须明确,政府放权给行业协会鼓励其自治,并不是指行业协会可以代行政府的职能,凡是可能影响到社会公众健康、安全、福利等合法权益以及国家利益、国家安全的事项,仍应由政府亲自管理。在一般情况下自治组织倾向于考虑行业的利益或者由自治组织占统治地位的那部分企业的利益。因此,为了保证协会的公信力,避免其他实力弱小的利益集团受到压制和伤害,政府对协会的行为也需要进行有效的监督监管[2]。

---

[1] 严晓霞:《中外贸易摩擦的发展趋势及其应对策略研究》,清华中国知网(CNKI)——中国优秀博硕学位论文全文数据库,2005 年,第 46 页。
[2] 郁建兴、黄红华、方立明:《在政府与企业之间——以温州商会为研究对象》,浙江人民出版社 2003 年版,第 64 页。

(3) 增强行业协会综合协调能力。2001年4月国家经贸委和国家统计局发布的《关于授权有关行业协会反倾销、反补贴、保障措施有关职能及委托有关工作的通知》中，赋予了行业协会负责组织协调本行业企业遭受到国外反倾销、反补贴、保障措施调查的应诉等职能。行业协会与政府相比，更了解行业和各会员的具体情况，也更适合承担协调人的角色。在国际市场倾销与反倾销的复杂情况下，行业协会应提高对国际市场上倾销与反倾销的快速反应能力和综合协调能力，以协会的名义出面干预，积极组织会员参与应诉，保护企业的合法权益。应建立农产品价格信息分析机制，对恶意杀价竞争，扰乱农产品销售市场秩序的企业进行处罚，对情节严重的甚至可以以违反《反不正当竞争法》为由向法院起诉。

7.4.3 农业保护政策下中国农产品贸易摩擦经济个体层面的解决对策

1. 依靠科技进步，提高农产品质量

在发达国家市场，产品竞争力的影响因素中价格因素比重已越来越小，而产品的品质和对环境的影响才是消费者关注的主要因素。因此，中国的农产品贸易要实施"以质取胜"的战略。第一，强化农产品质量意识。农产品出口生产企业应该充分认识到提高出口农产品质量的重大意义，意识到高质量的出口农产品才是进入国际市场的通行证，是扩大出口贸易和提高农业国际竞争力的根本保证，树立"质量是效益的核心"和"质量第一"的观念，正确处理好质量与数量、效益和速度的关系。第二，要从生产领域入手，加快对农产品出口生产企业的技术改造，利用先进技术和设备，推进技贸结合，使科技成果尽快实现商品化、产业化，进而形成国际竞争的综合优势。要加大高科技产品的研制与开发，以便较快地提高我国出口农产品的质量、档次和加工深度。第三，企业应该全面加强质量管理：一是要在生产过程中严把质量关，消除生产不合格与不安全农产品的种种隐患；二是要加强流通领域中的质量管理，既包括农产品收购、存储过程中的质量管理，也包括农产品运输、销售过程中的质量管理①。此外，企业还应实现出口商品结构的多元化和目标市场的多元化，努力开拓新市场，避免在促进我国对欧盟贸易中形成的单一品种和目标市场中份额过高的两难局面。

---

① 刘春香：《中国农业国际竞争力研究》，清华中国知网（CNKI）——中国优秀博硕学位论文全文数据库，2005年，第167页。

2. 转变企业经营观念，实施国际市场营销战略

（1）企业要实行农产品差异化经营。差异化是提高农产品竞争力的基础。某种产品只有形成差异性才不容易被替代。根据我国的实际情况，要实现农产品差异化就必须从发展特色农产品着手，并且这些特色农产品的生产是建立在地理优势和资源优势基础上的。相对于传统农产品而言，特色农产品的生产对自然条件有着更高的要求，同时还需要科技技术对农业生产发挥更大作用。在一定程度上，它是独特的生产技术与特有的自然资源相结合而形成的特殊产业。

（2）企业应走品牌化经营道路。首先，培养农产品生产经营者的品牌营销意识要从以下几方面着手：①坚持不懈地灌输品牌管理意识。通过组织大范围的学习、讨论和培训等方式进行强行灌输，也可以通过办专业进修班形式来灌输；②培养品牌管理人才，这项工作要采取"政府牵头，社会参与，企业为主"的形式来开展，要作为一项系统工程常抓不懈；③组织企业领导者到品牌管理做得优秀的企业参观取经。其次，企业应把具有先进的技术与地方特色的农产品结合起来，采用新工艺，新的制造设备，在坚实而有力的高技术物质基础和装备条件下，不断地创造出新的品牌。最后，要加强农产品品牌的保护。企业通过保证产品的内外在质量和不断更新换代，争取市场，占领市场，同时还要发挥政府在保护名牌中的巨大作用，这就需要政府充分运用行政、法律、经济等各种手段，进行综合治理，既要加大惩处假冒伪劣产品的力度，也要对名牌农产品的认定严格把关，保护知识产权和名牌商标。

3. 大力发展农产品加工贸易，提高产品附加值

农产品的一般贸易方式容易遭遇更多的技术贸易壁垒，相比之下，农产品的加工贸易相对安全。原因是：第一，我国加工贸易的经营主体主要是外商投资企业。它们产品的原材料、加工过程和最终产品是经过公司内完备的目标市场或是全球准入标准认证的，不存在或较少存在遭遇突发性技术贸易壁垒的可能。第二，通过农产品深加工，提高了产品档次和质量，同时也提高了我国农产品的国际竞争力，从而出口价格提高，这在很大程度上降低了遭遇技术贸易壁垒和反倾销的可能。第三，加工贸易的组织者普遍比较注重产品营销市场的经营秩序和环境，很少采用诸如低价倾销的销售策略来开拓市场。所以，我们应该不断提高农产品加工业的科技创新能力和水平，加快农产品加工业的质量标准体系建设，通过发展农产品加工业应对和减少贸易摩擦。

4. 参加农业经济合作组织，积极应对技术贸易壁垒

一般来说，个体农户的经济实力脆弱，生产技术水平较为落后，无法正确应对

贸易国苛刻的技术标准。另外，个体农户比较分散，信息不流通，难以适应剧烈的市场竞争和需求变化。建立农民合作组织，其实质是将农民作为市场主体的一种横向联合，目的就是要提高农民的组织化程度，降低农民进入市场的成本，提升农民在市场交易谈判中的地位。在生产领域，通过参加合作组织，国际市场的需求信息可以更迅速地到达每个农户，使其合理地安排或者调整各自的生产计划，增强农民对市场的驾驭能力，提高农户抵御市场风险的能力。农户可以更加深入地了解贸易国相关的技术标准和法律法规，同时得到专门的组织提供的生产技术上的指导和专业化培训，这样既提高了产品质量，又降低了遭遇贸易摩擦的概率。小规模农户组织起来共同生产，加强相互协作，发挥规模经济效应，可以大大降低农产品生产成本，并且提高抵御自然风险的能力。在流通领域，通过合作组织，个体农户联合起来与交易对象进行谈判，大大降低了农产品流通费用，同时提高了农户的市场开拓的能力。

第8章 水产品贸易摩擦基本面及政策根源分析

8.1 水产品贸易摩擦基本面分析

8.1.1 水产品贸易及摩擦现状

水产品是人类食物的一个重要来源,为2/3的世界人口提供了40%的蛋白质。随着生活水平的不断提高和消费结构特别是食物结构转变的加速,人们对水产品的需求量将大幅度增长,这一新的消费趋势推动了全球水产品贸易的增长,世界水产品贸易规模在不断扩大[①]。渔业成为高成长产业,其产值的增长速度大大超过了GDP的增长事实毋庸置疑。自1980年,水产品年出口值已从150亿美元上升至577亿美元。20世纪90年代以来,世界水产品总产量以年均2.4%的速度平稳增长,与此同时,水产品的消费量以年均3.1%的速度增长。由于全球各国水产品生产量增长与需求量增长的不平衡,水产品国际贸易量不断增加,2002年水产品世界贸易量增加到582亿美元(出口值),比2000年增加了5%。

在渔业需求量不断扩大的同时,渔业贸易的进出口国却日趋集中,据FAO最近统计,参与国际贸易的水产品占全球水产品产量的38%,从贸易额上看,这项贸易的50%以上来自发展中国家,而80%被进口到美国、欧盟和日本[②](见表8-1)。

---

① 董楠楠:《世界水产品贸易竞争力与产业内贸易分析》,载《渔业经济研究》2005年第6期,第2页。
② 拉森:《风险分析和国际水产品贸易》,载《中国渔业经济》2004年第4期,第33页。

表8-1　　　　　　世界主要水产品进出口国贸易变动趋势　　　　　　单位：美元

项目 年份 国家	水产品出口额				水产品进口额			
	2000	2001	2002	2003	2000	2001	2002	2003
中国	1 820 669	1 816 022	2 226 628	2 426 254	3 706 339	4 106 214	4 600 704	5 362 366
泰国	826 699	1 072 467	1 079 379	1 133 815	4 384 437	4 054 130	3 692 158	3 919 824
挪威	613 890	667 882	655 077	583 268	3 550 369	3 385 263	3 601 215	3 669 067
美国	10 553 850	10 384 571	10 150 422	11 757 993	3 118 839	3 379 748	3 318 519	3 457 908
丹麦	1 860 058	17 871 230	1 879 327	2 184 954	2 765 888	2 670 738	288 396	3 227 679
加拿大	1 409 101	1 393 289	1 375 319	1 449 542	2 835 295	2 812 348	3 061 186	3 317 675
法国	3 018 121	3 084 695	3 237 053	3 803 281	1 108 596	1 032 036	1 103 801	1 345 729
日本	1 820 699	1 816 022	2 226 628	2 426 254	832 088	791 897	817 593	952 419

资料来源：www.fao.org。

　　水产品贸易的日趋集中导致了贸易摩擦的不断升级。以我国为例，在1980～2000年的20多年间，我国水产品产量从449.7万吨增加到4 278.99万吨，平均每年增长11.9%，而产值则从32.85亿元提高到2 807.72亿元，年均增长24.9%。我国水产品已出口到150多个国家和地区，除日本、韩国等传统出口市场外，对美国、欧盟等国家和地区的出口也有较大的增长，形成了以发达国家和地区为主的国际市场格局[1]。与此同时，我国水产品出口贸易市场也不断集中，2004年之前欧盟、美国、日本和韩国四大市场的出口总额一直高达80%以上，2004年也达到了79%，2005年达到了79.2%（见图8-1）[2]。大量的水产品集中出口招致贸易壁垒，导致贸易摩擦。2002～2004年，欧盟以氯霉素残留为由使我国近2亿美元虾类产品无法直接进入欧盟市场，直接损失达6亿多美元；2005年7月，日本、香港地区、欧盟从我国出口水产品中检出孔雀石绿药物残留，鳗鱼、活鱼出口大幅度下降；11月，欧盟、日本检出我国鱼类产品中含有硝基呋喃类代谢物残留，致使全年鳗鱼出口量下降了25%。

---

[1] 孙琛、车斌：《国际水产品贸易格局变化对中国水产品出口的影响》，载《世界农业》2007年第5期，第5页。
[2] 赵婧：《TBT对我国水产品出口的影响及对策分析》，清华中国知网（CNKI）——中国优秀博硕学位论文全文数据库，2007年，第27页。

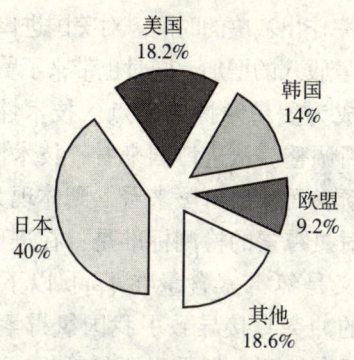

图 8-1　2003 年我国水产品的主要出口市场

8.1.2　水产品贸易摩擦的特点

（1）贸易摩擦日趋集中。由于水产品出口市场的日趋集中，使出口国的水产品出口易受到进口国或地区政策、壁垒等的限制，从而导致贸易摩擦多发于进口大国与出口大国之间。同样以我国为例，2005 年我国向 150 多个国家和地区出口水产品，但主要集中在欧盟、美国、日本和韩国，占当年出口总额的 79.2%。出口市场过分集中，一方面，使我国水产品出口效益受到影响；另一方面，容易引起贸易争端。水产品出口多集中在对虾、鳗鱼等品种，一旦某个品种出口受阻，势必造成整个领域内水产品贸易摩擦的出现。

（2）水产品反倾销比重日趋减少。近年水产品贸易，除了 1996 年美国对我国淡水小龙虾提起反倾销并最终征收 260% 反倾销税的案例较为有影响外，尚未有较大影响的案例发生，虽然水产品贸易中反倾销的绝对数值呈现出不断上升的趋势，但水产品反倾销在整体水产品贸易摩擦中的比重却在不断地减少，这是因为，一方面，水产品倾销与反倾销在一定程度上受到了国际公约的限制；另一方面，以技术性贸易壁垒为代表的更为灵活的摩擦方式的兴起从一定程度上替代了原有的摩擦方式，因而反倾销摩擦比重不断降低。

（3）渔业补贴问题在一定程度内仍是摩擦最为激烈的环节。1992 年联合国粮农组织（FAO）根据 SOFA 的研究报告指出：从 1989 年以来，全球渔业补贴金额保守估计数字每年约为 345 亿美元。1994 年以新西兰为代表的一些国家在 CTE（贸易与环境委员会）论坛上发表观点认为渔业补贴鼓励非持续性的捕捞方式，直接或间接地扭曲了贸易。在此之后，渔业补贴一直是摩擦的重要组成部分，例如，2004 年 7 月 9 日，美国海关与边境保护局颁布了简化农产品和养殖水产品反倾销和反补贴税的最新规定，该规定

缩短了对反倾销、反补贴税率作出裁决的时间。对美国进口农产品及养殖水产品的公司而言，缩短审议时间就意味着收入的增加，同时也带来了贸易摩擦的升级。

（4）技术性贸易壁垒成为贸易摩擦的焦点。技术性贸易壁垒的不断升级起源于贸易国各国内政策的不断调整。从进口国来看，技术性贸易壁垒摩擦的出现可能源于标准及法规的不断更新。而从出口国来看，则体现为标准上的巨大差异。以氯霉素残留事件为例，欧盟对氯霉素的检测标准是：在进口动物产品中不得检出氯霉素，其"不得检出"的含义是氯霉素含量在1ppb以下，即含量在十亿分之一以下。这一标准与我国标准的冲突直接导致了我国氯霉素残留事件的发生。2002年浙江的水产品企业被欧盟国家检测出氯霉素含量超标，致使欧盟于2002年1月25日通过了2002/69/EC决议全面禁止我国动物源性食品，使我国水产品全面禁运。在欧盟之后，美国对我国水产品增加了对硝基呋喃代谢产物的检测，对氯霉素的检测由100ppb提高到0.3ppb。此后，日本也做出反应，于2月1日起对我国活鳗及冷冻白烧鳗监控查验包括氯霉素在内的11项药物残留，并不断扩大检验范围。最终导致了技术性贸易壁垒的不断升级。受此影响，2001年我国对欧盟的水产品出口减少了近50%，2003年对欧盟出口才得到恢复[①]。

8.1.3 水产品贸易摩擦的趋势

（1）水产品贸易摩擦由贸易保护主义向新贸易保护主义演进。新贸易保护主义摒弃了单纯的关税壁垒，而采取了形式更为隐蔽、政治上更易于执行的保护方式。随着经济全球化和贸易自由化进程的加快，关税逐渐降低，进出口数量配额、许可证制度、外汇管制等非关税措施日益受到约束和限制。而以技术法规、技术标准、认证制度、检验制度为主要内容的贸易措施影响日益增加。技术性贸易措施由于其复杂性和隐蔽性成为最普遍、最难以对付的贸易壁垒，并有从商品流通领域向整个生产加工链进行延伸的趋势。

（2）水产品贸易摩擦从显性走向隐性。经济全球化扩大了各国之间的国际经济交往层面，同时加剧了经济摩擦的程度与深度并有从显性摩擦向隐性摩擦演化的趋势。水产品贸易摩擦已从单商品种类层面的摩擦逐渐演变成制度层面的摩擦乃至文化层面的摩擦。

（3）水产品贸易摩擦中的不平等性加剧。主要表现为，发达国家凭借其经济

---

① 山世英：《从比较优势到竞争优势——我国水产品对外贸易的战略选择》，载《商业研究》2005年第6期，第6页。

和技术的垄断优势，通过立法或其他非强制性手段制定了许多苛刻的环境技术标准和法规，限制扭曲了国际贸易的健康发展，违背了 WTO/TBT 协议的宗旨。在反补贴摩擦中，一些发达国家通过对发展中国家的出口货物征收"绿色关税"，使这些产品在激烈的国际竞争中丧失了价格优势，制约了发展中国家水产业的发展。而在技术性贸易壁垒摩擦中，这种优劣势表现得更为明显，发达国家通过绿色技术标准的设置使发展中国家出口产品成本大为增加，直接削弱了该类产品的国际竞争力。

（4）水产品贸易摩擦的发生日趋集中。世界主要水产品贸易国往往也是贸易摩擦的多发国。以我国水产品贸易为例，我国与欧盟、美国、日本和韩国的水产品贸易摩擦占我国对外水产品贸易摩擦 95% 以上，其中欧盟约为 41%，日本约为 30%，美国约为 24%。贸易摩擦的日趋集中带来了摩擦形式以及摩擦程度的升级。

（5）以安全问题为中心的贸易摩擦不断上升。随着各类食品污染事件的爆发，食品安全问题得到越来越广泛的关注。为保护人类和动物的健康，重振消费者的信心，各国政府努力改善各自的食品安全状况，出台了加强食品安全的政策和措施①。水产品作为一种食品，由于自身水分含量高、蛋白质易变性、体表存在大量微生物、易变质等特点，在发达国家中成为食品安全的重点检测对象，由此导致的贸易摩擦呈现出不断上升的趋势。自 2001 年初奥地利进口我国的冷冻虾仁中检出"氯霉素"事件起，各国纷纷开始对源于我国进口的水产品进行严格的检测：2002 年 5 月，美国对我国进口的所有小龙虾和虾类产品进行"氯霉素"检测；2002 年年初日本以欧盟对我国动物源性产品封关之由开始对我国活鳗及冷冻白烧鳗进行严格的监控查验；韩国在对由我国进口的水产品发生 5 起铅块事件起，开始对泥鳅、鳗鱼等 5 种水产品的进口实行严格的检验②。以食品安全为中心的水产品贸易摩擦不断升级。

8.2　水产品贸易摩擦的海洋渔业政策根源分析

8.2.1　海洋渔业政策对水产品贸易摩擦的诱发机制

1. 渔业补贴政策导致水产品价格层面的摩擦

在古典和新古典贸易理论中，一国的贸易模式取决于该国的比较优势。长

---

① 陈述平：《欧盟最新食品安全政策调整对我国渔业生产和贸易的影响》，载《中国水产》2003 年第 1 期，第 18 页。
② 李慕菡、陈曦：《中国水产品出口贸易中的绿色贸易壁垒问题》，载《世界农业》2006 年第 6 期，第 21 页。

期以来，比较优势理论一直是各国产业发展战略的重要理论依据。然而，渔业的补贴政策则扭曲了原有的比较优势，以政策优势替代了传统优势，造成了水产品出口成本等的非正常下降。补贴的存在人为压低了渔业从业者的运营成本，从而可起到提高其盈利水平的作用，因此可导致捕捞量的增加①。因此，在渔业尚未得到开发的国家，政府运用补贴政策刺激本国渔业的增长，这在短期内具有成本下降的作用。这种下降，从进口国角度是不可容忍的，因为渔业补贴可降低鱼品价格，刺激消费需求，但会使未得到补贴的生产者处于不利的竞争地位，从而扭曲市场均衡，违反了公平贸易原则。为了抵消这种补贴，进口国往往实行反倾销、反补贴的方式从价格层面直接进行干预，于是形成了贸易摩擦（见图 8-2）。

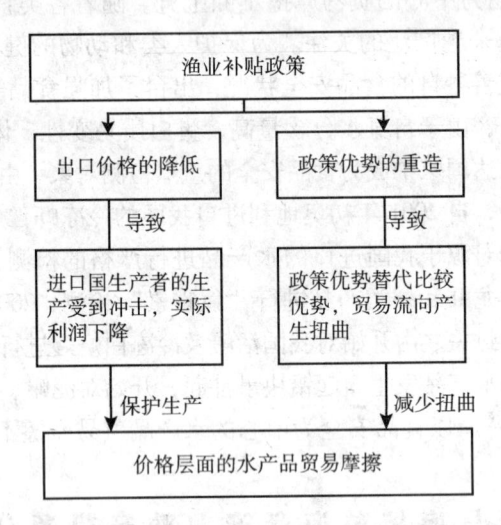

```
            ┌──────────────┐
            │  渔业补贴政策  │
            └──────┬───────┘
          ┌────────┴────────┐
    ┌──────────┐       ┌──────────┐
    │出口价格的降低│       │政策优势的重造│
    └─────┬────┘       └─────┬────┘
         │导致                │导致
    ┌──────────┐       ┌──────────────┐
    │进口国生产者的生产│       │政策优势替代比较│
    │受到冲击，实际   │       │优势，贸易流向产│
    │利润下降       │       │生扭曲        │
    └─────┬────┘       └─────┬────┘
         │保护生产            │减少扭曲
         └────────┬──────────┘
            ┌──────────────┐
            │价格层面的水产品贸易摩擦│
            └──────────────┘
```

图 8-2 价格层面贸易摩擦的诱发机制

以我国水产品为例，我国水产品遭遇反倾销、反补贴贸易摩擦的主要原因在于出口价格过低。我国渔业协会调查显示，我国出口的水产品价格明显低于泰国、冰岛、越南、印度的同类水产品价格，并有不断下降的趋势：1998~2002 年，出口冻鱼的平均价格下降了 52%，冻对虾平均价格下降了 19%。2003 年，韩国、中国台湾地区、泰国和越南的对虾加工品出口到美国的平均价格分别为 20 美元、19

---

① 杨林、贾明秀：《从美国、加拿大财政支渔政策演变历程看渔业补贴之存在性》，载《中国渔业经济》2005 年第 5 期，第 69 页。

美元、10美元、10美元（每千克计），而我国大陆地区只有8美元。过低的价格必然会激起发达国家对本国生产者的保护，由此遭受反倾销等贸易摩擦。例如，2004年1月，美国南力—虾业联盟向美国政府提出申请，要求对从包括我国在内的一些国家进口的虾采取反倾销措施。

2. 渔业环境政策导致环境层面的贸易摩擦

OECD的研究认为，贸易通过间接方式影响环境的根本原因在于贸易过程中存在的市场失灵。由于渔业存在着较强的外部性，在生产和消费过程中，生产者对环境产生的成本和收益的影响，并未通过货币和市场交换反映出来，因此出现了市场失灵。当发生市场失灵时，由于市场不能正确估价和分配环境资源，从而导致商品和劳务的价格不能完全反映它们的环境成本，在这种情况下，企业为获取更多的商业利润，贸易将可能引发更大范围的生态环境破坏[①]，而政府对这种市场失灵的不作为甚至鼓励则会加速市场失灵对环境的影响。环境政策的提出旨在消除由于国内支持政策所造成的产品、劳务的市场价格和投入成本偏差，从而减少资源和环境的价值扭曲。在渔业领域，这种政策表现为对渔业环境风险的控制，如对大规模水产品贸易的污染外在化监测，对水产品可追溯性的要求以及对滥捕等行为的强制治理等。这种环境政策往往是刚性的，必然会带来环境层面的贸易摩擦（见图8-3）。

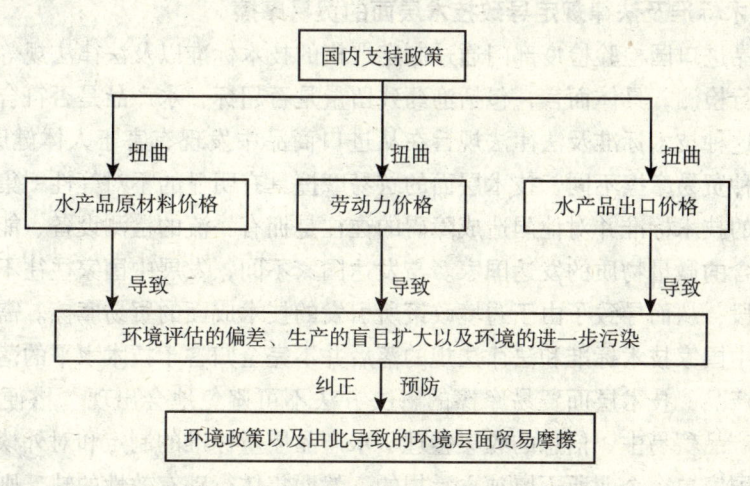

图8-3 环境层面贸易摩擦的诱发机制

---

① 李燕茹、赵玉敏：《从开发转向管理——中国渔业贸易自由化进程中的环境风险》，载《国际贸易》2002年第5期，第25页。

需要指出的是,环境政策也有合理与过度之分,合理的环境政策遵从于上述目标,其目的与政策是相互挂钩的,因此所带来的摩擦带有一定的积极意义(见表8-2)。通过摩擦可以通过价格和市场影响商品的生产规模、结构和布局等,从而间接地达到保护环境的目的。

表8-2　　　　　　　　　　合理环境政策及其目标

	政策目标	环境政策
滥捕、过度资源开发	减少滥捕和不适当的鱼类资源管理	渔业可持续发展及相关政策
出口国为赚取外汇而增加出口并放弃适当的渔业管理政策	减少渔业资源退化	调整未加工产品和深加工产品之间的关税差异
海洋环境污染	减少环境污染	对有害物含量制定较高的指标

与合理的环境政策相同,过度的环境政策也会导致环境层面的贸易摩擦,就触发机制来说双方是相似的,然而过度的环境政策在目的与政策内容上有明显的不同,其造成的摩擦也并不局限于纠正或预防环境污染,在这种前提下,环境政策实质上变成了技术性贸易壁垒的一部分,将在下面进行论述。

3. 技术标准及法律规定导致技术层面的贸易摩擦

水产品进口国检验检疫部门通过制定严格的技术标准以及法律法规等对进口的水产品进行检测,具体而言,包括渔药残留量是否超标,水产品是否符合有关成分要求等,这种技术标准及法律法规旨在从进口商品中发现有害于人体健康的物质。与上述两种贸易摩擦不同,技术层面的贸易摩擦具有明显的不对等性,集中表现在能够提出的技术标准并对他国造成障碍的往往是拥有一流的检测设备、能够检测出水产品所含的微量物质的发达国家。与发达国家不同,发展中国家往往不具备监测标准或手段,从而导致了由于边境政策所引发的技术层面的贸易摩擦。需要指出的是,发展中国家技术标准和法律法规的落后并不完全归咎于技术水平的落后,作为一种公共产品,技术层面贸易摩擦的解决方法不可避免地会出现"搭便车"的行为。在水产品贸易中,信息的收集整理、水产品质量标准的制定和对外谈判等往往是发展中国家单个企业所不愿独立承担的,然而集体行动有效性的缺乏则阻隔了多个企业联合进行解决的路径,因此,技术层面的贸易摩擦不可避免(见图8-4)。

第8章 水产品贸易摩擦基本面及政策根源分析

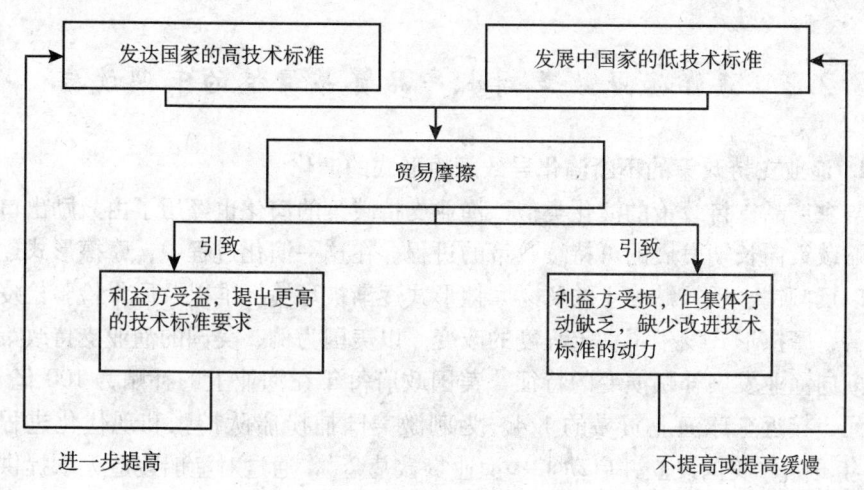

```
发达国家的高技术标准 ←→ 发展中国家的低技术标准
            ↓                     ↓
              贸易摩擦
        ↓ 引致              ↓ 引致
  利益方受益，提出更高      利益方受损，但集体行
  的技术标准要求            动缺乏，缺少改进技术
                            标准的动力
        ↓                         ↓
    进一步提高              不提高或提高缓慢
```

图 8-4 技术层面贸易摩擦的诱发机制

4. 通关政策导致的成本层面的贸易摩擦

此类贸易摩擦隐蔽性较强，表现为由于复杂的通关手续以及检验检疫程序所导致的出口成本以及风险成本。由于水产品的特殊性，鲜活水产品更容易受到通关时间以及检疫程序的影响。另外，为避免由于信息不对称所带来的风险则必然会产生额外的信息成本，如获得精确市场过信息的成本等。在这种情况下出口国企业面临着两难选择，而无论选择如何，都将会造成成本的增加，从而发生隐性的贸易摩擦（见图 8-5）。

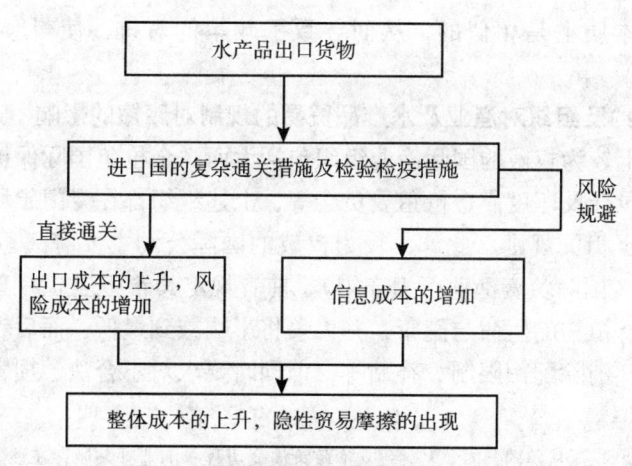

```
          水产品出口货物
                ↓
    进口国的复杂通关措施及检验检疫措施
        ↓ 直接通关          ↓ 风险规避
  出口成本的上升，风      信息成本的增加
  险成本的增加
                ↓
    整体成本的上升，隐性贸易摩擦的出现
```

图 8-5 成本层面贸易摩擦的诱发机制

8.2.2 海洋渔业政策对水产品贸易摩擦的中期效应

1. 渔业支持政策的不断演化导致摩擦形式的演化

与农产品支持政策的演化类似，渔业支持政策的演化也经历了由鼓励出口的价格补贴政策向长期发展的可持续政策的过程。在这一演化过程中，摩擦形式逐渐改变，以反倾销、反补贴为主的贸易摩擦形式逐渐被环境标准以及质量检验检疫标准所代替，摩擦形式发生了一定程度的改变。以美国为例，美国的渔业支持政策呈现出逐渐向渔业发展补贴演变的特征，美国政府每年在渔业上的补贴为 100 亿～150 亿美元，接近全球渔业贸易的 1/4。为刺激美国捕捞船队扩张和现代化进程，从 1957 年开始，美国设立并启动了"渔业贷款基金"，通过对渔船建造欠款提供还贷资金来鼓励船队扩张。除此之外，美国的补贴还集中于向远洋船队直接提供补贴，为减少因金枪鱼罐头品级过低导致利润率大幅度下降，美国政府向太平洋围网船队提供补贴，从而增强了其在公海及他国专属区、经济区内捕鱼的竞争力[①]。美国的渔业补贴逐渐具有生产补贴的特征，因此不受相关补贴规定的限制具有较强的隐蔽性，因此，在一定程度上促使了贸易摩擦形式的转变。

2. 水产品边境政策的对抗导致摩擦程度的加深

水产品贸易边境政策往往趋同，导致了相似政策之间的对抗。例如，在卫生检疫方面，日本对我国鳗鱼出口提出了更加严格的检验程序并增加了检验项目。欧盟、美国和加拿大都对水产品的生产和加工实行强制的 HACCP 法规。欧盟于 1997 年 7 月 1 日通过了 97/386/EC 号决议，对贝类养殖生态环境提出了严格管理要求等，这些要求本质上是相似的，从而导致了政策的对抗，使得摩擦程度进一步加深。

3. 国际公约及组织对渔业及水产品贸易的规制对摩擦的影响

目前世界上较为权威的国际渔业组织包括大西洋金枪鱼国际保护委员会、蓝鳍金枪鱼保护委员会及印度洋金枪鱼委员会等，上述组织都在专门领域为渔业发展及水产品贸易制定相关规则。此外，较为权威的国际公约主要有《卫生与植物卫生措施条约》及《国际负责渔业行为守则》，前者规定其希望建立一套多边规范以保护人类、动物、植物的生命与健康，并力争将影响减到最低；而后者则倡导水产品的贸易自由化，消除配额限制、补贴等，但同时要求对不合法、损害生态环境捕捞

---

① 杨林、贾明秀：《从美国、加拿大财政支渔政策演变历程看渔业补贴制存在性》，载《中国渔业经济》2005 年第 5 期，第 69 页。

的鱼和鱼产品进行贸易制裁。

国际公约对水产品贸易摩擦的影响主要表现为：(1) 对减少贸易摩擦的促进效应。国际公约从一定程度上规范了贸易行为，以《国际负责渔业行为守则》为例，该守则规定各国应确保其与鱼和鱼产品贸易有关的政策、计划和实践不会产生贸易壁垒、环境退化和社会包括营养上的负面影响，进一步将鱼和鱼产品贸易的自由化，按照世界贸易组织规定的原则、权利和义务，消除贸易壁垒和纠纷，如关税、配额和非关税壁垒等。这对于贸易摩擦的减少以及规范各国政府的政策行为起到了积极的作用。(2) 促进了贸易摩擦的发生。同所有力图实现自由贸易的公约一样，渔业组织及其公约也不可避免地成为新的贸易摩擦的借口。实践中，《国际负责渔业行为的守则》被一些发达国家借口实现"负责任渔业"，在鱼和鱼产品品质标准方面制定高要求，从而对水产品进行苛刻地检验，引发贸易摩擦；而《卫生与植物卫生措施条约》虽然规定卫生与植物卫生措施目的在于促进保护人类、动物和植物的生命与健康，且必须以科学的证据为依据[①]，但发达国家却常以未经科学证明的高标准为由，制造贸易障碍，从而引发贸易摩擦。

8.2.3 海洋渔业政策对水产品贸易摩擦的长效作用

1. 渔业国内支持政策在国家之间的趋同导致摩擦的持续性

由于渔业的自然属性较强，必然会导致渔业生产的差别性较弱，与此项所对应，渔业的国内支持业存在着较强的趋同性，这种趋同性使水产品贸易国之间面临着两难的博弈，一方面出于本国国内渔业发展的考虑，政府倾向于对渔业进行国内支持；另一方面，在国际市场上作为进口方，政府又面临着来自国外巨额支持下的水产品的冲击，贸易摩擦无法从根源上减少，因为在相互竞争博弈的状态下，任何一方单方面对国内支持的减少必将导致本国渔业的受损。以渔业补贴为例，欧盟、美国、日本、加拿大和韩国等都对各自的渔业部门提供巨额补贴，将此作为保障渔业发展和食品安全的重要国策。2004 年联合国环境规划署发表的一份报告中指出，由于各国提供巨额渔业补贴，全球 75% 左右的渔业资源已经枯竭或萎缩。由于许多重要物种如鳕鱼、金枪鱼、剑鱼等正在遭受毁灭性的捕捞，许多地区的海洋生态系统已陷入混乱无序的危险状态。虽然在世贸组织框架下对渔业补贴规定的管理和控制努力地修正，但是渔业补贴仍愈演愈烈，未得到任何实质性改进。国内政策的

---

① 郭文路：《国际水产品贸易的非关税壁垒与管制》，载《海洋经济》2001 年第 4 期，第 30 页。

趋同导致了贸易摩擦的持续。

2. 水产品贸易边境措施在国际间的传递导致摩擦的继发性

贸易摩擦的继发性和扩散效应已经被许多学者所证实，同样水产品贸易中也会由于边境措施的传递导致该效应的产生。这种现象首发于发达国家间，并迅速向发展我国家扩散，例如，欧盟、日本和美国对我国农产品出口实施限制，很容易扩散到其他出口市场，形成连锁反应。自从欧盟对我国进口的水产品实行严格检测以后，美国、日本、韩国、加拿大等对我国水产品的主要出口贸易国纷纷加强对源于我国进口的水产品药物残留的检测力度。2002年1月25日欧盟委员会通过决议，全面禁止进口我国动物源食品；同月，美国食品及药物管理局对我国虾产品发出预警通报，并发文强调禁止在动物源性食品中使用氯霉素、磺胺类等11种药物；1月31日挪威食品检验局宣布禁止从我国进口动物源食品；2月8日捷克和匈牙利宣布暂停从我国进口甲壳类动物源食品①，2002年3月日本厚生省宣布对我国动物产品实施严格检查，并公布了11种药物的残留限量；2002年5月24日，美国路易斯安那州农林部通过紧急法案，对我国进口的所有小龙虾和虾类产品进行氯霉素检测，此后，俄罗斯、沙特阿拉伯、墨西哥、阿联酋等国也纷纷跟进。据不完全统计，2002年欧盟对我国动物源性食品全面禁止造成直接经济损失6亿多美元。

3. 国际公约及组织对渔业及水产品贸易的规制对摩擦方式的改变

从长期角度来看，国际公约及组织对渔业及水产品贸易的规制会促使水产品贸易摩擦方式的改变：（1）对补贴的管理及规范从一定程度上减轻了反倾销、反补贴等贸易摩擦的程度。WTO框架下对渔业补贴的管理旨在一方面要取消发达国家的高额渔业补贴；另一方面又不能伤及发展中国家合理的补贴要求，给它们的渔业发展留下足够的空间。目前WTO框架下渔业谈判正在进行中，以美国、巴西、阿根廷、智利为代表的具有商业利益的国家强调对补贴采取更严格的规范，而以日本、韩国、欧盟、挪威等国家则支持广泛的渔业补贴以发展本国渔业。有理由相信，渔业补贴谈判将会促使各国对渔业补贴问题的深入思考，从控制补贴总量、维护渔业的可持续发展、减少对贸易造成扭曲的补贴、加强补贴政策的透明性和规范性、控制渔业生产能力、提高渔业部门盈利能力等问题上进行规制，从而减少反倾销、反补贴贸易摩擦的产生。（2）对食品安全及环境等问题的谈判不可避免地产生滥用规则的隐患，从而增加了贸易摩擦的可能性。根据粮农组织的统计，1950年以来，过度捕捞种群比例约增加了10倍（FAO，1994）；1974年以来过度捕捞

---

① 王海华、熊晓钧、黄江峰：《国际农业标准及其衍生的技术壁垒对我国水产品进出口贸易的影响与对策分析》，载《江西水产科技》2006年第1期，第11页。

种群比例约增加了 3 倍（FAO，2001 年）；2003 年，约 1/4 被监测的种群是低度开发或适度开发（分别占 3% 和 21%），约一半种群（52%）被完全开发，而约 1/4 的种群被过度开发、衰退和在衰退中恢复（分别为 16%、7%、1%）[①]。为避免这一情况的恶化，FAO、WTO、OECD 以及 APEC 等国际组织都致力于海洋可持续发展与人类安全而组织多边的谈判，这些谈判具有良好的出发点，但在实践上则往往被贸易国利用作为挑起贸易摩擦的借口，从而增加了非传统贸易摩擦的可能性。

---

① 赵晓宏：《国际渔业补贴改革趋势及我国的应对策略》，载《山东社会科学》2006 年第 4 期，第 41 页。

第9章 海洋渔业政策对水产品贸易摩擦的影响及案例分析

9.1 主要贸易国海洋渔业政策对水产品贸易摩擦的影响

9.1.1 欧盟海洋渔业政策对水产品贸易摩擦的影响

1. 欧盟渔业国内支持政策

欧盟采用共同海洋渔业政策（简称CFP），该政策形成于1983年，由《欧洲经济共同体渔业资源保护和管理条例》、《欧洲共同体渔业资源保护技术措施条例》，以及其他欧盟的法律法规组成。该制度实际上是在1973年欧共体暂停成员国之间相互入渔后建立起来的资源保护和捕捞生产的新秩序。① 欧盟各国国内支持政策主要内容有：（1）渔业配额管理制度。欧盟各国在东北大西洋沿海地区作业要遵守总可捕量（TAC）制度的渔业管理措施。每年欧盟理事会以法令的形式决定每一鱼类种群的总可捕量，再由渔业部长理事会商议分配到每一成员国。（2）欧洲渔业基金（EFF）。2006年6月，EFF作为会规1198/2006被发布取代了之前的渔业财政指导方针（FIFG），欧盟渔业基金会拟从2007年1月1日起到2013年12月31日利用38.49亿欧元的预算帮助经营者们渡过难关并提高他们的竞争力，资助海洋渔业、岛内渔业、水产品业、生产机构，以及加工和经营的各个渔业部门。（3）财政支持。欧盟财政支持集中在水产养殖、内陆捕捞、渔业加工及渔业和水产养殖产品销售领域。欧盟对于迈向多元化的新物种，有着良好市场前景的物种给

---

① 刘佳英、黄硕琳：《海洋渔业政策与渔业管理》，载《中国水产》2005年第4期，第29页。

予财政支持。(4) 补贴。欧盟内部一些国家给予水产品出口企业直接补贴。①

2. 欧盟水产品贸易的边境措施

（1）水产品进口卫生许可制度。在 91/493/EEC 指令中，要求对欧盟输入水产品的企业必须获得欧盟的注册。取得进口卫生许可的前提是要求在水产品生产的各环节全过程检验和控制；卫生标准的透明度以及与欧盟标准一致性，主管机构保证相关法规的有效实施等。（2）检验检疫标准。以 2006 年 1 月 1 日起实施的 3 部有关食品的新法规（《有关食品卫生的法规》、《动物源性食品特殊规则》、《人类消费用动物源性食品官方控制组织的特殊规则》），标志着欧盟已形成了完整的检验检疫标准。目前，欧盟水产品技术法规有 10 部。其中控制水产品中微生物、兽药残留、重金属、污染物限量的技术法规有 4 部，即 2377/90/EEC、93/51/EEC、93/351/EEC 和 95/149/EEC；有关水产品卫生控制、检验的法规有 6 部，即 92/48/EEC、93/25/EEC、93/140/EEC、93/283/EEC、94/356/EEC 以及 91/493/EEC②。欧盟对进口水产品的检查包括新鲜度化学指标、自然毒素、寄生虫、微生物指标、环境污染的有毒化学物质和重金属、农药残留、放射线等 63 项，其中氯霉素、呋喃西林、孔雀石绿、结晶紫、呋喃唑酮、多氯联苯等为不得检出；六六六、DDT、组胺、麻痹贝类毒素等有严格的限量指标，而且有越来越严格的趋势。按照欧盟 2001/466/EC 指令要求，鱼中镉、汞、铅的最大残留限量由原来 1 000ppb 分别改为 50ppb、500ppb 和 200ppb。对致病菌、细菌总数要求控制在 $5 \times 10^5/g$ （30℃），其中沙门氏菌、金黄色葡萄球菌、单胞增生李斯特菌、霍乱弧菌、副溶血性弧菌、大肠杆菌为不得检出。（3）"预防性原则"。欧盟有权对那些发现有问题的进口食品包括水产品在没有足够科学数据和信息进行有效风险评估的前提下，先实施预防性原则，即欧盟可先采取禁止进口，然后对相关危害进行风险评估，以决定进一步采取相关限制措施③。例如，若水产养殖品在不良水域环境下或在非可持续发展的情况下进行生产，欧盟则可依据"预防性原则"禁止进口。

3. 欧盟海洋渔业政策导致的中欧贸易摩擦

以中欧贸易为例，选取中欧贸易中影响较为深远的案例进行比较，借以说明欧盟海洋渔业政策与水产品贸易摩擦间的关系（见表 9-1）。可以看出，欧盟与中国的贸易摩擦无一不体现出欧盟海洋渔业政策的影响。

---

① 戴桂林、苏萌：《中国水产品贸易政策展望》，载《渔业经济研究》2005 年第 3 期，第 2 页。
② 肖利华、黄硕琳：《中国主要水产品出口国的技术性贸易壁垒浅析》，载《渔业经济研究》2006 年第 4 期，第 21 页。
③ 陈述平：《欧盟最新食品安全政策调整对我国渔业生产和贸易的影响》，载《中国水产》2003 年第 1 期，第 18 页。

表 9-1　　　　　　　欧盟海洋渔业政策导致的中欧贸易摩擦

时　　间	政策类型	政策内容	贸易摩擦
1997 年 6 月 11 日	安全措施	97/368/EC "关于对来自中国的某些水产品采取特定保护性措施的决定"对冷冻和加工水产品逐批检查微生物	中国产冷冻熟贻贝肉检测发现副溶血性弧菌，禁止进口原产于中国的鲜活水产品
1997 年 7 月 1 日至今	贸易禁令	禁止中国双贝壳类产品进口	中国水产品出口受挫
1998 年 4 月 28 日	安全措施	98/321/EC "关于对某些产自中国的水产品实行特定保护措施和修订 97/368/EC 的决定"	禁止进口中国 5 家工厂生产的水产品。将 97/368/EC 的复议日期推迟 5 个月
2001 年 9 月 19 日	检验措施	2001/699/EC "关于产自中国和越南的食用捕捞及养殖水产品的保护措施"	对原产或运自中国的虾逐批进行化学检验
2002 年 1 月 25 日至 2004 年	贸易禁令	2002/69/EC "关于产自中国的动物源性产品实行特定保护措施的决定"；2002/994/EC "关于从中国进口的动物源性产品的保护性措施"	全面禁止中国动物源性食品进口的决定

9.1.2　美国海洋渔业政策对水产品贸易摩擦的影响

1. 美国渔业国内支持政策

美国于 1976 年制定了《渔业保护和管理法》。该法是美国 200 多年历史上最重要和全面的渔业法规，对美国的渔业管理权限、外国在美国水域内的捕鱼活动，国家渔业管理计划和其他有关方面作了详细的规定。美国渔业国内支持的主要政策有：（1）为渔船建造提供贷款支持。为刺激美国捕捞船队扩张和现代化进程，从 1957 年开始，美国设立并启动了"渔业贷款基金"通过为渔船建造欠款提供还贷资金来鼓励船队扩张。分期偿还及其他一些优惠条件使该计划对渔民极具吸引力，现该计划用于向渔船回购计划提供资金。[①]（2）渔船回购计划。美国实施多项渔船回购计划，以压缩捕捞船队规模。如 1976 年针对西北太平洋大马哈鱼船队的渔船回购计划、1999 年针对白令海和阿留申群岛捕蟹船队的渔船回购计划等。（3）渔业保护措施。要求各州和其他统一体进行海龟逐逸装置（TED）和其他逐逸装置的研究，以支持和开发对能使幼鳍鱼逃逸的各种 BRDS 进行广泛的野外试验的项目。

2. 美国水产品贸易的边境措施

（1）水产品生产企业的备案制度。规定对美国出口的水产品企业必须建立质

---

① 杨林、贾明秀：《从美国、加拿大财政支渔政策演变历程看渔业补贴之存在性》，载《中国渔业经济》2005 年第 5 期，第 68 页。

量保证体系，取得输美水产品验证证书，并经美国食品药物管理局备案后才能进入美国市场。① （2）检验检疫标准。FDA 对包括水产品在内的动物源性产品要抽查检测 221 类农药、抗生素、兴奋剂类的残留情况，其中禁止在动物源性食品中使用的种类有 11 种，即氯霉素、盐酸克伦特罗、乙烯雌酚、二甲硝基咪唑、硝基咪唑类、异烟酰咪唑、呋喃西林、呋喃唑酮、磺胺类药、氟乙酰苯醚、糖肽。（3）原产地标签制度。2005 年 4 月美国修订的强制执行的鱼类、贝类的原产国标签法，法规主要内容是要求美国零售商向消费者提供其所销售产品的原产国和生产方式（野生或捕捞）信息。鱼类、贝类的原产国标签法是一个过渡性暂行法规，主要针对养殖和野生的鱼贝类水产品，其核心实质是建立和实施产品追溯制度。② （4）HACCP 体系。FDA1995 年颁布《加工和进口水产品安全卫生程序》将进口食品从原来商品流通领域的控制扩大到生产、加工领域。HACCP 规定，凡出口美国的水产品，其生产加工企业都必须实施 HACCP 体系，需要实施控制，并在美国官方机构注册。

3. 美国海洋渔业政策导致的中美贸易摩擦

美国是中国水产品重要出口国，2004 年中国水产品对美出口额为 9.6 亿美元，美国成为中国水产品第三大出口国。同时，两国水产品贸易也受到了美国政策的较多影响（见表 9-2）。

表 9-2　　　　　　　　　　美国海洋渔业政策导致的中美贸易摩擦

时　间	政策类型	政策内容	贸易摩擦
2001 年 7 月 1 日	检测标准	对来自中国的水产品氯霉素的检测加大了抽样比例，每只货柜抽 6~12 个样品，不做混合样，检测结果全部合格	中国水产品通关困难，出口滞销
2002 年 1 月	安全措施	并宣布禁止在动物源性食品中使用氯霉素、磺胺类等 11 种药物。在水产品抽查检测 221 类农药抗生素和兴奋剂类残留	美国食品及药物管理局对我国虾产品发出预警通报
2002 年 5 月 24 日	检测标准	美国路易斯安那州农林部通过紧急法案对从中国进口的所有小龙虾和虾类产品进行氯霉素检测	从中国进口的虾产品中检出氯霉素（2ppb）

---

① 王海华、熊晓钧、黄姜峰：《国际农业标准及其衍生的技术壁垒对我国水产品进出口贸易的影响与对策分析》，载《江西水产科技》2006 年第 1 期，第 13 页。
② 肖利华：《中国主要水产品出口国的技术性贸易壁垒》，载《渔业致富指南》2006 年第 12 期，第 10 页。

续表

时　间	政策类型	政策内容	贸易摩擦
2003年10月	检测标准	采用新的方法检测进口和国产的小龙虾、蟹肉和虾等水产品，检测方法中新增加对硝基呋喃代谢产物残留的检测	氯霉素检测限量由1ppb改为0.3ppb，加大了中国水产品的出口难度
2004年7月	反倾销	美国对中国对虾征收高额的反倾销税，平均税率高达50%以上	除1~2家企业可直接向美国出口虾产品外，其他企业已出口受阻
2005年7月	检验标准	抗生素标准	以抗生素超标为由，阻碍个别企业在反倾销获胜后出口冷冻对虾进入美国市场

9.1.3 日本海洋渔业政策对水产品贸易摩擦的影响

1. 日本渔业国内支持政策

日本渔业的发展得益于政府的大力支持：（1）财政优惠。早在20世纪70年代，日本政府为了补偿由于海洋权益发生变化而被迫缩减的远洋渔船及捕捞减产等，采取了提高国内市场价格和国家拨款补偿渔业者的政策，仅1977~1978财政年度，日本政府就拨款140.5亿日元。与此同时，政府有计划地增加开发水产资源的投资，并发放长期低息贷款，建立渔业现代化贷款制度。（2）渔权政策。日本开展有力的渔业外交和国际渔业合作，取得各沿岸国的捕鱼权。日本与世界50多个国家160多个区域缔结了政府与民间的渔业合作协定和条约，以交纳捕鱼税的方式在各沿岸国进行生产，同时与许多国家建立联合公司。开展对日本周边水域渔业资源状况的调查和评估，协助并参与国际区域性渔业管理组织开展的对资源状况和海洋生态系统的调查和研究，并将有关成果和海况及时提供给国内渔业工作者和国际区域性渔业管理组织。（3）渔业救助。根据渔民的需求修订渔业共济制度和渔船保险制度，通过开展"水产品保鲜和储运保障"工作，促进水产品供需平衡和价格稳定对策的实施。

2. 日本水产品贸易的边境措施

（1）关税制度。日本受资源的制约，生产能力有限，必须进口相当数量的水产品。为稳定进口，逐步开放国内市场，对进口水产品采取差别税率政策。日本根据国内市场变化情况，对水产品进口关税采取灵活机动的对策，实行差额关税、季节关税制度。（2）检验标准。根据日本《食品卫生法》的检验规定，日本在进口水产品时，由政府的检验机构或厚生省授权的57个实验室对进口水产品实施包括

第9章 海洋渔业政策对水产品贸易摩擦的影响及案例分析

微生物、农兽药残留及大肠杆菌等近 30 个项目的检测①。日本对水产品安全卫生指标有明确的规定，禁用药物如氯霉素、孔雀石绿、双呋喃唑酮、氯羟吡啶和阿伏霉素等抗生素不得检出；对一些限制使用的鱼药均规定了最高残留限量（见表 9 - 3）②。（3）通关程序。日本的通关程序十分复杂。在产品到达日本 7 天之前，进口商必须向厚生大臣（卫生部长）提交进口说明书，日本检验检疫机构将在产品通关前首先按照说明书进行审查，审查完毕后检验检疫机构决定是否需要进一步对产品实施检查。在水产品在进入保税库后，日本卫生监督人员根据规定对有关项目进行检验，包括内在品质和包装及标签情况，对不合格产品将责令进口商退回或监督报废③。（4）卫生注册制度。要求对水产品的国外养殖加工企业的加工工序和产品卫生质量进行严格的审核认证，通过审核注册后有效期为 3 年。只有取得认证的企业，其加工的水产品方能进入日本市场。

表 9 - 3　　　　　　日本部分兽药最高残留限量标准

中文兽药名称	每日容许摄入量	MRL（微克/千克）	
丙硫咪唑 Albendazole	50 微克/千克体重/日	以 5 - 丙硫酰基 - 1 - H - 苯咪唑 - 2 - 胺计	100
苄青霉素 Benzylpencillin	小于 30 微克/人/日	以苄青霉素计	50
卡巴氧 Carbadox		以喹噁啉 - 2 - 羧酸计	5
头孢噻呋 Ceftiofur	50 微克/千克体重/日	以 desfuroylceftiofur 计	1 000
金霉素 Chlortetracyline	3 微克/千克体重/日	金霉素、土霉素、四环素之和（合计）	200
土霉素 Oxytetracycline	3 微克/千克体重/日		
四环素 Tetracycline	3 微克/千克体重/日		
氯氰碘柳胺 Closantel	25 微克/千克体重/日		1 000
伊维菌素 Iveimectin	1 微克/千克体重/日	22，23Dihydroaveimectin Bla（H2Bla）	20
尼卡巴嗪 Nicarbazin	400 微克/千克体重/日	以 N, N - 双 - （4 - 硝氨基）脲计	200
螺旋霉素 Spiramycin	50 微克/千克体重/日	旋霉素及新螺旋霉素之和	200
		以螺旋霉素等效物计	200
磺胺二甲嘧啶	50 微克/千克体重/日		20
磺胺甲基嘧啶			30
磺胺 - 6 - 甲氧嘧啶			40
磺胺二甲氧嘧啶			50
磺胺喹噁啉			50

---

① 于维军：《近年我国水产品出口遭遇国外技术性贸易壁垒概括》，载《中国水产》2003 年第 3 期，第 33 页。

② 吴成业：《我国水产品主要贸易国对水产品安全的要求概述》，载《福建水产》2005 年第 4 期，第 59 页。

③ 赵婧：《TBT 对我国水产品出口贸易的影响及对策分析》，清华中国知网（CNKI）——中国优秀博硕学位论文全文数据库，2007 年，第 27 页。

续表

中文兽药名称	每日容许摄入量	MRL（微克/千克）	
乙胺嘧啶			50
噁喹酸			100
基夫拉松			20
尼卡巴嗪			
恩诺沙星 环丙沙星 氧氟沙星 诺氟沙星		活鳗	25
		蒲烧鳗	50

3. 日本海洋渔业政策导致的中日贸易摩擦

日本是中国第一大水产品出口市场，同时也是最重要的出口市场。中国对日本水产品出口发展迅速，但仍受到因日本海洋渔业政策诱发的水产品贸易摩擦的影响（见表9-4）。

表9-4　　　　　　日本海洋渔业政策导致的中日贸易摩擦

时　间	政策类型	政策内容	贸易摩擦
1998年	检测标准	恶喳酸检测标准	中国鳗鱼因"恶喳酸"事件遭日本进口商拒绝
2002年4月	检测标准	药残检验	对中国鳗鱼实行机场吊水48小时以上药残检验
2002年6月	检测标准	日本各食品检疫所对鳗鱼实施汞含量检验	对中国产品按申报量的10%抽检
2003年1月	检测标准	日本厚生省宣布对中国出口到日本的所有食品实施环己烷氨基磺酸的监视检查	对中国出口水产品进行抽样检验
2003年7月	检测标准	日本单方面提出了中国出口冷冻烤鳗恩诺沙星类药物检测必须小于0.05ppm的苛刻限量	对中国鳗鱼批批实施恩诺沙星残留检测
2005年7月1日	检测标准	孔雀石绿	对来自中国的鳗鱼等水产品实施强制检测
2005年11月中旬	检测标准	巧例硝基峡喃代谢物	11批广东、厦门等出口的活鳗、鳗鱼产品被限

第9章 海洋渔业政策对水产品贸易摩擦的影响及案例分析

9.1.4 韩国海洋渔业政策对水产品贸易摩擦的影响

1. 韩国渔业国内支持政策

韩国的最高水产行政管理机构为农林水产部。在农林水产部下设水产厅。水产厅下设五个机构：渔业指导船管理事务所、渔港事务所、国立水产振兴院、国立水产品检查所、水产公务员教育院，共同管理韩国渔业。（1）渔业现代化贷款制度。韩国政府向渔业企业贷款和投资，对于能够完成政府规定的年出口额的企业给予优惠贷款并全额免除沿近海渔船燃油加值税10%和9%的特别消费税。（2）渔业减船计划。该计划始于1994年，为实施减船计划，政府制定了相关的法律给予财力支持。（3）渔船保险制度。由韩国国会立法、水产部长官令开展的强制性政策保险，国库给予入保渔船保费补贴，主要目的是为渔业人员的生活安定和为正常的渔业活动提供风险保障。其具体工作由韩国水协中央会共济保险部主持，全国分设9个共济保险事业所和97个地区水协或业种水协。此外，99个水协银行支店和427个会员水协银行支店也代理共济保险业务。

2. 韩国水产品贸易的边境措施

（1）原产地标识。韩国的《对外贸易法》规定对水产品进行原产地标识制。2002年7月1日，韩国海水部宣布对韩国产活鱼实行原产地标志，并于2003年7月开始试行对进口活鱼实行原产地标志，10月强制推行。此外，韩国规定出口国的出口水产品包装上应以不易损坏的方法印制或标明品名、国家名和注册登记加工厂名称及注册编号。（2）配额制度。除经政府专门机构推荐的产品外，众多鱼种都列入限制项目，而由韩国公司拥有大部分股权的合资企业生产的产品可以自由进口。（3）检验标准。韩国的《食品公典》规定了水产品的重金属残留标准，农药残留、抗生素残留基准，要求食品中不能检出异物。进口商品严格按《食品卫生法》进行残留基准检查。韩国对进口水产品的激素、药残留、重金属及其他有害物质等的含量标准都有严格的规定。出口国的检验检疫机构应出具出口水产品没有进口国所规定的对人体有害的细菌、有毒物质和金属异物的证书。（4）金属异物检测。《中韩水产品卫生条件》规定，中国出口到韩国的水产品通关时要接受韩方的金属探测检查，一旦检出金属异物，全部货物将予以返运或销毁。

3. 韩国海洋渔业政策导致的中韩贸易摩擦

韩国已经位居中国水产品出口第二大目标国（2004年）。由于两国在食品方面的互补性，双边贸易发展迅速，同时，因韩国的海洋渔业政策诱发的中韩水产品贸

易摩擦现象也屡见不鲜（见表9-5）。

表9-5　韩国海洋渔业政策导致的中韩贸易摩擦

时间	政策类型	政策内容	贸易摩擦
1999年7月	检测标准	质量标准	中国427吨水产品不合格
2002年	质量标准	金属异物规定	韩国停止部分企业的进口资格并对中国输韩水产企业进行卫生普查
2002年6月	检验标准	土霉素限量标准	韩国在中国出口的活鲤鱼中检出土霉素
2002年6月	通关措施	对中国鲖鱼、泥鳅、魁蛤、牡蛎、鳗鱼、红蛤、蜗螺、海螺、比目鱼、以色列鲤鱼、鲤鱼等18种水产品实行先检验后通关	检验时间长达3~4天，活鱼死亡率较高，增加出口成本
2002年7月	检验标准	对中国产的甲壳类水产品实行了批批检测氯霉素	阻碍了中国水产品对韩国的出口
2004年2月	检验标准	相关检验检疫措施	53批被检出"单增李斯特杆菌阳性"、检出"焦油色素"、"大肠菌群"超标90个/克等问题

9.1.5　中国海洋渔业政策对水产品贸易摩擦的影响

1. 中国渔业国内支持政策

（1）渔业补贴政策。为了加快渔业产业化进程，调整渔业结构，政府加大了对渔业的扶持和投资力度，1999年以来，对渔业的财政投入呈现出逐年上升的趋势，2004年达到12.73亿元。这些资金主要用于中心渔港、良种体系、渔业生态环境保护体系、水生动物防疫体系的建设和科研推广工作，以及更新渔政装备和渔政执法等项目。据上海市、浙江省、江苏省、福建省的渔业主管部门展开的从1999~2002年近4年的"渔业补贴情况问卷调查"和实地抽样调查显示，政府渔业补贴存在下列16项内容：①渔船燃油免税或差价补贴；②政府转移支付税收；③减收捕捞渔民各类渔业费；④渔业企业技改、新产品开发贷款贴息；⑤渔船或捕捞许可证的赎回补贴；⑥捕捞渔民转产转业补贴；⑦渔民的教育培训和渔业科技推广投资；⑧远洋渔业开发新渔场补贴；⑨渔业管理补贴；⑩用于养殖业的科研或品种改良的资金补贴；⑪检疫、防疫及质量控制补贴；⑫开拓国际市场或"走出去"办港建设补贴；⑬海洋渔业开发和科研补贴；⑭养殖贷款贴息；⑮水产龙头企业贷

第9章 海洋渔业政策对水产品贸易摩擦的影响及案例分析

款贴息；⑯远洋自捕鱼进口免征关税数量①。据有关估算数据表明，我国政府对渔业的财政支持尚不到世界渔业政府支持总额的 2%，而且其中用于渔业基础设施建设和保证持续利用渔业资源和维护水生生态系统平衡而需要支付的费用已占 79.2%，超过世界平均水平。有资料表明，我国 2000 年的支持水平还不及 1977 年欧盟和美国支持水平的 1/6。（2）远洋渔业扶持政策。2006 年财政部两次（3月柴油价格提高 200 元/吨，5月又提高 500 元/吨）核定下达渔用柴油补贴资金 28.9 亿元（其中第一批 9.7 亿元、第二批 19.2 亿元）。（3）政策性渔业保险制度。该保险制度依托国家政策支持和政府财政补贴，通过参保者互助共济，对渔业生产中因自然灾害、意外事故所造成的人身伤亡、财产损失，以及对渔民养老、医疗保险给予一定的经济补偿。目前这一制度的试点正在进行中，计划中央财政承担 30%，地方政府财政配套补贴 20%。

2. 中国水产品贸易的边境措施

中国的渔业贸易政策相对其他国家来说是宽松的：（1）出口促进政策。国家鼓励水产品加工业的发展，发挥劳动力价格的优势，对于来料加工的原材料免除进口税、成品出口实行出口退税政策并采取贴息贷款的方式扶持远洋捕捞。（2）关税措施。从 1997 年 1 月开始，中国水产品进口关税率平均下调了 40% 左右，其中调整幅度在 50% 以上的有 16 种。（3）检测标准。截至 2004 年 4 月，我国已制定水产国家标准、行业标准分别为 56 项、454 项，同时，还制定了 66 项无公害水产品标准②。此外，针对国际食品安全中的敏感问题，中国还加大了对孔雀石绿和呋喃唑酮代谢物等养殖水产品药残监控。

3. 中国渔业措施所引发的渔业贸易摩擦

从中国与欧盟、美国、日本、韩国的水产品贸易摩擦中可以看出，中国面临最主要的摩擦形式为技术性贸易壁垒，其中，欧盟等的标准过高作为诱发因素已在前面进行分析，而中国自身行业标准过低也成为导致贸易摩擦的直接原因。目前，我国水产品标准与国际标准有较大差距，制定的国家标准种类多、水平低、体系混乱，水产品认证机构与外国权威认证机构间的相互认可机制也不够健全。截止到 2001 年，在 19744 项国家标准中，只有 8621 项采用了国际标准和国外先进标准，采用率仅为 43.7%。而在 20 世纪 80 年代初，英、法、德等国家采用国际标准就已达 80%，日本新制的国家标准有 90% 以上是采用国际组织的标准。

---

① 肖勇：《东海渔区渔业补贴对该区渔业国际贸易的影响》，载《中国渔业经济》2005 年第 5 期，第 33 页。
② 张青青、王海华：《技术性贸易壁垒对我国水产品出口贸易的影响与对策分析》，载《渔业经济研究》2005 年第 6 期，第 9 页。

9.2 水产品贸易摩擦案例分析

9.2.1 水产品技术贸易壁垒案例分析

1. 加拿大与澳大利亚关于鲑鱼进口限制措施的纠纷案[①]

加拿大依据 DSU 第 4 条第 4 款、GATT 第 23 条第 1 款等一系列协议，于 1995 年 10 月 5 日提出要求与澳大利亚进行磋商，以讨论澳大利亚政府禁止新鲜、冷藏或冷冻鲑鱼进口的问题。结果，双方磋商未果，而澳大利亚政府又于 1996 年 12 月决定继续采取禁止进口鲑鱼的措施，因此，加拿大于 1997 年 3 月 7 日向 DSB 请求成立专家组调查此事。加拿大方面指出澳大利亚禁止进口鲑鱼的某些措施违反了 WTO 相关协议的要求，侵害了加拿大应得到的利益。1997 年 4 月 10 日，DSB 决定成立专家组，专家组的职权范围是："根据加拿大在编号为 WT/DS18/2 的文件中所涉及协议的有关规定，审查由加拿大在该文件中向 DSB 提出的事项，做出决定以协助 DSB 提出建议或做出这些协议规定的裁决。"欧盟、印度、挪威和美国保留作为第三方的权利。

经过调查，专家组做出了最终结论：

（1）专家组发现澳大利亚执行 DSB 裁决的执行合理期限为 1999 年 7 月 6 日，在合理执行期限内，澳大利亚没有使检疫措施符合 SPS 协议。因为新措施 AQPM1999/51 是 1999 年 10 月 20 日才发布的，因此，澳大利亚没有履行 DSB 的裁决。

（2）尽管澳大利亚于 1999 年 7 月发表的风险分析报告符合 SPS 协议要求的风险分析，但是，只允许即食鲑鱼制品进口到澳大利亚时免于检疫，这一点不是依据风险分析所制定的措施，因而违反 SPS 协议第 5 条第 1 款，同时违反第 2 条第 2 款。该措施比要获得澳大利亚适宜卫生保护水平更具贸易限制性，违反 SPS 协议第 5 条第 6 款。

专家组下结论澳大利亚违反了 DSU 和 SPS 协议的有关规定，造成了加拿大国际贸易利益损失。建议 DSB 要求澳大利亚使其措施遵守 DSU 和 SPS 协议下的义务。

[①] 陶城：《加拿大与澳大利亚关于鲑鱼进口限制措施的纠纷案》，载《上海标准化》2001 年第 6 期，第 29 页。

2000年3月20日DSB会议上，专家组报告获得通过。

2. 案例评析

（1）本案涉及TBT协议。加拿大出口鲑鱼从1969年的30 653吨上升到1996年66 234吨，其中出口冰鲜或冷冻鲑鱼的比例越来越高，1969年出口冰鲜或冷冻鲑鱼14 683吨，占总出口量的48%，1996年出口冰鲜、冷冻鲑鱼50 838吨，占总出口量的77%。

在20世纪60年代以前，澳大利亚的食用鲑鱼主要依靠进口，自60年代以后，澳大利亚开始养殖大西洋鲑鱼，起初是政府作为物种保护，但从20世纪80年代后期开始作为商业用途而大规模养殖。澳大利亚1986~1987年的年产量仅为20吨，但1994年的年产量达到了6 192吨。

早在1975年2月19日，澳大利亚就已经发布了86A（QP86A）检疫公告，在发布QP86A之前，澳大利亚对进口鲑鱼产品没有限制。发布QP86A后，禁止进口未处理的新鲜、冰解或冰冻鲑鱼，只允许被处理过的鲑鱼产品进入澳大利亚。

在实施长达20年的禁止从北美进口未煮鲑鱼的检疫措施过程中，对加拿大的鲑鱼产品出口贸易造成了巨大的影响。1995年10月5日，加拿大按照DSU第4条第4款，向澳大利亚提出磋商请求，加拿大认为澳大利亚实施的措施违背GATT1994第11条、第13条和SPS协议第2条、第3条、第5条的规定，损害加拿大的贸易利益。澳大利亚接受磋商请求，双方于1995年11月23~24日在日内瓦举行会议，但没有达成一致意见。而且，澳大利亚政府在1996年12月又根据风险分析报告的内容决定维持现行鲑鱼进口政策，出于检疫原因，禁止从北美太平洋进口未煮的、海洋捕捞的太平洋鲑科类产品。加拿大没有要求进一步的磋商。而于1997年3月7日向DSB请求成立专家组。1997年4月10日，DSB决定成立专家组，欧盟、印度、挪威和美国保持作为第三方参加专家组程序的权利。开始了本案的专家组审理程序。

（2）出于保护本国动植物安全的考虑，为了防止病菌进入国内，澳大利亚禁止进口可能带有病菌的鲑鱼进口，但与此同时，却允许其他四种可能带有病菌的鱼进口，采取如此不同的措施至少应该是由于进口鲑鱼引起病菌感染的可能性更大，但是，澳大利亚所提交的材料却表明这四种鱼中有两种鱼，其引起感染的可能性比鲑鱼更大。在不同的情况下采取不同程度的保护，其保护程度的不同是任意的和没有理由的，并造成了差别待遇或对国际贸易的扭曲。

（3）专家组认为澳大利亚禁止从北美进口鲑鱼的措施不符合SPS协议第5条第1款、第5条第6款、第2条第2款、第2条第3款，在一定程度上损害或减损了加拿大在 SPS 协议下的利益。建议 DSB 裁决要求澳大利亚遵守 SPS 协议的义务，对检疫措施做出修正。此外，上诉庭还对专家组所提出的两个参考因素表示支持。第一个因素是，澳大利亚 1996 年年终报告的草稿中曾经提出允许鲑鱼进口，但在其正式稿中却建议维持禁止进口的措施，从该报告的草案到其正式版之间的有关内容变化之大，不能不令人对该报告的可信度产生怀疑；第二个因素是澳大利亚对鲑鱼在其国内不同区域内的流通并未施加控制，在澳大利亚同时存在受到病菌感染和未受病菌感染的省份，但澳大利亚并不禁止其国内受感染和未受感染省份之间的鲑鱼贸易。与此相反，澳大利亚以防止病菌感染为由，一律禁止鲑鱼的进口。

9.2.2 水产品反倾销案例分析

1. 美国对中国虾产品反倾销案[①]

2003 年 12 月 31 日，美国南部虾业联盟向美国商务部和美国国际贸易委员会递交诉状，要求对来自中国、泰国、越南、印度、巴西和厄瓜多尔等国的进口虾实施反倾销措施，美国当地时间 2 月 17 日，美国国际贸易委员会（ITC）就美国暖水虾产业诉中国、泰国、越南、印度、巴西和厄瓜多尔等 6 个国家倾销一案做出初裁决定。在该初裁决定中，委员会通过表决认定来自上述 6 个国家的暖水虾对美国的相关产业造成了损害。该案即将移交美国商务部，对中国企业进行反倾销调查。此次反倾销案，凡是在 2003 年 4 月 1 日至 9 月 30 日之间向美国出口虾产品的企业，都属"被告之列"，中国被指控倾销幅度达 119%～267%。一场贸易壁垒攻防战又在美国水产品市场燃起硝烟。

由于国外频繁对我国出口产品进行反倾销调查并实施反倾销措施，我国出口产品在国际市场份额严重萎缩，有的甚至退出市场，中国企业遭受的损失巨大，据不完全统计，20 年来国外反倾销给中国出口产品造成的直接损失达 100 亿美元以上。在未来可预见的相当长的一段时间内，国外反倾销案件将继续增加，我们必须用法律武器来保护自身合法权益，这样才能在国际贸易的激烈竞争中不断发展与壮大。

早在 2003 年 7 月，美国的虾养殖者就提出要对来自中国等 8 个国家的虾反倾销，并于两年前就开始准备。作为美国进口虾数量列第二的中国，浙江、广东、福建、山东等省的虾出口企业早已开始积极准备。

2. 案例启示

面对当前国外的贸易壁垒形势，我国水产加工出口企业、行业协会、政府有关

---

① 中国食品产业网，http://www.foodqs.com，2004 年 11 月 2 日。

部门应该勇于应对、积极应诉,争取使本国相关产业利益最大化。

(1) 企业方面应联合起来,积极应诉。规范企业出口业务,健全财务管理制度。提高企业综合竞争能力,积极参与行业自律行动,形成水产出口加工企业的协调机制。要注重对出口产品在国外市场的调研工作,了解并掌握其同行对手生产能力、市场销量和价格水平,防止一哄而上过量出口。

(2) 行业协会方面应加快建立信息沟通渠道,连接企业和政府。加强对企业的宏观调控和协调管理,严禁出口企业低价竞销,以避免出口企业因自相残杀而导致本国利益受损。要设立反倾销应诉基金,防止某些出口企业因无力承担应诉费用导致的应诉不力或拒绝应诉等情况的发生。

(3) 政府方面应与企业、行业协会建立信息沟通渠道,协调彼此行动。建立应对国外贸易壁垒的专项基金。加速建立市场经济的价格运行机制,尽快形成合理的价格体系,切实做到商品价格由市场决定。要加大力度在国际上宣传我国向市场经济转轨的事实,通过政府之间的谈判,要求欧美等西方国家取消替代国做法,按我国国内价格确定产品的正常价格,并对涉诉企业采取实事求是、个别对待的做法。

9.2.3 水产品反补贴案例分析

1. 英格兰和挪威鲑鱼反补贴案例①

1996年,英格兰鲑鱼养殖者提出了对来自挪威三文鱼产品的反倾销和反补贴申诉。水产品作为农产品的类别之一,在生产和流通等各个环节也普遍存在着补贴。在调查之后,欧盟裁定对挪威三文鱼产品实施反倾销和反补贴措施。随后,欧盟在接受挪威公司的"价格承诺"后,实施了统一的最低进口价格制度,该制度一直延续到2003年5月。相对于征收反补贴税而言,价格承诺是一种比较好的方式,但申诉国很少同意采用这种方式。此案中,欧盟同意接受挪威的"价格承诺",对于挪威而言是比较有利的。同时,挪威积极向争端解决机制提出申诉,经过挪威公司长期申诉后,欧盟反倾销和反补贴措施最终被推翻。这是自1989年以来,挪威三文鱼出口首次免受欧盟贸易保护措施的影响。

挪威是欧盟市场三文鱼产品最主要的供应者,但是自1989年欧盟第一次提起针对挪威三文鱼产品的反倾销和反补贴调查以来,10多年间双方的贸易纠纷一波

---

① 中国农业外经贸信息网, http://www.cafte.gov.cn, 2006年10月30日。

未平，一波又起。1989 年，英格兰鲑鱼养殖者提起了针对挪威产品的第一例反倾销申请，1990 年年底欧盟裁定了对挪威三文鱼产品的反倾销措施，但是该措施未得到实施。1991 年，欧盟对挪威三文鱼采取了最低进口价格限制措施，并于 1992 年终止了该措施。1993 年起又重新启动最低价格限制措施。1994 年再次终止实施最低进口价格限制措施，但是 1995 年欧盟又实施了新的最低价格限制措施。

2004 年 2 月，爱尔兰和英国政府要求欧盟对进口三文鱼采取保障措施。欧盟于 2004 年 8 月开始实施临时保障措施，并于 2005 年 2 月裁定实施最终保障措施。挪威与智利不服欧盟裁决，并上诉到 WTO 贸易争端解决机构（DSB26、DSB28）。2005 年 4 月 23 日，欧盟终止了实施仅 2 个月保障措施。但就在同一天，欧盟又开始对挪威三文鱼产品实施临时反倾销措施，并于 2006 年 1 月 17 日开始实施最终反倾销措施。

2006 年 3 月 17 日，挪威因欧盟对其三文鱼产品实施反倾销措施向世贸组织贸易争端解决机构（DSB）提出申诉，6 月 22 日 DSB 成立了专家组审理此案（DSB37）。为此，挪威于 2006 年 3 月 17 日再次上诉到 DSB。

2. 案例启示

（1）争取在反补贴案件中使用有利于本国的解决方式。反补贴措施主要有：临时措施、承诺、征收反补贴税、诉诸世界贸易组织。相对而言，征收较高的反补贴税对于被诉国的企业和政府来讲都是不利的，若能与进口国多方协调，最终可以价格承诺的方式解决摩擦。价格承诺可由进口成员方当局提出建议，但不应强迫出口商做出价格承诺。出口商同意修正其价格，并使调查当局满意地认为补贴所造成的损害作用业已消除。为此而实行的价格提高应不高于取消补贴所必要的程度，只要这种价格的提高已足以消除对国内产业的损害，价格的提高少于补贴数量应是可以接受的。

（2）积极应诉并提交 WTO 争端解决机制。遭遇贸易争端后，应提交 WTO 争端解决机制并配合调查，争取避免反补贴措施。涉及水产品的反补贴案发生较少。例如，从 1995～2005 年 9 月期间，仅有一起智利投诉美国对从智利进口的鲑鱼进行反补贴调查案。一国提供给该国农业生产者的补贴类型复杂、渠道广泛，详细资料很难获得，而且农业补贴在全世界范围内广泛存在。一旦遭受外国反补贴措施，受调查国应尽快与相关责任方、利益方磋商，有关企业和政府相关机构应立即着手准备各种必需的文件，并尽可能迅速地参加磋商。在磋商过程中，应尽可能地要求对方提供充分详细的起诉意见、理由及证据，以便能够提出针对性的申辩，并且应在保证本国基本利益的前提下争取通过磋商与对方达成妥协。如果无法达成妥协，

就要积极参与 WTO 争端解决专家小组的调查程序。

9.2.4 水产品数量限制案例分析

1. 韩国向世贸组织起诉日本紫菜进口配额案例分析[①]

日本是世界紫菜消费大国,每年消费量约 100 亿张。日本长期对紫菜产品进口实施配额管理,对其进口施加数量和原产地限制。2003 年日本市场上的日本产紫菜销售量为 1.02 亿袋（100 张/袋）,占市场的 98%,而由于进口配额的限制,来自韩国的进口紫菜仅占 2%（210 万袋）。就此,韩国贸易官员表示,日本的紫菜进口配额制度违反了关贸总协定和农业协定等世贸规则,是不公平、不合理的,损害了韩国企业的利益。韩国政府于 2004 年 12 月 1 日发表声明,决定向世贸组织贸易争端解决机构申诉,起诉日本紫菜进口配额措施违反了 WTO 相关协定。韩国已将第一阶段纠纷处理案的两国间协议文本通过该国驻日内瓦代表部转交日方,如日韩两国在 60 天之内不能达成协议,为解决贸易纠纷,韩国将诉讼提交 WTO 争端委员会裁决。这是韩国首次通过 WTO 起诉日本。韩日两国分别于 2004 年 12 月 23 日和 2005 年 1 月 21 日进行了磋商,但均以失败告终。随后,韩国依照《关于争端解决规则与程序的谅解》（DSU）有关规定,于 2005 年 2 月 7 日正式上诉世界贸易组织贸易争端解决机构,理由是日本实施的紫菜进口配额制度违反了日本按照《1994 年关税与贸易协定》（GATT1994）、《农业协定》和《进口许可程序协定》的规定所承担的义务,因此要求贸易争端解决机构成立专家组予以裁决。

2005 年 3 月 21 日,世界贸易组织成立专家组,就韩国诉日本紫菜进口配额制度违反世贸规则一案展开调查。2004 年 12 月 1 日,韩国根据《关于争端解决规则与程序谅解》（DSU）第 4 条、《1994 年关税与贸易总协定》（GATT1994）第 23 条、《农业协定》第 19 条、《进口许可程序协定》第 6 条,就日本干紫菜和调味紫菜一事要求与日本政府磋商。韩国和日本在 2004 年 12 月 23 日和 2005 年 1 月 21 日进行了磋商,但是这两次磋商都没有解决争端。

日本对干紫菜和调味紫菜的进口配额措施已有长达近 50 年的历史。韩国在其《设立专家组请求》中指出,日本关于紫菜进口限制措施是与日本在 GATT1994 第 11 条项下的义务不一致,因为除了施加在紫菜进口上的关税、国内税或者其他费用外,配额构成了某些限制。韩国还认为,日本的上述进口限制措施与《农业协

[①] 商务部网站, http://www.mofcom.gov.cn。

定》第 4.2 条的规定不一致，原因是配额构成了维持已被要求转换为普通关税的一种措施。韩国还认为，这些配额的管理方式是不公平和不合理的，与《1994 年关税与贸易总协定》第 10.3（a）条的规定也是不相符的，原因在于，很大程度上限制进口货物进口的配额的主要部分是被分配给了国内生产商协会。

韩国最后指出，关于紫菜的进口配额也是与《进口许可程序协定》第 1.2 条的规定不一致的，原因在于，这些配额所构成的进口许可证体制与《1994 年关税与贸易总协定》的上述引用条款不一致，其实施也不是以阻止贸易扭曲为目的。特别是，考虑到紫菜生产的特殊性，配额项下的日本年度分配公告的发布时间恰恰阻止韩国生产商利用配额体制所允许的限制市场进入。同样地，这些配额是与《进口许可程序协定》第 1.6 条的规定不一致的，原因在于其实施的程序和期间都是不合理的。

《日本经济新闻》2005 年 2 月 18 日讯，为加快自由贸易协定谈判进程，日本决定恢复日韩 FTA 谈判。为打破僵局，日本政府将向韩国做出让步，提出大幅增加韩国紫菜进口量的妥协方案。目前，日韩 FTA 谈判尚未进入取消货物进口关税的阶段，日本表示，如今年内能与韩国签订 FTA 协定，下一步将考虑与中国开展 FTA 谈判。为实现这一目标，日本政府决定加大韩国紫菜进口配额，并于 17 日向韩国提出将韩国紫菜年进口量由目前的 2.4 亿张增加至 4 亿张的方案，但要求取消进口限制的韩方能否接受这一方案仍属疑问。

2. 结论与启示

2005 年 2 月 21 日，日本经济产业省公布了日本 2005 年紫菜进口配额方案，取消了对进口干紫菜和调味紫菜原产国的限制，并将两种紫菜进口配额总量由 2004 年的 2.4 亿张提高到 2005 年的 4 亿张。由于此前日本仅从韩国进口紫菜，所以在该方案正式公布前，韩国曾要求日本做出"大的让步"，增加韩国紫菜进口配额，并给予韩国优惠待遇。韩国外贸部称，如果日本继续维持当前的配额政策，就必须给予韩国适当的补偿，但日本政府表示，4 亿张的进口配额是日本国内生产商所能接受的最高量。日本拒绝了韩国的要求，并坚称其紫菜进口配额制度不违反世贸规则。至此，日本宣告已经执行了 DSB 的裁决和建议。

从争端解决的过程来看，WTO 争端解决机制内容复杂，程序繁多，其实质就是一整套成员之间利益兼顾、包含协调与妥协的机制，有大量灵活性的表述并不可避免地存在不少漏洞，而争端当事国或机构由于本身立场关系均难以做到客观、准确地描述问题和执行决议。同时也要认识到，当前世贸组织还没有能力推出一套强有力的保证公正和高效的贸易争端解决制度，成员国在遇到贸易争端时应该讲究起诉技巧与应诉技巧，利用程序解释和有关机构的偏好或倾向，尽可能地争取本国贸易利益。

第10章 水产品贸易摩擦应对策略分析

10.1 近期策略：突破边境政策的对策

随着世界范围内保护主义的迅速蔓延，水产品贸易越来越多地受到渔业保护政策的制约，而在短期内，突破贸易摩擦的限制则需要对贸易保护措施进行合理应对。

1. 建立渔业贸易信息平台

占有完整而准确的信息是成功出口产品的关键要素，国外渔业保护政策的改动，必然会影响到出口的态势，因此要密切关注国外政策动向，否则可能导致出口水产品的相关指标不符合目的国相关标准的要求。从实践上来看，无论是发达国家还是一些发展中国家，都非常重视对国外渔业保护政策的跟踪报告和研究。如日本官方资助的"日本贸易振兴会"不仅代表日本政府承担WTO/TBT咨询点任务，而且还向海外派出大量人员广泛收集进口国贸易政策信息，经研究后及时向日本出口企业或所在国日资企业提供这方面的有效咨询服务；美国由联邦政府负责标准化工作的国家标准技术院，向几个主要国家派出代表，调查研究驻在国的标准化、技术法规的情况，并派人常驻布鲁塞尔，专门收集欧洲标准化和认证工作的情况等[①]。对于中国而言，渔业贸易信息平台的建立不仅是可行而且是值得的。例如，有些企业因为跟踪和研究了始于2002年的美国将针对中国进行虾类产品反倾销调查的相关信息后，及时调整产业结构，改为生产不在反倾销之列的"面包虾"，成功化解了反倾销的危机。因此，要重视信息收集才能从容应对贸易摩擦。

相比而言，我国的渔业贸易信息化水平较低。有资料显示，按照国际评分标准，中国的信息能力得分为6.17，仅为美国的8.6%。因此，在借鉴发达国家水产

---

① 赵婧：《TBT对我国水产品出口贸易的影响及对策分析》，清华中国知网（CNKI）——中国优秀博硕学位论文全文数据库，2007年，第62页。

品贸易信息化成功经验的同时,应着力打造中国渔业贸易信息平台,完善水产品出口的预警通报机制和快速反应机制。对世界各国的标准、检验程序和检验方法等动态要及时跟踪,重点采集我国优势水产品有关进口国所制定的贸易政策,建立与完善相关信息数据库①。建立专门的信息收集和咨询机构,并且发挥驻外经商机构、经贸研究机构优势,定期收集、整理、发布国外水产品贸易政策的最新动态,针对性地收集国外正在或准备制定的可能影响我国水产品出口的贸易政策,并成立专门的研究机构提交分析报告和建议,通过政府或中介机构把信息及时传递给有关企业,为国内水产品出口企业提供及时有效的信息服务。

2. 重构国内检测标准体系

相对于其他商品而言,由于水产品并不属于生活必需品,有较多的替代品,因此,中国对渔业贸易中水产品的进出口控制相对较为宽松。然而这种宽松在一定程度上造成了国内检验检疫标准的落后。为了避免由于检验标准而带来的贸易摩擦,有必要重构国内的监测标准体系。(1) 加大对我国检疫工作的资金投入,加快实验室建设的进程,配置先进的检验仪器,重点攻克难度较大的检测技术,增强检验结果的准确性和科学性。(2) 健全水产技术推广与病害防治机构的设置,加强对水生生物的检测与鱼用药物和饲料添加剂的监督检验。建议组织专门的工作小组开展前期调研和科学实验基础工作及国外先进法规的借鉴工作,在研究和吸收国外有关法规(主要是欧美和日本)的基础上提出草案。这些法律法规应对进出口水产品采取同样严格的要求,诸如生产者的质量保证能力,产品的安全卫生检验等。(3) 加快水产标准化的推广。截至 2004 年 4 月,我国已制定水产国家标准和行业标准分别为 56 项和 454 项,同时,还制定了 66 项无公害水产品标准。应在此基础上健全我国的技术法规与标准体系,我国应与国外权威认证机构加强联系,建立相互认可机制。(4) 对渔业生产链的监控。推广从原料开始的全程质量监控,改善渔业水域条件,以此来改善水产品的质量,改变我国水产品保鲜、加工、储运、包装等方面的技术落后状况。建立、健全进口市场监控和预警机制,保障市场稳步、健康发展②。

3. 加强水产品贸易的竞争优势

中国是世界上水产品的第一大生产国,但近年来中国水产品的进口量、值的增长都超过了出口量、值,而且中国出口水产品的价格一般都低于进口产品的价格。同时,出口由于达不到进口国卫生、质量、安全检疫标准而被进口国拒之门外的事

---

① 陈伟:《技术性贸易壁垒对我国水产品出口的影响及对策》,载《河北渔业》2005 年第 5 期,第 1 页。
② 李燕茹、赵玉敏:《从开发转向管理——中国渔业贸易自由化进程中的环境风险》,载《国际贸易》2002 年第 5 期,第 28 页。

件日益频繁,究其原因在于水产品的优势源于我国劳动力的廉价以及成本的相对偏低。合理地避免水产品贸易摩擦需要事先从成本竞争优势向质量竞争优势的转化。企业积极探索产业化的有效形式,扩大生产规模,实行标准化生产,按照国际标准,在养殖水域、生产、加工、包装等各个环节加强监管,对水产品质量严格把关,确保水产品食用安全。同时,加大"科技兴渔"的力度,运用先进的保鲜、防腐、运输、加工和包装技术,提高产品附加值和质量档次①。与此同时,政府应创造良好的经营环境,增加科研投入、加强科技推广和病虫疫情防治、培训劳动力提高科技文化水平等提高生产要素的竞争力②。

10.2 中期策略:渔业国内支持政策的改变

1. 建设渔业产业化

调整渔业产业结构,制定长期生产的计划,实施有效战略,改善养殖品种,延伸产业链。构建一批产业化生产、区域化布局、规模化经营的渔业创汇基地和较为发达的加工流通体系,使渔业生产结构能适应出口的需要③。发展具有比较优势的水产品的深加工产业,依靠科学技术,提高产品科技含量和附加值,提高水产品的市场竞争能力。产品出口结构由出口初级产品为主转变为初级产品、特色产品、加工品并重。从简单的生产加工向综合加工利用的方向转变,突出特色,增强竞争力。同时针对出口,政府应引导相关企业引进国外先进的加工包装设备等硬件、技术,运用先进的保鲜、防腐、运输、加工及包装技术④,改变目前初级加工产品多的现状,以提高整个渔业及其相关产业的整体竞争能力。

2. 推动补贴合理化

以合理运用补贴来促进水产品的出口,根据 WTO 有关农产品的协议,各国对农产品(包含水产品)的补贴可分为"绿箱补贴"与"黄箱补贴"与"红箱补贴"。"红箱补贴"为严格禁止的补贴,"黄箱补贴"为可诉可不诉的补贴,"绿箱补贴"为 WTO 允许甚至倡导的补贴。我国可以灵活地运用"绿箱"或"黄箱"补

---

① 邵桂兰、姚春花:《间隙技术性贸易壁垒及其对我国水产品出口的影响》,载《生态经济》2005年第5期,第168页。
② 山世英:《从比较优势到竞争优势——我国水产品对外贸易的战略选择》,载《商业研究》2005年第6期,第7页。
③ 董永红、汪浩瀚、单佳平:《发展中国家与东盟水产品贸易研究》,载《渔业经济研究》2007年第1期,第17页。
④ 王卫芳:《跨越绿色贸易壁垒:水产品出口的重要课题》,载《浙江经济》2005年第2期,第45页。

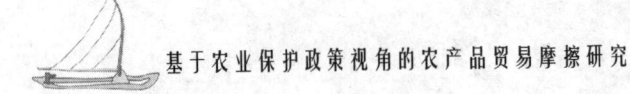

贴来加强对具有竞争力的水产品的扶持，加大对渔业科学技术研究、品种改良、疾病防治、质量控制等方面的投入，提高我国的水产品质量，增强出口竞争能力[①]。

3. 促进渔业标准化

实行渔业标准化需要通过建立水产品及其副产品的等级标准、水产品品种标准及渔用生产资料质量标准、水产捕捞养殖的操作技术规范、水产品加工包装储藏（冷冻）标准以及渔业检测技术标准等来实现。通过将传统的渔业生产经验与现代科技成果相结合，制定出一系列因地制宜、简明可行的标准，指导规范渔业生产的产前、产中、产后全过程，促进渔业的发展减少贸易摩擦。

4. 实施生产信息化

从产业发展角度看，渔业信息化是渔业现代化的高级阶段，是渔业经济高度发达、渔业科学技术高度进步的必然产物，是利用现代信息技术和信息系统为渔业产、供、销及相关的管理和服务提供有效的信息支持、并提高渔业的综合生产力和经营管理效率的信息技术手段和发展过程[②]。大部分发达国家和一些发展中国家不但建立了海洋渔业生物资源数据库、环境数据库、市场信息数据库、灾病害数据库和文献专利数据库等，并提供服务，还建立了海洋渔船船位监测系统，收集船舶作业和货物动态信息，用于海洋渔业有效管理。而就中国而言，目前中国由于受规模、人才、设备的限制，渔业信息化程度仍处于较低的程度。（1）加大对渔业信息化基础建设的投入。建立以企业投入为主体、外资投入为辅、银行投入为后盾、社会投入为补充的多元化投资格局，对计算机信息处理系统、决策系统、渔业数据库系统以及渔业专家系统进行建设。（2）渔业技术推广体系在国家信息网络中的建设。通过信息技术推广复杂的渔业技术，并进行远程教育，将渔业技术推广体系纳入国家信息网络的建设中，并由各级渔业主管部门牵头，组建各层面的渔业管理网络及信息网络。（3）对渔业信息技术的推广，定期进行渔业人才信息计算机及网络普及的教育，提高其获取、吸收信息的能力。

10.3 长期策略：水产品贸易体系的重构

1. 加强国际间政策协调

（1）通过加大多边、双边对外协作力度，以争取能逐步承认彼此相关部门的

---

① 郭文路、黄硕琳：《国际水产品贸易的非关税壁垒与管制》，载《海洋经济》2001 年第 4 期，第 33 页。
② 回建强：《渔业信息化对水产品贸易影响分析》，载《中国渔业经济》2005 年第 3 期，第 14 页。

检验、检疫证书,从而简化手续,降低成本,促进出口。加强和欧、美、日、韩等国政府的交流,力争通过政府层面的协调来解决水产品贸易摩擦问题。(2)有效利用WTO争端解决机制,处理好与WTO各成员国的关系,以积极的态度促进摩擦的解决。在不损害本国利益的前提下,尽量争取以磋商的方式处理双方的争议。同时,充分利用发展中国家在争端解决机制中享受的优惠待遇,应当最大限度地运用这些优惠待遇来维护自己的利益。例如,在应诉时,可要求更为充分的准备和陈述答辩时间;在执行时,可要求考虑裁决和建议对发展中国家整体经济的影响等。

2. 加强区域渔业合作及自由贸易区的进程

区域集团为了统一内部政策,减少贸易壁垒,或者采取直接制定贸易法规,或者在法规中引用标准,达到区域内标准的协调一致,有利于消除贸易摩擦。从中国目前的渔业及水产品贸易政策来看,进行渔业自由贸易区的建设是解决贸易摩擦的主要路径之一。(1)在选择建立自由贸易区的伙伴上应选择贸易互补关系的国家或地区,并考虑双方的竞争优势进行自由贸易区的构建:若伙伴国与中国相比具有明显的竞争优势,则开放程度应该采用循序渐进的做法,以给本国企业一个逐步适应(提高产品质量或降低成本)的空间;若伙伴国与中国相比势均力敌,则要在科学评估开放对国内市场影响程度的基础上确定开放的程度;若伙伴国与中国相比不具有竞争优势,则开放程度可以大一些①。(2)以水产品贸易带动渔业生产的区域合作。以东盟为例,建议中国在"自由贸易区"的制度框架和机制保障下,争取分别和南海周边国家签署渔业合作协定,以扩大我国渔民的捕捞区域,就近解决渔获产品的销售和补给问题,进而实现南海渔业的区域合作。为我国在东盟进行渔船建造维修、水产养殖、水产品加工业、水产品保鲜仓储实施和渔业工程投资等方面创造更为广泛的合作空间。(3)建立国家国际渔业合作专项基金,为合作提供金融支持。考虑到海外投资风险高、融资难度大的实际,由国家和海外投资企业共同出资建立海外投资风险基金,向海外企业提供税收和资金供给方面的优惠,同时应促使金融机构为企业"走出去"提供优惠贷款、担保及保险等多种服务②。

3. 实施市场多元化战略

从目前中国对外水产品贸易情况来看,我国水产品出口市场相对狭小,主要集中在美国、欧盟、日本和韩国,这四个市场在中国所有出口水产品总额中不低于

---

① 孙琛、车斌:《国际水产品贸易格局变化对中国水产品出口的影响》,载《世界农业》2005年第5期,第6页。

② 董永红、汪浩瀚、单佳平:《发展中国家与东盟水产品贸易研究》,载《渔业经济研究》2007年第1期,第17页。

80%。一旦上述国家对中国水产品设限,中国渔业将面临巨大的生存风险,而水产品在上述国家的大量涌入势必会对其国内同行业的生存和发展构成威胁,产生贸易摩擦。为规避渔业发展风险及贸易摩擦,应大力开拓国际市场,实施市场多元化战略:一方面,巩固日本、韩国、欧盟及美国等传统市场,适时地调整出口品种,提高传统出口商品的档次,增加深加工的高附加值产品出口;另一方面,积极开拓俄罗斯、东盟各国、中东和南美洲等地区具有潜力的市场,针对不同的国家和地区,制定相应的出口政策,加强市场开拓的针对性,努力扩大中国水产品的国际市场份额[1]。

4. 积极参加国际标准的制定和修订工作

目前采用的国际标准大都由发达国家的国家标准或者是发达国家的行业标准转化而来的,发达国家除了制定完备的国家法律法规、标准和合格评定程序,还积极参与国际标准化组织的相关标准的制定,真正做到掌控标准制定过程,以利于本国渔业的发展。而发展中国家在水产品国际标准制定中处于弱势地位,据统计,只有33%的发展中国家参与了国际营养标准委员会、国际兽疫局和国际植物公约3个国际标准组织,而发达国家这一比例为64%。较低的参与率必然会导致国际标准的制定较少考虑发展中国家的实际,导致在农产品贸易中的不利现状。作为水产品生产大国和消费大国,中国不能只满足于跟随已制定的标准,而应积极主动地参加国际标准的制定和修订活动,使国际标准能够反映我们的要求。

---

[1] 陈伟:《技术性贸易壁垒对我国水产品出口的影响及对策》,载《河北渔业》2005年第5期,第4页。

参考文献

1. 潘盛洲：《中国农业保护问题研究》，中国农业出版社1999年版。
2. 王万山、陈卫平、廖卫东：《中国农产品国际贸易与农村发展》，江西人民出版社2005年版。
3. 吴强：《WTO框架下农产品贸易争端研究》，中国农业出版社2004年版。
4. 秦富、王秀清：《国外农业支持政策》，中国农业出版社2003年版。
5. 苏科五：《WTO框架下中国农业支持政策研究》，河南大学出版社2004年版。
6. 龚宇：《WTO农产品贸易法律制度研究》，厦门大学出版社2005年版。
7. 章政：《中国农业政策前沿问题研究》，中国经济出版社2005年版。
8. 王珍：《WTO与农产品国际竞争力》，中国经济出版社2004年版。
9. 佟家栋：《贸易自由化、贸易保护与经济利益》，经济科学出版社2002年版。
10. 方福前：《公共选择理论——政治经济学》，中国人民大学出版社2000年版。
11. 柯炳生：《中国农业经济与政策》，中国农业出版社2005年版。
12. 丁学东：《世界贸易组织与农业政策》，中国财政经济出版社2004年版。
13. 刘晓昀、毛学峰、辛贤：《农产品贸易自由化对中国农村贫困的影响》，中国农业出版社2006年版。
14. 牛宝俊：《农产品对外贸易政策研究》，广东人民出版社1999年版。
15. 陈芬森：《国际农产品贸易自由化与中国农业市场竞争策略》，中国海关出版社2001年版。
16. 蓝海涛：《国际农业贸易制度解读政策应用》，中国海关出版社2002年版。
17. 李秉龙、乔娟、王可山：《WTO规则下中外农业政策比较研究》，中国农业出版社2006年版。
18. 王新奎、刘光溪：《WTO与农产品贸易争端》，上海人民出版社2001

年版。

19. 陈亚萍：《WTO 与农产品贸易法律制度》，华南理工出版社 2006 年版。

20. 谭崇台：《发展经济学概论》，武汉大学出版社 2001 年版。

21. 程漱兰、徐德徽、陈贤俊：《世界银行发展报告 20 年回顾（1978～1997）》，中国经济出版社 1999 年版。

22. 联合国粮食和农业组织：《农业多边贸易谈判资料手册》，中国农业出版社 2001 年版。

23. 陈卫平：《中国农业国际竞争力——理论、方法与实证研究》，中国人民大学出版社 2005 年版。

24. 杨雍哲：《论提高农产品国际竞争力》，中国农业出版社 2003 年版。

25. 丁长发：《农业和农村经济学》，厦门大学出版社 2006 年版。

26. 胡晓红：《中国反倾销法理论与实践》，中国社会科学出版社 2001 年版。

27. 潘悦：《反倾销摩擦》，社会科学文献出版社 2005 年版。

28. 邹琪：《反补贴与中国产业安全》，上海财经大学出版社 2006 年版。

29. 岳咬兴：《卫生检疫与中国产业安全》，上海财经大学出版社 2006 年版。

30. 张海东：《技术性贸易壁垒与中国产业安全》，上海财经大学出版社 2006 年版。

31. 谭向勇、辛贤：《农业经济学》，山西经济出版社 2005 年版。

32. 白光、马国忠：《中国要走农业品牌化之路》，中国经济出版社 2006 年版。

33. 张汉林：《WTO 与农产品贸易争端》，上海人民出版社 2001 年版。

34. 龙永图：《入世与农产品市场开放》，中国对外经济贸易出版社 2000 年版。

35. 刘志扬：《美国农业新经济》，青岛出版社 2003 年版。

36. 丹尼斯·C·缪勒著，杨春学等译：《公共选择理论》，中国社会科学出版社 1999 年版。

37. 安德森、速水佑次郎：《农业保护的政治经济学》，天津人民出版社 1993 年版。

38. 速水佑次郎：《日本农业保护政策》，中国物价出版社 1995 年版。

39. A. J. 雷纳：《农业经济学前沿问题》，中国税务出版社 2000 年版。

40. 普格尔、林德特：《国际经济学》（第 11 版），经济科学出版社 2001 年版。

41. 奥尔森：《集体行动的逻辑》，上海三联书店、上海人民出版社 1995 年版。

42. 王厚双：《直面贸易摩擦——对外贸易摩擦预警机制的构建》，辽海出版社 2004 年版。

43. 奥曼、谢林：《对博弈论的贡献：对冲突与合作的分析》，载《外国经济与管理》2005 年第 11 期。

44. 布利尼：《发展中国家的贸易自由化和贸易条件：关注的一个方面》，载《经济资料译丛》1995 年第 3 期。

45. 杨楠、倪洪兴：《WTO 农业谈判中的非贸易关注问题》，载《中国农村经济》2005 年第 10 期。

46. 贾莉莉：《WTO 农产品贸易规则与中国农业发展策略》，载《世界农业》2003 年第 11 期。

47. 杨森林：《欧盟农业保护主义的历史与现实根源》，载《世界农业》1996 年第 3 期。

48. 杨慧芳：《阿根廷农业税收制度及其对中国的启示》，载《拉丁美洲研究》2003 年第 2 期。

49. 蔡昉：《农业保护政策：国际经验与中国现实》，载《当代经济科学》1997 年第 1 期。

50. 黄学锦：《美国农业政策的演变和原因分析》，载《重庆邮电学院学报》2004 年第 51 期。

51. 丁关良：《日本的农业立法》，载《世界农业》2001 年第 5 期。

52. 叶静怡、孟祥轶：《不同经济结构国家的农业政策及中国在 WTO 农业谈判中的抉择》，载《经济科学》2001 年第 3 期。

53. 冯海发、李溦：《日本农业保护探析》，载《日本研究》1994 年第 1 期。

54. 郭新力：《国外财政农业投入政策及其启示》，载《农村财政与财务》2006 年第 1 期。

55. 国务院发展研究中心、中共中央政策研究室农业投入总课题组：《关于支持与保护农业问题研究》，载《管理世界》1997 年第 4 期。

56. 李先德：《OECD 国家农业支持和政策改革》，载《农业经济问题》2006 年第 7 期。

57. 邵桂兰、胡家强：《世界主要反倾销法分析与我国反倾销立法的完善》，载《河北法学》2004 年第 10 期。

58. 邵桂兰、姚春花：《"温州模式"的壁垒困惑析疑》，载《宁波经济》2004 年第 12 期。

59. 邵桂兰：《值得关注的三个贸易摩擦新动向》，载《江苏商论》2005 年第 5 期。

60. 邵桂兰、胡家强：《论政府、行业协会、企业在反倾销预警机制中的职能》，载《南方经济》2005年第7期。

61. 邵桂兰、程云：《对我国水产品出口的几点思考》，载《国际贸易问题》2005年第8期。

62. 邵桂兰、姚春花：《浅析技术性贸易壁垒及其对我国水产品出口的影响》，载《生态经济》2005年第10期。

63. 邵桂兰、赵伟：《我国水产品加工企业面临的技术贸易壁垒及应对措施》，载《中国渔业经济》2006年第1期。

64. 邵桂兰、刘景景：《透过挪威经验看我国水产品质量安全管理体系与政府规制》，载《中国渔业经济》2006年第5期。

65. 邵桂兰、王波：《我国出口企业如何构建应对绿色壁垒的策略体系》，载《太平洋学报》2006年第10期。

66. 张汉林、张冲：《世贸组织农产品贸易争端综述》，载《国际贸易问题》2002年第1期。

67. 姚洪心、刘存绪、武振业：《国际寡头市场条件下贸易竞争与联盟的博弈研究综述》，载《南开经济研究》2005年第4期。

68. 施虹：《日本在工业化进程中对农业的支持与保护》，载《世界农业》1997年第7期。

69. 齐俊妍：《中国遭遇反倾销和对外反倾销的指数比较分析》，载《财贸研究》2006年第1期。

70. 唐宇：《中国面临贸易摩擦之根源分析》，载《中国社会科学院研究生院学报》2004年第5期。

71. 程国强：《寻求相对宽松与公平》，载《国际贸易》2003年第1期。

72. 阙巍：《美、日、法农业利益集团的比较研究及其启示》，载《南京工程学院学报》2006年第3期。

73. 李中华：《日本农协给我们的借鉴与启示》，载《农村合作经济》2003年第6期。

74. 闫磊、阙巍：《农业利益集团的国际比较与研究》，载《农业经济问题》2005年第12期。

75. 郝然：《行业协会应担当国际贸易中的重要角色》，载《江苏建材》2006年第1期。

76. 戴佩华：《发挥行业协会解决国际贸易争端作用的研究》，载《重庆工商大学学报》2005 年第 12 期。

77. 咸春龙：《论农业产业化经营与农民组织化问题》，载《农业经济问题》2002 年第 2 期。

78. 王洪会、尚欣：《我国企业解决外经贸争端过程中存在的问题及对策》，载《技术经济》2003 年第 9 期。

79. 张忠根：《韩国农业政策的演变及其启示》，载《世界农业》2001 年第 12 期。

80. Peter G. Guide to Dispute Settlement. Boston: Kluwer Law International, 2003.

81. Richard, S., Beverley, E., Filiberto A. International Business Law and Its Environment. Thomson Learning Press, 2003.

82. Anderson, K. Lobbying Incentives and the Pattern of Protection in Rich and Poor Countries. Economic Development and Cultural Change, 1995.

83. Anderson, K., B. Hoekman and A. Strutt. Agriculture and the WTO: Next Steps. Paper to Be Presented at a CEPR/NBER Workshop on New Issues in the World Trading System, 1999.

84. Bernard Hoekman Driority and Kym Anderson. Developing Country Agriculture and the New Trade Agenda. The World Bank Policy Research Working Paper.

85. Harry de Gorter. Merlinda Ingco and Laura Ignacio. Market Access: Agricultural Policy Reform and Developing Countries. World Bank. 2003.

86. Harry de Gorter, Merlinda Ingco and Lilian Ruiz. Export Subsidies and WTO Trade Negotiations on Agriculture: Issues and Suggestions for New Rules. Prepared for the World Bank's Agriculture Trade Group. March 2002.

87. Hudec, R. E., Does the Agreement on Agriculture Work Agricultural Disputes After the Uruguay Round. LATRC Working Paper. Department of Applied Economics, University of Minnesota. April 1998.

88. John, C., Beghin. Measurement of Sanitary, Phytosanitary and Technical Barriers to Trade. OECD. September 2001.

89. J. Michael Finger and Philip Schuler. Implementation of Uruguay Round Commitments: the Development Challenge. The World Bank WPS2215. October 1999.

90. Merlinda D. Ingco. Agricultural Trade Liberalization in the Uruguay Round: One Step Forward, One Step Back. The World Bank International Economics Department International Trade Division. August 1995.

91. Rajesh Mehta and J. George, Implementation Issues in SPS: A Developing Country Perspective for Development Agenda on the Meandering Pathways from Doha to Cancun. 2003.

92. Richard H. Steinberg and Timothe E. Josling, When the Peace Ends: the Vulnerability of EC and US Agricultural Subsidies to WTO Legal Challenge. Journal of International Economic Law. Oxford University Press. 2003.

93. Roberts, D. Implementation of the WTO Agreement on the Application of Sanitary and Phytosanitaty Measures: The First Two Years. Working Paper, Department of Applied Economics, University of Minnesota. May 1998.

94. Ruiz, L. The Impacts of Export Subsidy Reduction Commitments in the Agreement on Agriculture on International Trade: A General Assessmen. M. S. Thesis, Cornell University. August 2000.

95. Brander, J. and B. , Spencer Trade Warfare: Tariff and Cartel, Journal of International Economics, 1983.

96. Dixiit, Avinash. International Trade Policy for Oligopolistic Industries. Economic Journal, Dec 84 Conference Papers, 1984.

97. Dixiit, Avinash. International Trade Policy for Oligopolistic Industries. Economic Journal, Dec 84 Conference Papers, 1984.

98. Cheng, Leonard K. , Assisting Domestic Industries under International Oligopoly. The Relevance of the Nature of Competition to Optimal Policies. American Economic Review, 1988.

99. Brander James A; Spencer, Barbara J. , Tariffs and the Extraction of Foreign Monopoly Rents under Potential Entry. Canadian Journal of Economics, 1981.

100. David Collie, Morten Hviid Tariffs as Signal of Uncompetitiveness, Review of International Economics, 1999.

101. Kolev, D, R, Prusa, T. J. , Tariff Policy for a Monopolist under Incomplete Information. Journal of International Economics, 1999.

102. Xenia Matschke, Tariff and Quota Equivalence in the Presence of Asymmetric Information, Journal of International Economics, 2003.

103. Neary, J. , Peter, Cost Asymmetries in International Subsidy Games: Should Governments Help Winners or Loser? Journal of International Economics, 2003.

104. Farrel, J. and Maskin, E. , Renegotiation in Repeated Games, Games and

Economic Behavior, 2003.

105. Fung, K. C. , Collusive Intra-industry Trade. Canadian Journal of Economics, 1991.

106. David Collie. , Collusion and the Elasticity of Demand. Economics Bulletin, 2004.

107. Susan, Athey and Kyle Bagwell Optimal Collusion with Private Information, RAND Journal of Economics 2001.

108. Margaret Levenstein and Valerie Suslow. What Determines Cartel Sucdess? University of Michigan Business School Working Paper.

109. Kogut, B. , The Stability of Joint Ventures: Reciprocity and Competitive Rivalry. Journal of Industrial Economics, 1989.

110. Lei, D. & Slocum, J. W. , Global Strategy, Competence-building and Strategic Alliances. California Management Review. 1992.

111. Saxton, T. , The Effects of Partner and Relationship Characteristics on Alliance Outcome. Academy of Management Journal, 1997.

112. Chen, Zhiqi and Thomas, Ross Strategic Alliances, Shared Facilities and Entry Deterrencem, RAND Journal of Economics, 2000.

113. Hagedoom, J. , Understanding the Rationale of Strategic Technology Partnering Inter-organizational Modes of Cooperation and Sectoral Differences, Strategic Management Journal, 1993.

114. Archibuigi, D. and Michie, J. , The Globalization of Technology. Myths and Realities, Cambrige Journal of Economics, 1994.

115. Narula, R. , Forms of International Cooperation between Corporations in C. Jepma and A. Rhoen (eds) International Trade. A Perspective, Longman, Harlow, 1996.

116. Osboin, R. , Baughn, C. , Forms of Inter-organisational Governance for Multinational Alliances. Academy of Management Journal, 2000.

117. Mytelka, L. , States, Strategic Alliances and International Oligopolies, in L. Mytelka Strategic Partnerships and the World Economy, London: Pinter, 1991.

118. Glaister, K. and Buckley, P. , Strategic Motives for International Alliance Formation, Journal of Management Studies, 1996.

119. Gros, Daniel A Note on the Optimal Tariff, Retaliation and the Welfare Loss from Tariff Wars in a Framework with Intra-industry Trade. Journal of International Economics, 1997.

120. Bagwell, Kyle and Staiger, Robert, W. (1997a), Reciprocal Trade Liber-

alization, National Bureau of Economic Research (Cambridge, MA) Working Paper March 1996.

121. Christopher Rusek, Trade Liberalization in Developed Countries: Movement to-ward Market Control of Agricultural Trade in the United States, Japan, and the European Union, Administrative Law Review, Vol. 48, 1996.

122. Forrest E. Walters, Regulation of Industries behind the Hamburger, Agricultural Law Journal, Vol. 4, 1982.

123. Jobn H. Jackson, Implementing the Tokyo Round: Legal Aspects of Changing. International Economic Rules, Michigan Law Review, Vol. 81, 1982.

124. Jeffrey J. Steinle, The Problem Child of World Trade: Reform School for Agriculture, Minnesota Journal of Global Trade, Vol. 4, 1995.

125. Dale E. Hathaway, Reforming World Agricultural Policies in Multilateral Negotiations, Transnational Law & Contemporary Problems, Vol. 2, 1991.

126. Maurice Schiff & Alberto Valdes, The Plundering of Agriculture in Developing Countries, Finance & Development, Vol. 32, 1995.

127. M. Honma & Y. Hayami, Structure of Agricultural Protection in Industrial Countries, International Economic [J], Vol. 20, 1986.

后　　记

本书是在我的博士论文基础上修改而成的。在此，感谢中国海洋大学经济学院和中国海洋大学海洋发展研究院的支持，特别向中国海洋大学海洋发展研究院对本书出版的资助表示衷心的感谢！

在本书出版之际，特别向指导我博士阶段学习的袁守启老师表示深深的谢意！三年的博士学习，是袁老师使我在知识拓展、学术素养、研究能力方面有了很多的收获和提高，对所研究的领域有了更开阔的视野和更深刻的认识，受益匪浅。

感谢中国海洋大学管理学院院长、海洋经济发展研究院常务副院长权锡鉴教授一直以来的支持和帮助！感谢经济学院院长姜旭朝教授对本书出版给予的支持！感谢经济学院副院长戴桂林教授在本书的架构和思路上给予的指点和建议！感谢海洋发展研究院副院长韩立民教授、刘曙光教授的支持！感谢于谨凯博士和单春红博士在本书写作全程尤其是最艰难阶段给予的坚强支持和温暖鼓励！同时还要非常感谢我的硕士研究生董海柱同学、张希同学、陈靓同学、滕利同学、王波同学、关丽丽同学、王恒同学、高环玲同学、孙凯同学在资料收集等方面的付出。感谢家人的支持！

这里还要向本书参考文献的作者致以深深的敬意和谢意！感谢你们的学术观点给予启发和灵感！同时，恳切希望各位专家、学者对本书给予关注和指正！

邰桂兰

2008 年 5 月 18 日于青岛·海大浮山校区